Monika Kirks, Manfred Scherer, Gabriele Streit

D1922827

Deutsch/Kommunikation Altenpflege

4. Auflage

Bestellnummer 44170

Bildungsverlag EINS
westermann

Die in diesem Produkt gemachten Angaben zu Unternehmen (Namen, Internet- und E-Mail-Adressen, Handelsregistereintragungen, Bankverbindungen, Steuer-, Telefon- und Faxnummern und alle weiteren Angaben) sind i. d. R. fiktiv, d. h., sie stehen in keinem Zusammenhang mit einem real existierenden Unternehmen in der dargestellten oder einer ähnlichen Form. Dies gilt auch für alle Kunden, Lieferanten und sonstigen Geschäftspartner der Unternehmen wie z. B. Kreditinstitute, Versicherungsunternehmen und andere Dienstleistungsunternehmen. Ausschließlich zum Zwecke der Authentizität werden die Namen real existierender Unternehmen und z. B. im Fall von Kreditinstituten auch deren IBANs und BICs verwendet.

Die in diesem Werk aufgeführten Internetadressen sind auf dem Stand zum Zeitpunkt der Drucklegung. Die ständige Aktualität der Adressen kann vonseiten des Verlages nicht gewährleistet werden. Darüber hinaus übernimmt der Verlag keine Verantwortung für die Inhalte dieser Seiten.

Vorwort

Kommunikation zählt in der Altenpflege zu den wichtigsten Schlüsselqualifikationen. Zudem ist im Umgang mit älteren Menschen und deren Angehörigen eine gewisse Allgemeinbildung unabdingbar. Auch das berufliche Fachwissen entwickelt sich nach der Ausbildung immer weiter. Lern- und Arbeitstechniken, Teamfähigkeit und problemlösendes Handeln sind deshalb von entscheidender Bedeutung.

„Deutsch/Kommunikation in der Altenpflege“ will Ihnen helfen, diesen berufsbezogenen und individuellen Anforderungen gerecht zu werden. Das Buch gliedert sich in die fünf Lernbereiche: „Lern- und Arbeitstechniken“, „Gesprächsführung“, „Schreiben im beruflichen Alltag“, „Literarische Texte“, „Normen der Standardsprache“.

▶ **Erschließungsfragen** helfen, Themen und Inhalte zu erfassen und kritisch zu reflektieren.

■ In den **Selbstreflexionen** werden persönliche Erfahrungen aufgegriffen.

● Wichtige Fähigkeiten und Fertigkeiten werden in **Übungsaufgaben** praxisnah vertieft.

Die Lernbereiche werden durch ein Angebot von **Projektaufgaben** abgeschlossen. Sie bieten Impulse für handlungsorientiertes Arbeiten, zumeist in Teamarbeit.

In **Lernsituationen** werden – in Anlehnung an die Lernfelder – konkrete und komplexe Problemstellungen und Handlungsfelder des pflegerischen Alltags aufgegriffen.

Wir wünschen Ihnen viel Erfolg bei Ihrer beruflichen Ausbildung.

Das Autorenteam

service@bv-1.de
www.bildungsverlag1.de

Bildungsverlag EINS GmbH
Ettore-Bugatti-Straße 6-14, 51149 Köln

ISBN 978-3-427-**44170**-0

westermann GRUPPE

© Copyright 2017: Bildungsverlag EINS GmbH, Köln
Das Werk und seine Teile sind urheberrechtlich geschützt. Jede Nutzung in anderen als den gesetzlich zugelassenen Fällen bedarf der vorherigen schriftlichen Einwilligung des Verlages.
Hinweis zu § 52a UrhG: Weder das Werk noch seine Teile dürfen ohne eine solche Einwilligung eingescannt und in ein Netzwerk eingestellt werden. Dies gilt auch für Intranets von Schulen und sonstigen Bildungseinrichtungen.

1 Lern- und Arbeitstechniken

Lernfeld 4.2: Lernen lernen

1.1 Lernen mit Methode ... 5
1.2 Lernmotivation ... 7
1.3 Zeitmanagement und Konzentration ... 9
1.4 Mnemotechniken ... 12
1.5 Schlüsselqualifikationen ... 14
1.6 Team- und Gruppenarbeit ... 15
1.7 Lernen im Doppelkreis ... 16
1.8 Aktiv lesen ... 17
1.9 Informationen beschaffen ... 18
1.10 Exzerpte und Stichwortzettel anfertigen ... 19
1.11 Sachtexte analysieren ... 20
1.12 Eine Hausarbeit oder ein Referat schreiben ... 24
1.13 Zitate und Literaturverzeichnis ... 26
1.14 Referieren, Präsentieren und Visualisieren ... 27
1.15 Kurzvorträge und Ansprachen ... 30
1.16 Moderieren ... 33

HANDLUNGSIMPULSE ... 36
LERNSITUATION ... 37

2 Gesprächsführung

Lernfeld 1.4: Anleiten, beraten und Gespräche führen

2.1 Kommunikationssituationen ... 39
2.2 Funktionen von Kommunikation ... 40
2.3 Kommunikationsmodell ... 41
2.4 Verbale und nonverbale Kommunikation ... 44
2.5 Regeln zur Bedeutungsabsicherung von nonverbalen Signalen ... 47
2.6 Vier Seiten einer Nachricht ... 49
2.7 Du-Botschaften ... 51
2.8 Ich-Botschaften ... 52
2.9 Metakommunikation ... 53
2.10 Feedback ... 54
2.11 Aktives Zuhören ... 57
2.12 Informationsgespräch ... 60
2.13 Beratungsgespräch ... 62
2.14 Konfliktgespräch ... 64
2.15 Sprachverhalten älterer Menschen ... 68
2.16 Erstgespräch/Strukturierte Informationssammlung ... 69
2.17 Alltagsgespräche ... 71
2.18 Gespräche mit älteren Pflegebedürftigen ... 72
2.19 Gespräche mit verwirrten älteren Menschen ... 73
2.20 Migration und kultursensible Altenpflege ... 80
2.21 Gespräche mit Angehörigen ... 86
2.22 Teamgespräch ... 88
2.23 Übergabegespräch ... 90
2.24 Teamberatung – Supervision ... 91

HANDLUNGSIMPULSE ... 92
LERNSITUATION ... 93

3 Schreiben im beruflichen Alltag

Lernfeld 1.2: Pflege alter Menschen dokumentieren

3.1 Mitschrift ... 95
3.2 Gesprächsnotizen ... 96
3.3 Protokoll ... 98
3.4 Pflegedokumentation ... 100
3.5 Biografie ... 101
3.6 Pflegebericht ... 103
3.7 Pflegestandards ... 106
3.8 Geschäftliche Briefe ... 108
3.9 Bewerbung ... 111
3.10 Normative Texte ... 116
3.11 Erörterung ... 117

HANDLUNGSIMPULSE ... 119
LERNSITUATION ... 120

4 Literarische Texte

Lernfeld 2.3: Alte Menschen bei der Tagesgestaltung und bei selbst organisierten Aktivitäten unterstützen

4.1 Literarische Gattungen ... 122
4.2 Elemente des Interpretierens ... 123
4.3 Epische Texte ... 124
4.4 Lyrische Texte ... 137
4.5 Dramatische Texte ... 141
4.6 Literatur in der Altenarbeit ... 144

HANDLUNGSIMPULSE ... 146
LERNSITUATION ... 147

5 Normen der Standardsprache

5.1 In Wörterbüchern nachschlagen ... 149
5.2 In Fachlexika nachschlagen ... 152
5.3 Wortarten ... 153
5.4 Das Verb und seine Formen ... 154
5.5 Satzglieder ... 155
5.6 Kommasetzung ... 156
5.7 s – ss – ß ... 157
5.8 Groß- und Kleinschreibung ... 158
5.9 Getrennt oder zusammenschreiben ... 160
5.10 Schwierige Fälle der Rechtschreibung ... 162
5.11 Fachausdrücke aus der Grammatik ... 163

Stichwortverzeichnis ... 165

Bildquellenverzeichnis ... 167

1 Lern- und Arbeitstechniken

1.1 Lernen mit Methode

1. Erläutern Sie die Aussage der Karikatur und nehmen Sie kritisch Stellung.
2. Übertragen Sie Ihre Erkenntnisse auf Ihre Lernsituation, indem Sie
   a) Ihre verschiedenen Ausbildungswege darlegen,
   b) Ihre Lernstärken und -schwächen aufzeigen.

Lernen begleitet unser ganzes Leben. Aber Lernen fällt nicht immer leicht. Lernvoraussetzungen und Lernbedingungen sind bei jedem Lernenden anders. Jeder hat seine Stärken und Schwächen. Lernen muss deshalb individuell gestaltet werden, um die Stärken zu nutzen und die Schwächen zu kompensieren. Dazu ist zunächst eine kritische Analyse und Reflexion der persönlichen Lernsituation notwendig.

1. Testen Sie sich selbst. Was fällt Ihnen beim Lernen eher schwer, was eher leicht?

	fällt mir eher schwer	fällt mir eher leicht
1. Lernstoff zu behalten	❑	❑
2. Schnell zu lesen und dennoch den Inhalt zu verstehen	❑	❑
3. Sachtexte mit Fachbegriffen zu verstehen	❑	❑
4. Skizzen und Tabellen zu erklären	❑	❑
5. Inhalte übersichtlich zusammenzufassen	❑	❑
6. Arbeitshefte übersichtlich zu führen	❑	❑
7. Definitionen zu verstehen und zu behalten	❑	❑
8. Theoretisches Wissen praktisch anzuwenden	❑	❑
9. Praktische Erfahrungen in den Fachunterricht einfließen zu lassen	❑	❑
10. Im Unterricht aufmerksam zu sein und aktiv mitzuarbeiten	❑	❑
11. Mich auf eine Sache zu konzentrieren	❑	❑
12. Zu üben und zu wiederholen	❑	❑
13. Arbeitsaufträge regelmäßig zu erledigen	❑	❑
14. Mit anderen zusammenzuarbeiten und zu lernen	❑	❑
15. Wichtige Termine einzuhalten	❑	❑
16. Klassenarbeiten und Prüfungen gut vorzubereiten	❑	❑
17. In Prüfungen das Gelernte auch zu zeigen	❑	❑
18. Während Klassenarbeiten und Prüfungen ruhig zu bleiben	❑	❑
19. Meine Gedanken schriftlich auszudrücken	❑	❑
20. Vor anderen frei zu sprechen	❑	❑
21. Verständnisfragen zu stellen	❑	❑
22. Meine Meinung offen und klar zu sagen	❑	❑

2. Ergänzen Sie die Aussagen durch „weil"-Sätze, z. B. „Arbeitsaufträge regelmäßig zu erledigen fällt mir eher schwer, weil meine Familie mich sehr in Anspruch nimmt".
3. Vergleichen Sie Ihre Testergebnisse. Welche Lernschwierigkeiten überwiegen?

Lernen lässt sich auf verschiedenen Wegen. Jeder Mensch hat seine eigenen Wege, auf denen er am besten lernt. Wer z. B. beim Zuhören nicht alles versteht, muss deshalb nicht weniger lernfähig sein als die anderen. Vielleicht liegen die Stärken mehr im praktischen Lernen.

Grundsätzlich lassen sich drei Lernwege unterscheiden:

- Lernen durch Hören,
- Lernen durch Sehen,
- Lernen durch Handeln.

Wenn Sie erfolgreich lernen wollen, müssen Sie sich selbst beobachten, um festzustellen, welcher Lerntyp Sie vorwiegend sind.

Auditiver Lerntyp Lernen durch Hören	**Visueller Lerntyp** Lernen durch Sehen	**Kinästhetischer Lerntyp** Lernen durch Handeln
■ wiederholt laut, um sich etwas besser zu merken	■ behält sich Inhalte gut nach mehrmaligem Durchlesen	■ schreibt wichtige Inhalte ein paarmal auf, um sie sich zu merken
■ hat es lieber, wenn im Unterricht laut vorgelesen wird	■ kann sich durch Skizzen und Schaubilder etwas besser merken als durch Schreiben	■ macht sich gerne Stichwortzettel für Klassenarbeiten und Prüfungen
■ erfasst Texte durch leises oder inneres Sprechen	■ markiert Texte farbig, um sie besser zu verstehen	■ erfasst Texte durch Herausschreiben von Stichwörtern
■ erinnert sich bei Klassenarbeiten oder Prüfungen durch leises oder inneres Sprechen	■ erinnert sich in Klassenarbeiten oder Prüfungen an einzelne Seiten oder Tafelbilder	■ gestaltet lieber Plakate, Zeichnungen oder Schaubilder als Texte zu schreiben
■ schätzt es, wenn referiert und doziert wird	■ merkt sich schwierige Zusammenhänge durch Bilder	■ arbeitet lieber bei Projektarbeiten mit und in Gruppen
■ lernt leichter, wenn eine Kollegin oder ein Kollege etwas erklärt	■ gestaltet die Arbeitsunterlagen übersichtlich	■ versteht theoretische Zusammenhänge besser an Fallbeispielen
■ erkennt schon an der Stimme, was mit anderen Menschen los ist	■ besucht gerne Museen und Kunstausstellungen	■ kann nur schwer lang sitzen
■ hört zur Entspannung gerne Musik	■ beurteilt Menschen nach dem ersten äußeren Eindruck	■ treibt gerne Sport
■ liebt das Geräusch von Regentropfen	■ beobachtet gerne andere Menschen	■ ist lieber im fachpraktischen Einsatz in der Einrichtung als im Unterricht
■ telefoniert sehr gerne	■ geht gerne ins Kino	■ isst gerne und gut

1. Finden Sie mithilfe der in der Tabelle genannten Merkmale heraus, welcher Lerntyp Sie überwiegend sind.
2. Zeigen Sie am Beispiel der Altenpflege-Ausbildung auf, wie sich die verschiedenen Lernwege sinnvoll ergänzen.
3. „Lernen mit allen Sinnen hat den größten Nutzen."
   „Wir behalten etwa 20 Prozent von dem, was wir hören, 35 Prozent von dem, was wir sehen oder lesen, und zwischen 70 und 90 Prozent von dem, was wir selbst sagen und tun."
   Machen Sie aufgrund dieser Aussagen Verbesserungsvorschläge für die Gestaltung Ihres Unterrichts, um die Lernerfolge zu steigern.
4. Auszug aus einem Tätigkeitsnachweis über Fähigkeiten, Fertigkeiten und Kenntnisse:

Prophylaxen	In der Schule besprochen	Unter Anleitung durchgeführt	Selbstständig durchgeführt	Bemerkung
Dekubitus				
Intertrigo				
Thrombose				

   a) Zeigen Sie auf, welche Lernwege jeweils berücksichtigt werden.
   b) Konkretisieren Sie dies an den aufgeführten Prophylaxen.

1.2 Lernmotivation

„Viel zu theoretisch. Das kann ich in der Praxis nie gebrauchen."
„Das habe ich noch nie verstanden. Das ist halt zu schwierig für mich."
„Diese Inhalte interessieren mich nicht."
„Jetzt verstehe ich überhaupt nichts mehr. Am liebsten würde ich alles hinwerfen."

1. In welchen Situationen hatten Sie ähnliche oder gleiche Gedanken?
2. Schildern Sie, wie Sie darauf reagiert haben.

Wie sinnvoll eine Aufgabe oder Tätigkeit erscheint und wie wahrscheinlich ein Erfolg eingeschätzt wird, ist entscheidend für die Bereitschaft zu lernen. Diese Bereitschaft wird auch als **Motivation** bezeichnet. Je mehr einem eine Arbeit interessiert und je besser die Erfolgsaussichten sind, umso größer ist die Motivation. Motivation ist aber nicht etwas, was man hat oder nicht hat, sondern Motivation lässt sich positiv beeinflussen.

Sich motivieren bedeutet:
- sich Ziele setzen,
- sich Erfolgserlebnisse verschaffen,
- sich Mut machen und positiv denken,
- das eigene Interesse wecken.

Sich Ziele setzen

Die grundlegende Bedingung für erfolgreiches Lernen ist: zu wissen, was man will und die Verantwortung dafür zu übernehmen. Wer sich bewusst für eine Aufgabe entscheidet, entscheidet sich auch dafür, etwas leisten zu wollen.
- Machen Sie sich die äußeren Erwartungen und Ziele klar (der Pflegeeinrichtung, der Fachschule, der Familie).
- Setzen Sie sich klare und messbare Ziele:
  langfristige Ziele („Ich will in drei Jahren die Abschlussprüfung bestehen.") sowie
  kurzfristige Ziele („Ich will bis nächsten Mittwoch das Referat fertiggestellt haben.").
- Kontrollieren Sie, ob Sie Ihre kurzfristigen Ziele einhalten. Wenn Sie Ziele nicht erreichen, suchen Sie nach Gründen und entwickeln Sie Gegenmaßnahmen.

Sich Erfolgserlebnisse verschaffen

Erfolgserlebnisse motivieren. Voraussetzung hierfür sind realistisch gesteckte Ziele. Mehrere kleinere Teilziele verschaffen regelmäßige Erfolgserlebnisse.
- Wenn Sie ein Ziel erreicht haben, genießen Sie den Erfolg und gönnen Sie sich eine angemessene Belohnung.
- Erledigen Sie eine schwierige und unangenehme Aufgabe zwischen zwei leichteren und angenehmeren.
- Erklären Sie Erfolge nicht mit Zufällen, sondern mit Ihren eigenen Anstrengungen.

Sich Mut machen und positiv denken

Positive Gedanken helfen, eine Aufgabe mit Mut und Ausdauer anzugehen. Gedanken wie „Ich darf keinen Fehler machen." oder „Das lerne ich nie." sind für das Lernen hinderlich.

- Setzen Sie gegen negative Stör Gedanken positive Gegengedanken (z. B. statt „Ich kann das nicht." besser „Ich probiere das noch einmal.").
- Erledigen Sie Aufgaben rechtzeitig oder sogar vor dem festgelegten Termin.
- Lassen Sie sich durch Misserfolge nicht entmutigen. Setzen Sie sich neue Ziele.
- Bringen Sie „widrige Umstände" in der Ausbildung zur Sprache.
- Lernen Sie mit Partnern oder in der Gruppe und helfen Sie sich gegenseitig.

Das eigene Interesse wecken

Wir lernen nur, was wir lernen wollen. Denn wer freiwillig und aus eigenem Interesse eine Aufgabe angeht, lernt leichter und besser. Wer nur aufgrund von Zwang und Druck lernt, hat Mühe und weniger Erfolg beim Lernen.

- Suchen Sie auch bei unliebsamen Tätigkeiten nach interessanten Aspekten. Denken Sie daran: Während einer Ausbildung müssen Inhalte und Tätigkeiten erlernt werden, die möglicherweise zunächst wenig sinnvoll erscheinen, später aber wichtig werden und deren Kenntnis sich auszahlt.
- Suchen Sie Anknüpfungspunkte zwischen neuen und bekannten Lerninhalten und Tätigkeiten.
- Suchen Sie nach Anwendungsmöglichkeiten für den Lernstoff.
- Seien Sie neugierig.

1. Notieren Sie Ihr Ausbildungsziel sowie zwei kurzfristige Zwischenziele.
2. Notieren Sie Ihre Ängste und Befürchtungen hinsichtlich Ihrer Ausbildung auf einem Zettel. Sprechen Sie in Ihrer Lerngruppe über die Ängste und suchen Sie nach Gegenmaßnahmen.
3. Sammeln Sie Ideen, wie Sie sich bei Erfolgen selbst belohnen.
4. Formulieren Sie zu den folgenden „Stör-Gedanken" positive Gegengedanken:
   a) „Ich habe Angst vor der Prüfung."
   b) „Ist der Unterricht wieder langweilig."
   c) „Das wird wieder eine Fünf."
   d) „Ich habe einfach keine Lust mehr."
   e) „Mir gelingt wieder überhaupt nichts."
   f) „Ich darf keinen Fehler machen."
   g) „Ich werde in der Zeit nicht fertig."
5. Erkunden Sie Ihre Gedanken und Gefühle bei Arbeiten und Prüfungen.
   a) Ergänzen Sie die folgenden Sätze:
      - Am Abend vor der Prüfung ...
      - Zu Beginn der Prüfung ...
      - Während der Prüfung ...
      - Wenn ich in Zeitnot komme ...
      - Wenn ich die Prüfungsarbeit zurückbekomme ...
   b) Formulieren Sie aus Ihren Antworten ein positives Selbstgespräch, das für die Prüfung Mut machen soll.
6. Nennen Sie konkrete Lerninhalte in Ihrer Ausbildung, die Sie nicht mögen. Notieren Sie drei Argumente, weshalb Sie diese Lerninhalte doch interessieren sollten.
7. Vertreten Sie Ihre Meinung zum Unterricht und zu Ihrer Ausbildung.
   a) Sammeln Sie in Ihrer Lerngruppe negative Punkte.
   b) Stellen Sie jedem negativen Punkt einen positiven Sachverhalt gegenüber.
   c) Initiieren Sie eine Klassenkonferenz, auf der Sie mit den Dozenten Lösungs- und Verbesserungsstrategien diskutieren.
8. Übung zur Selbstmotivation: Locker hinstellen. 1. Beim Ausrufen „Ich kann das!" mit beiden Händen auf die Oberschenkel schlagen. 2. Beim Ausrufen „Ich mach das!" beide Arme nach vorne, dabei eine Faust mit Daumen nach oben machen. 3. Beim Ausrufen „Ich schaff das!" beide Arme, die Hände öffnend nach oben strecken.

SICH **M**UT MACHEN
P**O**SITIV DENKEN
IN**T**ERESSE ENTWICKELN
INITIATIVE ERGREIFEN
VERKNÜPFUNGEN VON INHALTEN
P**A**RTNERARBEIT
S**T**ÖRGEDANKEN AUSSCHALTEN
Z**I**ELE SETZEN
BEL**O**HNUNG
NEUGIERIG SEIN

1.3 Zeitmanagement und Konzentration

Ich bitte nicht um Wunder und Visionen, Herr, sondern um Kraft für den Alltag. Lehre mich die Kunst der kleinen Schritte.
Mach mich griffsicher in der richtigen Zeiteinteilung, schenke mir das Fingerspitzengefühl, um herauszufinden, was erstrangig und was zweitrangig ist.
Ich bitte um Kraft für Zucht und Maß, dass ich nicht durch das Leben rutsche, sondern den Tagesablauf vernünftig einteile, auf Lichtblicke und Höhepunkte achte und wenigstens hin und wieder Zeit finde für einen kulturellen Genuss.
Lass mich erkennen, dass Träume nicht weiterhelfen, weder über die Vergangenheit noch über die Zukunft. Hilf mir, das Nächste so gut wie möglich zu tun und die jetzige Stunde als die wichtigste zu erkennen.
Bewahre mich vor dem naiven Glauben, es müsste im Leben alles glattgehen. Schenke mir die nüchterne Erkenntnis, dass Schwierigkeiten, Niederlagen, Misserfolge, Rückschläge eine selbstverständliche Zugabe zum Leben sind, durch die wir wachsen und reifen.
Erinnere mich daran, dass das Herz oft gegen den Verstand streikt. Schick mir im rechten Augenblick jemanden, der Mut hat, mir die Wahrheit in Liebe zu sagen.
Ich möchte dich und die Anderen immer aussprechen lassen. Die Wahrheit sagt man nicht sich selbst, sie wird einem gesagt.
Du weißt, wie sehr wir der Freundschaft bedürfen. Gib, dass ich dem schönsten, schwierigsten und zartesten Geschenk des Lebens gewachsen bin.
Verleihe mir die nötige Phantasie, im rechten Augenblick ein Päckchen Güte, mit oder ohne Worte an der rechten Stelle abzugeben.
Mach aus mir einen Menschen, der einem Schiff mit Tiefgang gleicht, um auch die zu erreichen, die „unten" sind.
Bewahre mich vor der Angst, ich könnte das Leben versäumen. Gib mir nicht, was ich mir wünsche, sondern was ich brauche.
Lehre mich die Kunst der kleinen Schritte.

Antoine de Saint-Exupéry: Die Stadt in der Wüste, übers. von Oswald von Nostitz, Düsseldorf, Karl-Rauch-Verlag, 2009

1. Worin besteht nach Saint-Exupéry die Kunst der kleinen Schritte?
2. Welche Lerntipps werden in dem Text angesprochen?

„Was du heute kannst besorgen, das verschiebe nicht auf morgen." – „Zeit ist Geld."

Diese Sprichwörter spiegeln die Bedeutung einer effektiven Zeitplanung wider. Zeitmanagement unterstützt ein stressfreies Lernen und Arbeiten und sichert private Freiräume. Vor allem für die Pflegeberufe ist eine individuelle Zeitplanung unumgänglich, da ein großer Teil des Zeitbudgets durch die Dienstpläne terminiert ist. Wechselnde Dienstzeiten, Früh-, Spät- oder Nachtschichten, Arbeit an Sonn- und Feiertagen sind mit den privaten Terminen in Einklang zu bringen. Wenn Sie Ihre Zeit bewusst einteilen und organisieren, werden Sie Zeit gewinnen für Dinge, die Ihnen wichtig sind und die Sie gerne tun.

1. Wofür fehlt es Ihnen an Zeit?
2. Wofür nehmen Sie sich auf jeden Fall Zeit?

Um die Zeitplanung optimieren zu können, sollten Sie zunächst Ihren gesamten Tagesablauf über eine Woche protokollieren. Dazu können Sie folgendes Tagesprotokoll verwenden:

Uhrzeit (von: bis:)	Dauer (Minuten)	Tätigkeit	zu viel Zeit	zu wenig Zeit

Stellen Sie sich bei der Auswertung Ihrer Tagesprotokolle folgende Fragen:
- Ist der Zeitaufwand für die Tätigkeiten immer gerechtfertigt?
- Stimmt das Verhältnis von privaten, beruflichen und schulischen Terminen?
- Stimmen Ihre Prioritäten mit dem tatsächlichen Tagesablauf überein?
- Welchen eigenen und fremden „Zeitdieben" sollten Sie das Handwerk legen?
- Wo gibt es mögliche Zeit-Freiräume, die Sie besser nutzen könnten?
- An welchen Tagen fühlten Sie sich gestresst und woran lag dies?

„Zeit ist kostbar." – Tipps zum Zeitmanagement

1. Termine und Aufgaben prinzipiell schriftlich notieren.

- ✔ Neben den beruflichen auch immer die privaten Termine notieren.
- ✔ Nicht alle Zeit verplanen, sondern Pufferzeiten und klare Zeitspannen vorsehen sowie Entspannungsfreiräume einkalkulieren.
- ✔ Für das Lernen feste Zeitpunkte und klare Zeitspannen bestimmen, die auch Ihre Familie sowie Ihre Bekannten und Freunde akzeptieren.
- ✔ Längerfristige Termine (z. B. für Referate, Lernaufgaben, Prüfungen oder Praxisbesuche) rechtzeitig einplanen und in Teilaufgaben untergliedern.
- ✔ Erledigte Termine bewusst abhaken.

2. Prioritäten setzen

Trennen Sie Wichtiges vom Unwichtigen und ordnen Sie es nach dem Gesichtspunkt der Dringlichkeit. Dabei kann das sogenannte „Eisenhower-Prinzip" hilfreich sein:

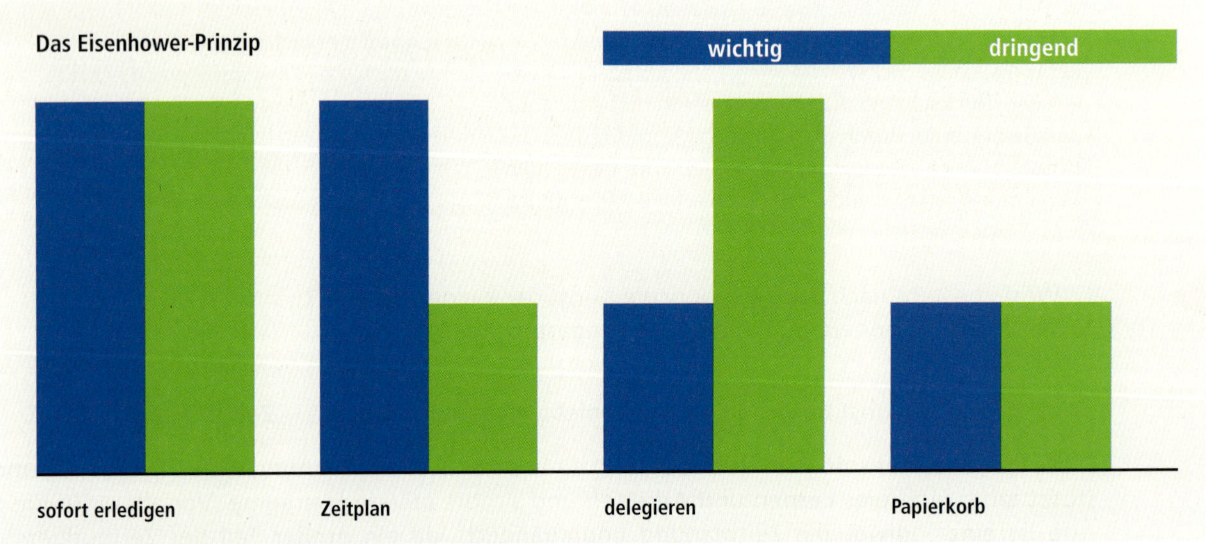

3. Das Neinsagen lernen

So können Sie das Neinsagen lernen:

- Prüfen Sie den Wunsch oder das Anliegen!
- Wenn Sie das Begehren innerlich ablehnen, warten Sie nicht, sagen Sie sofort Nein!
- Fühlen Sie sich überrumpelt: Bitten Sie um Bedenkzeit!
- Müssen Sie sich sofort entscheiden, zählen Sie innerlich ruhig bis 10 (denken, überlegen, den Sachverhalt wiederholen, Pause, dann: Nein)!
- Begründen Sie kurz und sachlich die Ablehnung (keine Rechtfertigungen, keine Ausreden, keine Notlügen)!
- Empfehlen Sie eine Alternative: „Nein, aber ich schlage vor, ..."!

1. Was ist mir bei der Pflege alter Menschen besonders wichtig? Fertigen Sie eine Prioritätenliste an.
2. Wenden Sie das Eisenhower-Prinzip an, indem Sie im Tagesablauf in der pflegerischen Praxis nach Wichtigkeit und Dringlichkeit die Aufgaben und Tätigkeiten überprüfen und einordnen.
3. Ergänzen Sie: „Nein zu sagen fällt mir schwer, weil ..."
4. Spielen Sie im Rollenspiel folgende Situation:
   Ihre Praxisanleiterin fragt Sie heute (Freitag), ob Sie am Wochenende kurzfristig die Frühschicht übernehmen könnten, da zwei Kolleginnen wegen Krankheit ausfallen. Sie hätten an diesem Wochenende normalerweise keinen Dienst.

„Ordnung ist das halbe Leben."

Bezogen auf die Gestaltung des Arbeitsplatzes heißt das, dass dieser optimal gestaltet sein sollte. Was dies bedeutet, ist allerdings häufig von der individuellen Lernbiografie geprägt. Manche lernen besser bei leiser Musik, andere brauchen einen aufgeräumten Schreibtisch. Sie sollten deshalb Ihren Arbeitsplatz so gestalten, dass dies Ihren Lernbedingungen zugute kommt. Dies gilt sowohl für zu Hause als auch für die Schule und den Betrieb.

Als förderlich hat sich erwiesen,
- immer am gleichen Platz zu lernen,
- nur die benötigten Arbeitsmittel bereitzulegen,
- Störquellen bewusst auszuschalten.

5. Erarbeiten Sie Vorschläge, wie Ihr Klassen- oder Seminarraum besser gestaltet werden kann.
6. Aus eigener Erfahrung wissen Sie, dass Unterricht häufig gestört wird.
   a) Notieren Sie zwei oder drei Störfaktoren, die den Unterricht negativ beeinflussen.
   b) Tragen Sie in Arbeitsgruppen die Störfaktoren zusammen, diskutieren Sie diese und halten Sie Ihre Ergebnisse auf einem Plakat fest.
   c) Erarbeiten und beschließen Sie in Ihrer Lerngruppe Verhaltensregeln, um Störungen des Unterrichts möglichst zu vermeiden.

„Konzentriere dich!"

Das Lernen und die Gedächtnisleistungen werden insbesondere durch folgende Faktoren beeinflusst:
- Fitness,
- Kreativität,
- Lern- und Arbeitsmethoden,
- Motivation,
- Zeitmanagement,
- Konzentration.

Konzentration umfasst neben der Aufmerksamkeit auch Disziplin, Ausdauer und Merkfähigkeit. Voraussetzung hierfür ist u.a. auch eine körperliche Fitness. Durch gezielte Konzentrations- und Entspannungsübungen lässt sich die Aufmerksamkeit und Ausdauer steigern.

3. Überlegen Sie, ob Sie für Ihre körperliche Fitness genügend tun.

7. Probieren Sie in Ihrer Lerngruppe verschiedene Übungen zur Konzentration und Entspannung aus und sprechen Sie über deren Wirkung:
   a) Schließen Sie für zwei Minuten die Augen und achten Sie nur auf den eigenen Atem.
   b) Schließen Sie die Augen und hören Sie entspannende Musik.
   c) Schließen Sie die Augen, ertasten Sie einen Gegenstand und beschreiben Sie ihn anschließend möglichst genau.
   d) Notieren Sie auf einem Zettel innerhalb einer Minute alles, was Ihnen zu der folgenden Frage einfällt: Was kann ich mit einem Bleistift machen?
8. Übung zur Konzentration: Stellen Sie sich eine liegende „8" vor. Schreiben Sie diese „8" mit Augen und Kopf nach.

1.4 Mnemotechniken

„Eselsbrücken bauen"

Geschichten, Bilder oder Farben sind oft leichter zu merken als bloße Informationen und Fakten. Dies lässt sich für das Lernen nutzen, indem Lerninhalte mit einfachen Gedankenstützen oder vertrauten Arbeitsabläufen verbunden werden. Zudem werden gleichzeitig die rechte und linke Gehirnseite aktiviert. Inhalte des begrifflichen Denkens, die man gemeinhin der linken Hirnhälfte zuordnet, werden assoziativ mit Bildinhalten der rechten Hälfte verknüpft.

Berichten Sie, welche Eselsbrücken Sie sich bauen, um sich Zahlen, Daten und Fakten besser merken zu können.

Lernen heißt, Neues mit bereits Bekanntem zu verknüpfen. Deshalb sollten Sie beim Lernen nach Anknüpfungspunkten suchen und sich fragen: „An was erinnert mich der neue Stoff?", „Welche anderen Dinge haben mit den Inhalten zu tun?". Durch stetiges Verknüpfen wird sozusagen das Netz des Gehirns immer feiner. Mit anderen Worten: Je mehr Sie lernen, desto leichter fällt es Ihnen.

Es gibt eine Reihe von verschiedenen Techniken, Methoden und Systemen, die Merkfähigkeit zu steigern. Hier sollen nur einige kurz vorgestellt werden. Im Buchhandel und im Internet findet sich zu den sogenannten „Mnemotechniken" eine große Auswahl an Fachliteratur.

Verknüpfungstechniken

Am Hals baumelt Vogelfutter.

Mit der richtigen Eselsbrücke wird jeder zum Gedächtniskünstler

Um sich eine Liste von Begriffen zu merken, baut man sich ein System geistiger Briefkästen. Körperstelle (Fuß, Knie, Stirn) oder auffällige Orte im Saal (Lampe, Kopierer, Pinnwand) werden zu Fächern, in denen man mithilfe kühner Assoziationen einzelne Wörter verstaut. [...] Man merkt sich als Nummer 1 die Zehe, und greift sich an die Zehe. Nummer 2 das Knie. Griff ans Knie. 3. Oberschenkel, 4. Gesäß, 5. Taille, 6. Brust, 7. Schulter, 8. Hals, 9. Nase, 10. Stirn.

Wer die Liste der Körperteile im Kopf hat, der verinnerlicht die samstägliche Einkaufsliste locker in 60 Sekunden, indem er die Produkte der Reihe nach den Körperteilen zuordnet. Und das geht so: Man stellt sich vor, die Zehe bestehe aus Brot. [...] Das Knie wird mit Senf eingerieben. Den Oberschenkel umwickle ich mit Toilettenpapier, In der Gesäßtasche steckt ein Fisch. Die Taille riecht nach Rasierwasser. Auf der Brust fühle ich Wattestäbchen. Auf der Schulter stehen Kinderschuhe. Um den Hals baumelt eine Tüte Vogelfutter. Auf der Nase balanciere ich Käse. Und an der Stirn klebt roter Nagellack.

Wer nun die Körperteile der Reihe nach betrachtet, hat schon die ersten Erfolgserlebnisse. Besteht die Zehe da nicht aus ... Brot? und am Knie? ... Aha! Der Senf. Wer die Dinge am Körper sehen kann, gewöhnt sich die Untugend ab, Einkaufslisten zu schreiben.

Mit dem Aufwand von zehn Stunden können sich die meisten Menschen 100 „Briefkästen" bauen, die fast beliebig oft mit neuen Inhalten gefüllt werden können. Mnemotechnik (von Griechisch mneme: „Gedächtnis") nennen sich solche Lernmethoden.

Urs Willmann, in: Die Zeit, Nr. 12/2000, S. 73 (gekürzt)

1. Bauen Sie sich 20 „Briefkästen", die Sie mit Inhalten aus der Gesundheitslehre, der Anatomie oder der Geriatrie füllen.
2. Lesen Sie die Texte auf Seite 16. Verknüpfen Sie die Inhalte („Herz-Kreislauf-System") mit einer erfundenen Geschichte, z. B. „Ein Schiff transportiert über Flüsse bestimmte Ladungen, löscht sie und nimmt auf dem Rückweg andere Ladungen auf."
3. Verknüpfen Sie komplizierte Begriffe und Fakten aus dem fachtheoretischen Unterricht, indem Sie aus den Anfangsbuchstaben der Begriffe ein neues Wort bilden, z. B. „GRÜSS" für die Kardinalsymptome der Entzündung: **G**estörte Funktion, **R**ötung, **Ü**berwärmung, **S**chwellung, **S**chmerz.
4. Suchen Sie bei einem wichtigen Thema Ihres Fachunterrichts nach verwandten Themen. Formulieren Sie „Vergleichssätze", z. B. „Das ist ja, wie wenn ...".

Mindmapping

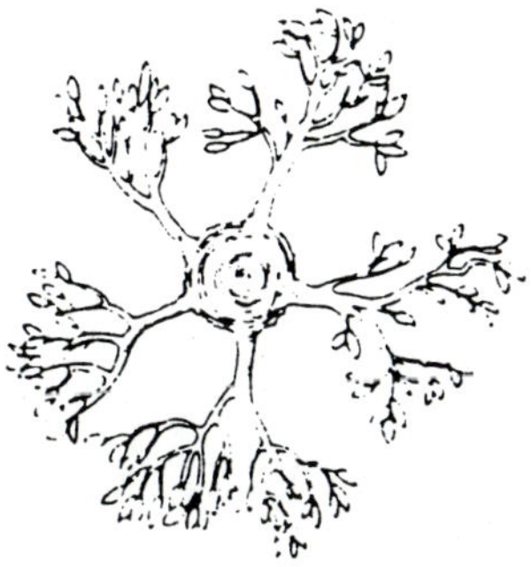

Skizzen helfen, Lerninhalte zusammenzufassen, zu merken und zu wiederholen. Eine Gedächtnislandkarte, die sogenannte „Mindmap", unterstützt die Bewältigung komplexer Themen. Mindmapping basiert auf einer Technik, die spanische Mönche im 16. Jahrhundert erfunden haben. Stichwörter werden zu baumartigen Strukturen zusammengefügt. Eine Mindmap ist leicht anzufertigen: Das Thema wird in einem Kreis in der Mitte eines Blattes notiert. Von diesem Kreis gehen jetzt Äste und Zweige ab, die das Thema in seine einzelnen Bereiche aufgliedern. Zudem können Zweigverbindungen die Zusammenhänge verdeutlichen. Die Struktur der Gedankenskizze erinnert an einen Baum von oben aus gesehen.

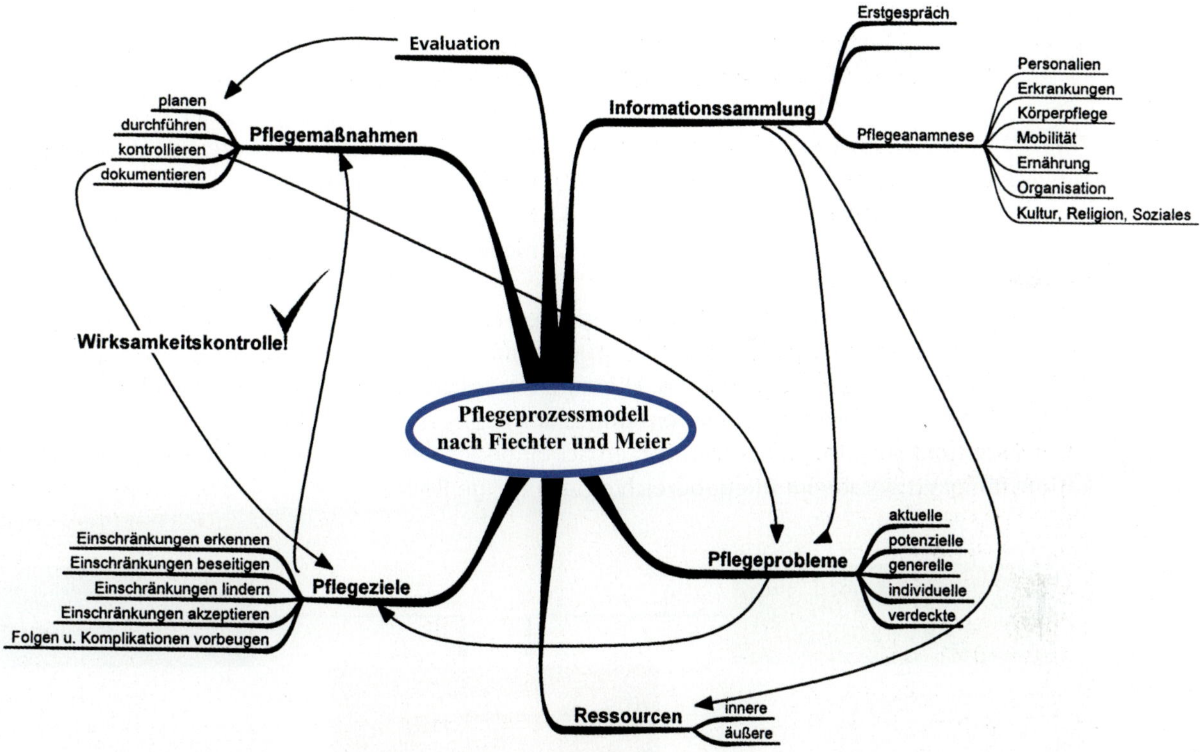

Mindmapping eignet sich auch als kreative Methode, um Probleme zu skizzieren und zu neuen Lösungsansätzen zu gelangen.

5. Halten Sie mithilfe der obigen Mindmap einen Kurzvortrag zum Thema „Pflegeprozessmodell nach Fiechter und Meier".
6. Erstellen Sie eine Mindmap zu einem ausgewählten Fachthema.
7. Fassen Sie den Lernbereich „Lern- und Arbeitstechniken" in einer Mindmap zusammen, indem Sie die Einflussfaktoren als Äste Ihrer Gedankenskizze wählen.
8. Sie wollen mit Ihrer Lerngruppe einen Seniorennachmittag veranstalten. Benutzen Sie die Methode des Mindmapping, um das Fest zu organisieren und zu gestalten.
9. Zum Anfertigen von Mindmaps gibt es mittlerweile unterschiedliche Software für den Computereinsatz. Machen Sie sich sachkundig.

1.5 Schlüsselqualifikationen

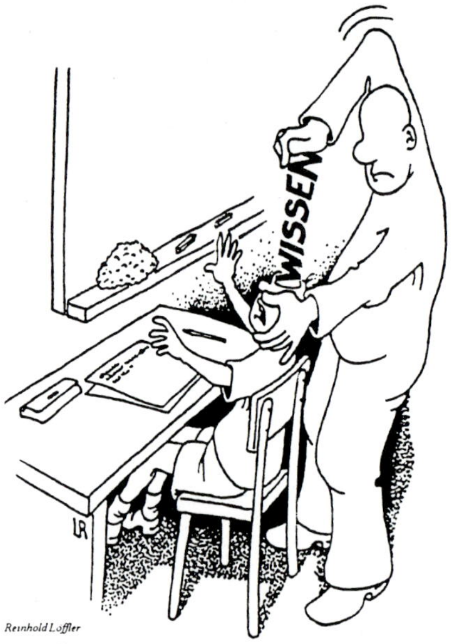

Halbwertzeit des Wissens: Die Verdoppelung des Wissens

- alle fünf Minuten eine neue medizinische Erkenntnis
- jede Minute eine neue chemische Formel

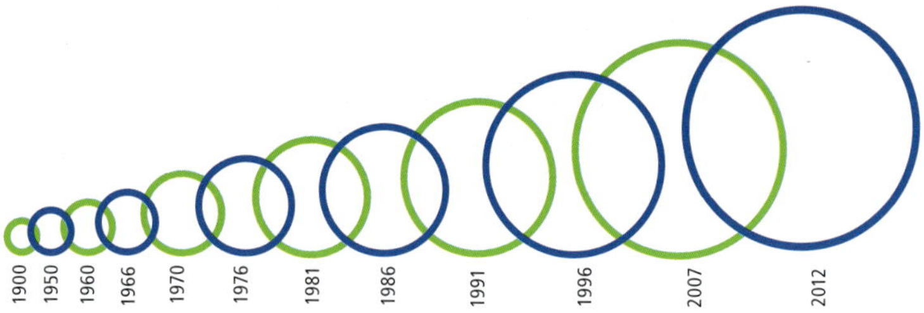

1. Erläutern Sie, was unter der „Halbwertzeit des Wissens" zu verstehen ist.
2. Welche Problematik wird mit der Karikatur und der grafischen Darstellung deutlich?
3. Welche Konsequenzen ergeben sich hieraus für das Lernen und den Beruf?
4. Nennen Sie Fähigkeiten, die neben dem fachlichen Wissen immer wichtiger werden.

Berufliches Fachwissen und Kenntnisse unterliegen einem steten Wandel. Die berufliche Handlungsfähigkeit hängt also entscheidend davon ab, ob man in der Lage ist, sich selbstständig weiterzubilden und neues berufliches Wissen anzueignen. Hierzu ist es wichtig, Methoden und Schlüsselqualifikationen zu erlernen und einzuüben, die ein lebenslanges Lernen ermöglichen. Neben der Fachkompetenz sind also Methoden- und Sozialkompetenzen von entscheidender Bedeutung. Dabei spielen Team- und Kommunikationsfähigkeit gerade im Pflegebereich eine wichtige Rolle.

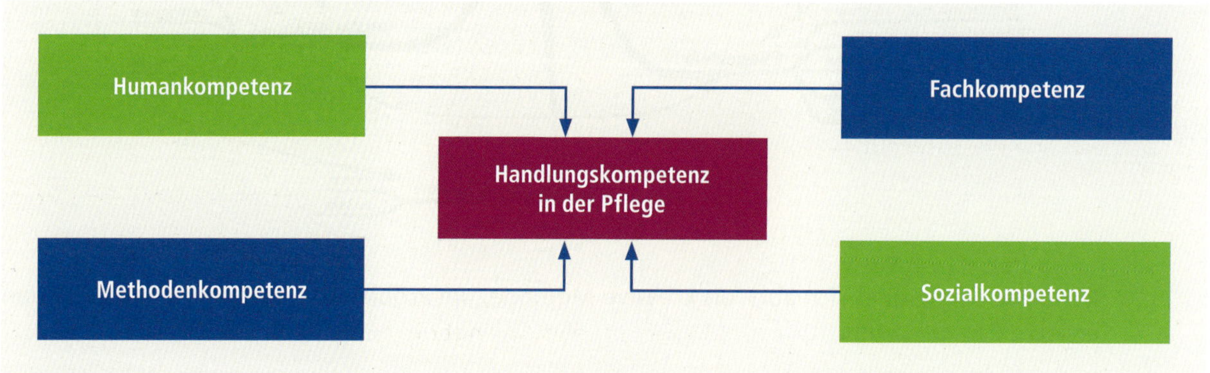

Viele methodische, soziale und sprachliche Fähigkeiten und Techniken sind Gegenstand der Ausbildung in der Pflege und damit auch von „Deutsch/Kommunikation in der Altenpflege". Hierzu zählen z. B.:

- Informationen erarbeiten und verstehen,
- Nachschlagewerke und Lexika benutzen,
- das Protokollieren und Berichten,
- das Argumentieren und Diskutieren,
- Inhalte gliedern und zusammenfassen,
- Ergebnisse dokumentieren,
- Ergebnisse visualisieren und präsentieren,
- das freie Sprechen und Vortragen,
- Gespräche führen,
- das Planen und Probleme lösen,
- Verantwortung übernehmen,
- mit anderen zusammenarbeiten,
- kreativ und flexibel sein,
- selbstständig arbeiten.

1.6 Team- und Gruppenarbeit

1. Welche Voraussetzungen sind notwendig, um in einer Gruppe oder einem Team arbeiten zu können?
2. Welche Vorteile bietet die Arbeit in Gruppen?
3. Wo liegen die „Schwachpunkte" und Risiken?

Wo Mitarbeiterinnen und Mitarbeiter an einer gemeinsamen Zielsetzung arbeiten, ist Teamarbeit eine wichtige Voraussetzung für den Erfolg. Teamarbeit ist in der Pflege unerlässlich und stellt an die Teammitglieder Anforderungen, die bereits in Ausbildung und Schule eingeübt werden sollten. Zudem lässt sich in Gruppen effizient lernen.

Verhaltensregeln für eine erfolgreiche Gruppenarbeit:

- Aufgabenstellung der Gruppe klären
- Rollen verteilen:
  - Gruppenleiter/-in
  - Gruppenschreiber/-in
  - Gruppensprecher/-in
  - Zeitnehmer/-in
- Gesprächsregeln einhalten, z. B.
  - Jeder darf seine Meinung sagen.
  - Gut zuhören und andere ausreden lassen.
  - Auf Beiträge anderer eingehen.
- Mehrheitsentscheidungen akzeptieren, aber ggf. Minderheitsmeinungen dokumentieren.
- Sich für die Qualität der Arbeit verantwortlich fühlen.
- Ergebnisorientiert arbeiten.
- Ergebnisse dokumentieren und visualisieren.

Aufgaben der Gruppenleiterin/des Gruppenleiters:

- erteilt das Wort, achtet auf die Reihenfolge der Wortmeldungen,
- achtet auf die Einhaltung der Gesprächsregeln,
- fordert Gruppenmitglieder zu Beiträgen auf,
- sorgt dafür, dass alle beim Thema bleiben,
- fasst (Teil-)Ergebnisse zusammen.

Aufgaben der Gruppenschreiberin/ des Gruppenschreibers

- protokolliert alle wichtigen Beiträge und Ergebnisse,
- macht auf Unklarheiten aufmerksam.

Aufgaben der Gruppensprecherin/ des Gruppensprechers

- präsentiert das Ergebnis der Gruppenarbeit.

Aufgaben der Zeitnehmerin/des Zeitnehmers:

- achtet auf die Einhaltung des Zeitrahmens.

Erfahrungen aus der Pflegepraxis haben gezeigt: Gelingt die Entwicklung von Teams, so führt dieser Prozess u. a. zu:

- höherer geistiger Flexibilität, besserem analytischen und logischen Denken,
- kreativerer Problemlösung und Denken in Zusammenhängen,
- höherem Kostenbewusstsein,
- höherem Verantwortungsgefühl und größerer Sorgfalt,
- mehr Ausdauer und Leistungsbereitschaft,
- verbesserter Lernbereitschaft, Eigeninitiative, Selbstreflexion und stärkerem Selbstbewusstsein,
- höherer Kooperationsfähigkeit sowie besserer Kommunikations- und Konfliktfähigkeit,
- einer stärkeren internen und externen Kunden-/Bewohner-/Patientenorientierung.

1. In einer Mindmap zum Thema „Seniorennachmittag" heißt ein Hauptzweig „Teamarbeit". Begründen Sie, weshalb dieser Zweig in die Mindmap aufgenommen worden ist.
2. Teamarbeit ist sowohl in arbeitsgleichen Gruppen als auch in arbeitsteiligen Gruppen möglich. Erläutern Sie diese Aussage.

1.7 Lernen im Doppelkreis

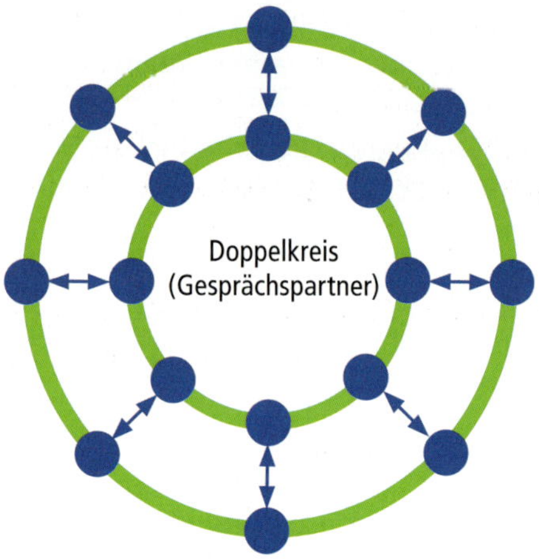

Eine interessante Form des gemeinsamen Arbeitens bietet die Methode des Doppelkreises. Was wir selbst sagen und vortragen können, behalten wir am besten. Hierzu bietet der Doppelkreis eine gute Möglichkeit. Dazu werden ein Außen- und ein Innenkreis gebildet. Die Mitglieder des Innenkreises tragen den Lernstoff den gegenübersitzenden Partnern vor. Erst nach dem Vortrag dürfen die Mitglieder des Außenkreises Fragen stellen oder korrigieren. Auf Anweisung der Leitung bewegen sich die Lernenden des Innenkreises im Uhrzeigersinn zwei Plätze weiter. Jetzt ist der Außenkreis an der Reihe, den Lernstoff vorzutragen. Man ist also einmal Lehrende/-r und ein anderes Mal Lernende/-r.

1. Das menschliche Herz-Kreislauf-System besteht aus zwei großen Abschnitten: dem Körperkreislauf und dem Lungenkreislauf.
   Bilden Sie zwei Lerngruppen A und B.
   Die Mitglieder der A-Gruppe lesen und bearbeiten den Text A, die Mitglieder der B-Gruppe den Text B. Machen Sie sich Notizen oder erstellen Sie eine Mindmap.

Das Herz-Kreislauf-System

Text A

Der Körperkreislauf wird über die größte Schlagader, die Aorta, versorgt. Das Blut dieser Arterie stammt aus der linken Herzkammer (Ventrikel). Die Arterien verzweigen sich in den verschiedenen Körperregionen zu immer kleineren Ästen, den Arteriolen, und schließlich in die Haargefäße, die Kapillaren. In den arteriellen Gefäßen werden Sauerstoff und Nährstoffe zu den Zellen der Organe transportiert. Das sauerstoffreiche Blut der Arterien hat eine hellrote Farbe. Die zum Herzen zurückführenden Gefäße, die Venen, dienen dem Abtransport der Stoffwechselendprodukte Kohlendioxid und Wasser. In den größten Körpervenen, der oberen und unteren Hohlvene, wird das sauerstoffarme, dunkelrote Blut dem rechten Vorhof des Herzens zugeführt.

Text B

Das sauerstoffarme, dunkelrote Blut wird aus dem rechten Vorhof der rechten Hauptkammer (Ventrikel) zugeleitet und von dort aus durch die Lungenschlagader und die zwei Lungenarterien in die Lungen transportiert. In den Lungenbläschen (Alveolen) nimmt das Blut Sauerstoff auf und gibt Kohlendioxid ab. Venolen und Venen vereinigen sich zu vier großen Lungenvenen, die das sauerstoffreiche, hellrote Blut zum linken Vorhof bringen.

2. Bilden Sie einen Doppelkreis (Mitglieder der A-Gruppe außen) und informieren Sie sich gegenseitig mithilfe Ihrer Notizen über die Inhalte Ihres Textes.
3. Der Doppelkreis eignet sich auch, um Emotionen, Befindlichkeiten und Erfahrungen auszutauschen. Dazu übernehmen die Kreispartner verschiedene Rollen.
   Zum Thema „Kommunikation mit einem Aphasiker" schlüpfen die Innenkreis-Mitglieder in die Rolle eines Aphasikers. Die Mitglieder des Außenkreises versuchen mit den Aphasikern (ca. drei Minuten) über ein beliebiges Thema zu kommunizieren.
   Nach dem Rollentausch werden die Erfahrungen gesammelt und ausgewertet.

1.8 Aktiv lesen

Lesen ist eine wichtige Kulturtechnik. Effektives Lesen will geübt sein.

Testen Sie sich selbst:
1. Lesen Sie den Text auf Seite 20 f. Stoppen Sie die Zeit, die Sie hierfür benötigen.
2. Versuchen Sie die wesentlichen Inhalte des Textes mit eigenen Worten wiederzugeben.

Testauswertung:
Der durchschnittliche Leser schafft je nach Text etwa 150 bis 250 Wörter pro Minute. Geübte Leser bringen es auf die doppelte Anzahl an Wörtern. An der folgenden Skala können Sie Ihr Lesetempo einschätzen, indem Sie Ihre Zeit mit den angegebenen Werten vergleichen:

Lesezeit für den Text, Seite 17	> 5 min	< 5 min	< 4 min	< 3 min
Lesetempo	mäßig	befriedigend	gut	sehr gut

Anders als literarische Texte müssen Sachtexte nicht immer Wort für Wort gelesen werden. Es lassen sich verschiedene Lesetechniken unterscheiden.
Häufig genügt das **diagonale Lesen**. Dabei soll ein schneller Gesamtüberblick über ein Sachbuch oder einen Text gewonnen werden. Erste Informationen hierfür bieten:

- das Titelblatt,
- das Inhaltsverzeichnis,
- die Kapitelüberschriften,
- Zusammenfassungen,
- das Stichwortverzeichnis,
- eine stichprobenartige Lektüre.

Zum genaueren Erfassen von Inhalten eignet sich das **kursorische Lesen**. Hierbei wird der Sachtext „überflogen" und die Aufmerksamkeit auf die wesentlichen Inhalte gerichtet. Worauf ist beim kursorischen Lesen eines Sachtextes zu achten?

- Kursorisches Lesen erfordert die volle Konzentration.
- Beim Überfliegen des Textes ist Wichtiges vom Unwichtigen zu trennen. Dazu ist nach wichtigen Begriffen, Abbildungen, Daten und Zahlen zu suchen.
- Hierbei sollte besonders auf Hervorhebungen, Marginalien und Abschnittanfänge geachtet werden.
- Eigene Markierungen im Text und am Textrand erleichtern die Orientierung.
- „Querlesen" ist nur dann effektiv, wenn der Gedankengang des Textes im Auge behalten wird: Achten Sie darauf, en „roten Faden" eines Textes nicht zu verlieren!

Intensives Lesen ist bei Sachtexten oft nur bei einzelnen Textabschnitten erforderlich. Dabei geht es zumeist um das Erfassen schwieriger Sachverhalte.

1. Üben Sie das aktive und schnelle Lesen, indem Sie einen Text am PC-Monitor lesen und dabei den Text schnell „scrollen" (den Text nach oben ablaufen lassen).
2. Auch beim Zeitunglesen werden die meisten Artikel nur überflogen. Lesen Sie die Regionalseiten Ihrer Tageszeitung „kursiv" und berichten Sie darüber.
3. Trainieren Sie Ihre Augen, indem Sie den folgenden Text ohne Interpunktion und ohne Großschreibung lesen:

diepflegebedürftigkeitwirdindreipflegestufenuntert
eilterheblichepflegebedürftigkeitschwerpflegebedü
rftigkeitschwerstpflegebedürftigkeiterheblichpfleg
ebedürftigsindpersonendiebeiderkörperpflegeder
ernährungoderdermobilitätfürwenigstenszweiverri
chtungenauseinemodermehrerenbereichenminde
stenseinmaltäglichderhilfebedürfenundzusätzlich
mehrfachinderwochehilfenbeiderhauswirtschaftlic
henversorgungbenötigenalszeitlicheraufwandsind
mindestens1,5stundentäglichnotwendigwobeidie
direktepflegeimvergleichzurindirektenpflegemehr
als45minutenumfassenmussbeiderschwerpflegeb
edürfigkeitumfasstderzeitlicheaufwandmindesten
s3stundentäglichbeiderschwerstpflegebedürftigke
itsinddiesmindestens5stundenfürhärtefällekönnen
sogarweiterepflegeeinsätzegewährtwerden

1.9 Informationen beschaffen

Altenpflegeschülerin Sabine Lauer soll ein Referat für den Rechtskunde-Unterricht ausarbeiten. Das Thema lautet: „Die rechtliche Betreuung". Mithilfe einer Mindmap sucht sie nach möglichen Informationsquellen:

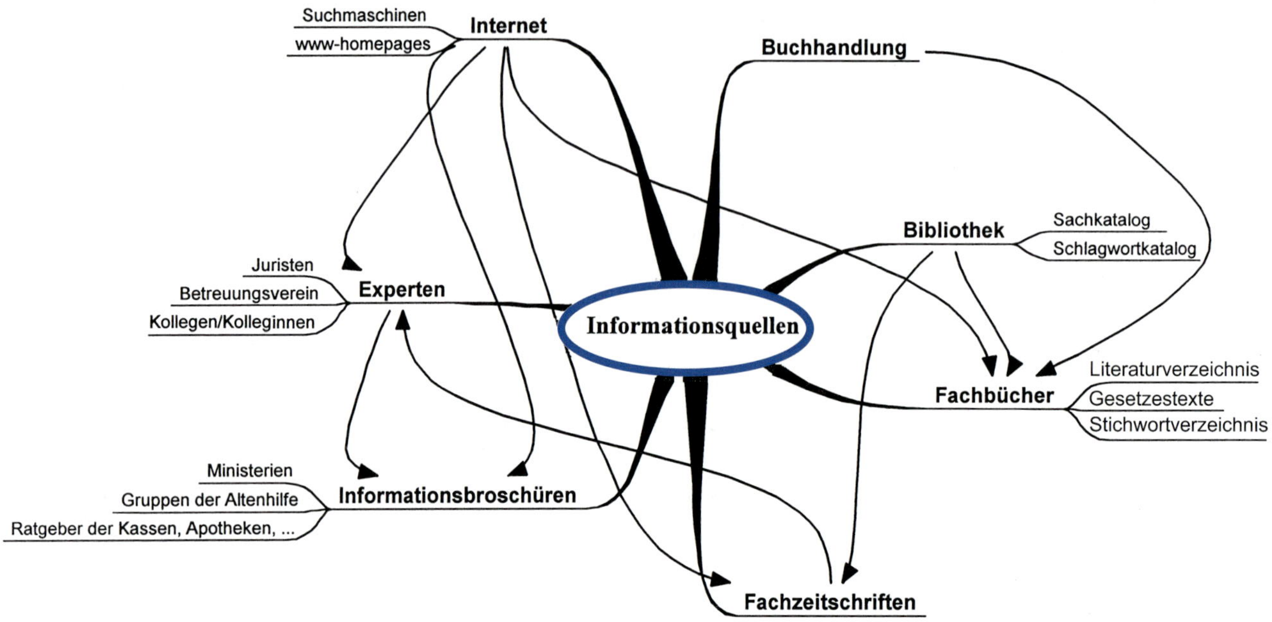

1. Machen Sie Vorschläge über weitere Informationsquellen.
2. Welche der Informationsquellen halten Sie für die ergiebigsten?
3. In welcher Reihenfolge sollte Sabine Lauer die Informationsquellen auswerten?

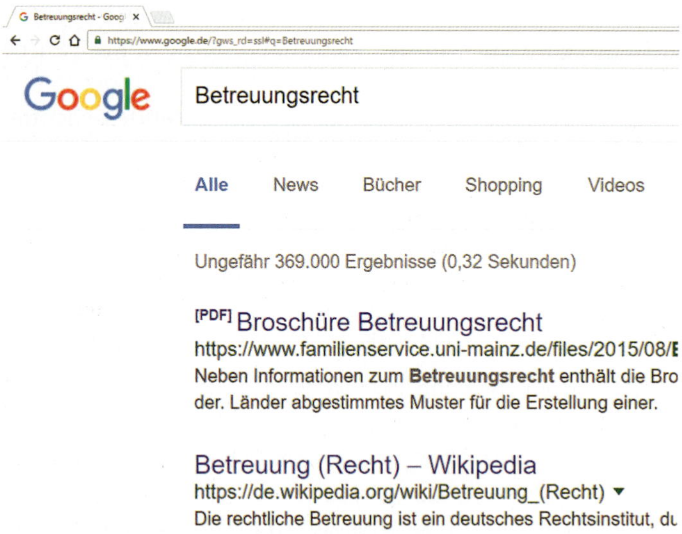

Google und das Google-Logo sind eingetragene Marken von Google Inc., Verwendung mit Genehmigung.

Suchmaschinen im Internet helfen, Informationen zu einem Thema oder Problem zu finden. Allerdings ist die Menge der angegebenen Webseiten oft so groß, dass nur eine gezielte Recherche zu den gewünschten Informationen führt. Durch zusätzliche Stichwörter kann die Suche effizienter werden.

1. Zum Suchbegriff „Betreuungsrecht" hat Sabine Lauer 369.000 Webseiten gefunden. Machen Sie Vorschläge für eine gezielte Recherche.
2. Führen Sie eine Internet-Recherche durch: „Welche Weiterbildungsmöglichkeiten gibt es in Ihrem Berufsfeld?"
3. Welche Informationsquellen würden Sie benutzen, um
   a) den Begriff „Obstipation" zu erläutern?
   b) einen Kurzvortrag über „Alternative Wundheilungsmethoden" vorzubereiten?
   c) ein Referat über das Thema „Vitaminversorgung älterer Menschen" auszuarbeiten?

1.10 Exzerpte und Stichwortzettel anfertigen

Die verschiedenen Informationsquellen, ob Fachbücher, Lexika, Zeitschriften, elektronische Datenbanken, Internet oder Prospekte, bieten zuweilen eine unübersehbare Informationsflut. Für ein Referat oder einen Kurzvortrag gilt es nun, die wesentlichen Informationen herauszufiltern und festzuhalten. Dieser Vorgang wird auch als **Exzerpieren** bezeichnet.

Besonders wichtige Informationen sollten wortwörtlich notiert werden. Werden solche Texte in Hausarbeiten oder Referaten verwendet, müssen sie als Zitate gekennzeichnet werden. Aus diesem Grunde ist es notwendig, die Quelle zu notieren, um später in der Hausarbeit oder im Referat auf sie verweisen zu können (vgl. S. 26). Dies gilt auch für nicht wörtliche Exzerpte.

Aus den Exzerpten lassen sich dann die Informationen weiter strukturieren und verdichten. Stichwortzettel eignen sich neben Mindmaps (vgl. S. 13) als Gedächtnis- und Strukturskizze. Vor allem beim freien Vortrag und Referieren ist ihr Einsatz von Vorteil (vgl. S. 30).

3

2

1

Stichwortzettel

- Format DIN A6
- nur Stichwörter, keine Sätze
- möglichst nicht mehr als fünf Stichwörter
- oben rechts fortlaufend nummerieren

Krätze (Skabies)

Die Krätze (Skabies) ist eine durch Milben ausgelöste, ansteckende Hautkrankheit. Die Übertragung der Krätzmilben erfolgt durch das Zusammenleben in der Familie oder in Altersheimen und durch engen Körperkontakt - besonders beim Geschlechtsverkehr. Daher zählt die Krätze zu den sexuell übertragbaren Erkrankungen.

Die für die Krätze verantwortliche Milbe *Sarcoptes scabiei* ist ein Parasit. Die Skabies-Symptome sind überwiegend auf die weiblichen Krätzmilben zurückzuführen: Die Weibchen bevorzugen Körperstellen mit dünner Hornschicht, in die sie jeden Tag millimeterlange Gänge bohren. In diesen Milbengängen legen sie ihre Eier ab, aus denen nach drei bis fünf Tagen die Larven schlüpfen und sich innerhalb von drei Wochen zu geschlechtsreifen Krätzmilben umwandeln. Die kleinere männliche Krätzmilbe lebt nur auf der Oberfläche der Haut und hat eine kürzere Lebensdauer.

Die Krätze ist gekennzeichnet durch Knötchen beziehungsweise Papeln auf einer von Kratzspuren durchsetzten, schuppig-krustigen Haut. Außerdem ist die Krankheit mit einem ausgesprochen starken, vor allem nachts auftretenden Juckreiz verbunden. Die für Skabies typischen Hautveränderungen finden sich vor allem an den Handgelenken, den Fingerzwischenräumen, in der Nabelregion, im Brust- und Achselbereich und in der Genitalregion; an Gesicht, Handflächen und Fußsohlen führt die Krätze nur bei kleinen Kindern zu Hautveränderungen.

Diagnostizierbar ist die Krätze anhand des Erscheinungsbilds der Haut und durch den mikroskopischen Nachweis der Krätzmilben. Zur Behandlung von Krätze stehen verschiedene Mittel zur Verfügung, mit denen sich die Krätzmilben vernichten lassen. Richtig angewendet führen diese auf die Haut aufzutragenden Mittel gegen Krätze zu einer schnellen Heilung. Um eine erneute Ansteckung zu verhindern, ist es wichtig, das enge Umfeld (Familie, Wohngemeinschaft, Partner) immer auch gegen Krätze zu behandeln - dies gilt auch für Menschen, die zum Zeitpunkt der Skabies-Therapie noch keine Anzeichen für einen Milbenbefall zeigen.

Onmeda-Redaktion: Krätze (Skabies), abgerufen unter: www.onmeda.de/krankheiten/kraetze.html, [Zugriff am 19.09.2016]
© 2016 - gofeminin.de GmbH

1. Fertigen Sie ein Exzerpt (Textauszug) an und machen Sie sich Stichwortzettel.
2. Halten Sie mithilfe Ihrer Stichwortzettel einen Kurzvortrag.
3. Visualisieren Sie Ihren Kurzvortrag, indem Sie die Entwicklung der Milben grafisch darstellen.

1.11 Sachtexte analysieren

HIV/AIDS von A bis Z

Aids steht für die englische Bezeichnung „Acquired Immune Deficiency Syndrome", zu Deutsch etwa „erworbenes Immunschwächesyndrom" (Syndrom = Komplex verschiedener Symptome). Das Immunsystem hat die Aufgabe, in den Körper eingedrungene Krankheitserreger - z. B. Bakterien, Pilze, Viren - zu bekämpfen.

Ursache für Aids ist die Infektion mit HIV («Human Immunodeficiency Virus" = „menschliches Immunschwäche-Virus"). Von Aids spricht man, wenn bestimmte,/zum Teil lebensbedrohliche Symptome auftreten, z. B. schwere Infektionskrankheiten und Tumoren.

Die HIV-Erkrankung ist nach wie vor nicht heilbar, aber wenn rechtzeitig eine sogenannte antiretrovirale Therapie (ART) gegen HIV begonnen und diese konsequent weitergeführt wird, bestehen gute Chancen, über viele Jahre und Jahrzehnte mit HIV leben und eine schwere Immunschwäche verhindern zu können. Dazu müssen die antiretroviralen Medikamente allerdings lebenslang eingenommen werden. [...]

HIV befällt die Helferzellen [...] und vermehrt sich in ihnen. Die Helferzellen haben unter anderem die wichtige Funktion, andere Zellen des Immunsystems bei der Abwehr von Krankheitserregern zu steuern.

Wenn HIV in den Körper gelangt, kommt es zu einer Abwehrreaktion. Die hierbei gebildeten Abwehrstoffe (Antikörper) und Immunzellen können aber das Virus nicht vollständig beseitigen. HIV zerstört einen geringen Teil der befallenen Helferzellen direkt. [...] Je weniger Helferzellen vorhanden sind, desto weniger ist das Immunsystem in der Lage, den Körper vor Krankheiten zu schützen. Bei fortgeschrittener Abwehrschwäche kann es zu lebensbedrohlichen (sogenannten opportunistischen) Infektionen und zur Entstehung verschiedener Krebsarten kommen.

Ohne Behandlung entwickeln sich HIV-Infektionen von Mensch zu Mensch sehr unterschiedlich. Symptome können, müssen aber nicht auftreten. Und zwischen einzelnen Krankheitsphasen liegen oft lange Zeiten ohne körperliche Beschwerden. Selbst ein voll entwickelter Immundefekt kann bis zum Auftreten schwerster Erkrankungen zunächst ohne oder mit nur milden Krankheitszeichen (= Symptome) verlaufen.

Wie stark sich HIV vermehrt und dadurch das Immunsystem schädigt, kann durch Messung der „Viruslast" im Blut überprüft werden: Je höher die Viruskonzentration, desto schneller wird das Immunsystem zerstört. Auch die Zahl der Helferzellen gibt Auskunft über den Zustand des Immunsystems: Je weniger Helferzellen, desto ausgeprägter die Immunschwäche.

Heute gibt es mehr als 20 antiretrovirale Medikamente, die - meist in einer Dreier-Kombination - mit Erfolg gegen HIV eingesetzt werden. [...]

Bereits kurz nach der Ansteckung vermehrt sich das Virus vorübergehend sehr stark. Da die Virusmenge im Blut, im Sperma, in der Scheidenflüssigkeit und in Schleimhäuten der Genitalien und des Enddarms dann sehr hoch ist, ist in dieser Zeit auch die Ansteckungsgefahr für andere besonders groß.

Häufig treten in den ersten Wochen der Infektion unspezifische Krankheitszeichen wie z. B. Fieber und Hautausschlag, starker Nachtschweiß. Lymphknotenschwellungen, Durchfall, Abgeschlagenheit oder Geschwüre im Mund auf.

Diese Symptome („Primärinfekt") klingen nach ein bis zwei Wochen wieder ab. Viele bemerken sie kaum oder halten sie für Zeichen eines „normalen" Infekts oder einer Reisekrankheit. [...]

Bei allen Infizierten kommt es zu einer Abwehrreaktion, bei der Antikörper gebildet werden. Diese können in der Regel spätestens nach zwölf Wochen zuverlässig nachgewiesen werden [...] .

Für einige Monate oder Jahre kann das Immunsystem die Virusvermehrung so weit kontrollieren, dass keine Symptome auftreten. Ohne dass man es bemerkt, werden aber in dieser Zeit das Immunsystem und innere Organe geschädigt, um die Zahl der Helferzellen und ihre Funktionsfähigkeit nehmen mit fortschreitender Krankheit immer mehr ab.

Im Laufe von Jahren können dann Symptome auftreten. Diese sind meist allgemeiner Art, z. B. lang andauernde Lymphknotenschwellungen an mehreren Stellen (unter den Achseln, in der Leistengegend), starker Nachtschweiß und lang anhaltende Durchfälle.

Die Krankheitszeichen, die bei einer HIV-Infektion auftreten können, sind im Einzelnen betrachtet „unspezifisch", kommen also auch bei vielen anderen Krankheiten vor. Ob ein Immundefekt vorliegt oder nicht, kann man durch Laboruntersuchungen feststellen. Da aber nicht alle Ärztinnen und Ärzte bei solchen unspezifischen Symptomen an HIV denken, sollte man es ihnen mitteilen, wenn in der Vergangenheit ein Risiko für eine HIV-Infektion bestanden hat.

Treten bei einem schweren, durch HIV verursachten Immundefekt bestimmte Krankheiten auf, spricht man von „Aids", oft auch „Aids-Vollbild" genannt. Dazu zählen z. B. die Pneumocystis-Pneumonie (PcP), eine Form der Lungenentzündung, oder Infektionen der Speiseröhre mit Pilzen. Auch Viren wie der Erreger der „Gürtelrose" oder Herpes simplex können zu schweren Erkrankungen führen. Die häufigsten Tumoren im Zusammenhang mit Aids sind durch Viren bedingte Krebsarten. z. B, das Kaposi-Sarkom oder der Gebärmutterhalskrebs sowie Lymphome (bösartige Tumoren des Immunsystems). Weil HIV auch die Zellen des Zentralnervensystems schädigt, können darüber hinaus Nervenentzündungen und Hirnleistungsstörungen auftreten, die meist langsam und unauffällig beginnen.

HIV kann nur übertragen werden, wenn es in ausreichender Menge in den Körper oder auf Schleimhäute gelangt. Eine Ansteckung ist möglich über Blut (auch Menstruationsblut). Sperma, Scheidenflüssigkeit und Muttermilch, die das Virus in hoher Konzentration enthalten können, sowie über den intensiven Kontakt zwischen den Schleimhäuten von Penis und Enddarm bzw. zwischen Penis und Scheide. Bei Entzündungen [...] und kleinen Verletzungen der Schleimhaut, zu denen es beim Anal- und Vaginalverkehr häufig kommt, ist das Risiko für eine HIV-Übertragung erhöht: In die Schleimhaut wandern zusätzliche Immunzellen ein, die HIV direkt aufnehmen bzw. abgeben können, und außerdem ist verletzte oder entzündete Schleimhaut durchlässiger für die Viren.

HIV/AIDS von A bis Z. Heutiger Wissensstand, hg. von der Bundeszentrale für gesundheitliche Aufklärung, 5. Aufl. 2014, S. 4–11

Um Sachverhalte genau zu erfassen und ausführlich zu erklären, ist es erforderlich, Sachtexte intensiv durchzuarbeiten. Die Textarbeit und Analyse erfolgt in mehreren Arbeitsschritten:

1. Schritt: Den Text mit Bleistift oder Textmarker lesen
- wichtige Aussagen unterstreichen,
- unbekannte Wörter markieren und am Textrand mit ? anmerken,
- Begriffserklärungen und Definitionen am Rand vermerken (Def.),
- auf wichtige Beispiele am Textrand hinweisen (Bsp.),
- unklare und unverständliche Textstellen kennzeichnen,
- Zusammenhänge mit eigenen Zeichen verdeutlichen: ! = → ↔ →

2. Schritt: Unbekannte Wörter klären
- Wörterbücher und Lexika zu Hilfe nehmen.

3. Schritt: Den Text gliedern
- einzelne Abschnitte schlagwortartig oder in Überschriften zusammenfassen,
- ggf. durch ein Gliederungsschema (1.1–1.2) oder eine Strukturskizze Zusammenhänge verdeutlichen.

4. Schritt: Den Inhalt des Textes wiedergeben
- den Basissatz (Autor, Textsorte, Titel, Thema, Quelle) formulieren,
- eine strukturierte Inhaltsangabe verfassen.

1. Lesen Sie den Text „HIV/AIDS von A bis Z" mit dem Bleistift oder Marker.
2. Erklären Sie die Wörter, die sie mit einem Fragezeichen versehen haben, z. B. Virus, Helferzellen, opportunistische Infektionen, Lymphknotenschwellungen, Kaposi-Sarkom.
3. Gliedern Sie den Text, indem Sie den Inhalt der einzelnen Abschnitte schlagwortartig am Rand notieren, z. B. (I) Definition von AIDS.
4. Geben Sie den Text mündlich wieder. Benutzen Sie dazu Ihre Gliederung als Stichwortzettel.
5. Weisen Sie nach, dass der Text nach
   a) Inhalt und Aufbau,
   b) sprachlicher Gestaltung
   ein Sachtext ist.

6. Verfassen Sie zur abgebildeten Grafik einen kurzen erläuternden Text.

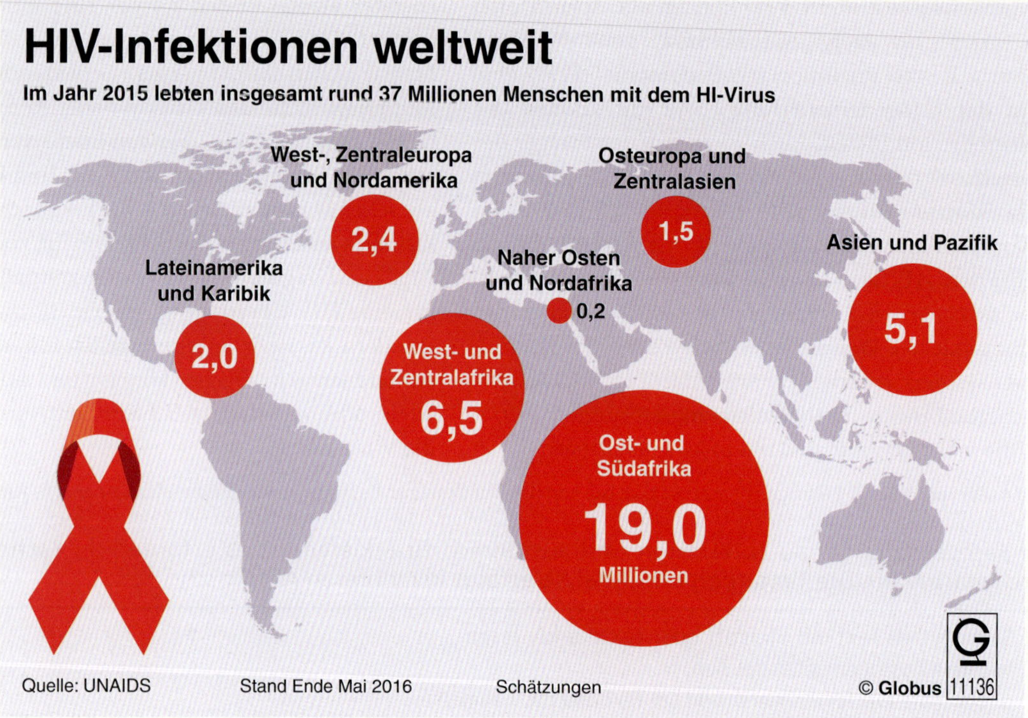

7. Bearbeiten Sie den folgenden Sachtext entsprechend den Arbeitsschritten 1 bis 3.

Sylvia Beneke: **Dufte Pflege**

Gegen jede Krankheit ist ein Kraut gewachsen - und aus jedem Kraut lässt sich ätherisches Öl herstellen, dessen Duft heilsam auf Körper und Seele wirken kann. **Aromapflege** ist keine medizinische, sondern eine begleitende Maßnahme, die in der Altenpflege immer mehr Anhängerfindet

Jeder kennt sie: Duftlampe, Duftkerze, Räucherstäbchen und -kegel, Parfüm, Gewürze, Tees und Co. Jeder hat sie schon probiert. Jeder weiß etwas davon oder hat darüber gehört. So mancher liebt sie innig, manche aber auch nicht. Immer mehr Menschen bemerken aber, dass die Bedeutung von Naturheilmitteln zunimmt, und nutzen diese entsprechend häufiger. Doch Aromapflege ist weit mehr. Aromapflege ist der gezielte Einsatz von ätherischen Ölen.

Und so entdecken immer mehr ambulante und stationäre Pflegeeinrichtungen, Kliniken und private Haushalte die Aromapflege für sich. Mit der Aromapflege ist es möglich, den Anvertrauten ein Stück Liebe und Geborgenheit, Wärme und Mitgefühl, Hilfe und Unterstützung zu geben.

Ätherische Öle in Pflegeeinrichtungen, Krankenhäusern und auch Hospizen sind nicht nur Duftverbesserer, sondern tragen - zum Beispiel in Einreibungen oder Bädern - erheblich als Stimmungsheller auf psychischer und physischer Ebene zum Wohlbefinden bei.

Ziel der Aromapflege ist die Erhaltung der Gesundheit und die Linderung von Beschwerden mittels natürlicher Duftstoffe, überwiegend ätherischer Öle. Aromapflege ist immer als eine adjuvante, als begleitende Maßnahme zu verstehen. Sie ersetzt keine medizinische Behandlung. Wir wenden sie vorrangig prophylaktisch an oder zum Beduften eines Bereiches.

Im Altenheim betreiben wir prophylaktische Aromapflege. Eine körperliche Berührung in Verbindung mit ätherischen Ölen über Massage, Einreibungen oder dergleichen wirkt bei Bewohnern, aber auch bei den Pflegekräften stimmungsaufhellend oder aktivierend - je nach Wunsch und Auswahl des ätherischen Öls.

So kann eine Massage oder Einreibung mit einem ätherischen Öl die Türen zu einer engeren, vertrauensvolleren Beziehung öffnen, die es dem Bewohner zum Beispiel ermöglicht, seine Wünsche und Hoffnungen, aber auch Ängste und Träume offen auszusprechen. Aromapflege ist leicht anzuwenden, macht Spaß und benötigt nicht viel Zeit. Sie passt demnach gut in den täglichen Pflegealltag.

Aromapflege beschränkt sich nicht auf Behandlung von Symptomen

Im Unterschied zur Aromatherapie dient die Aromapflege primär dazu, die Lebensqualität der Betroffenen zu verbessern. So haben die ätherischen Öle eine ganzheitliche Wirkung. Sie wirken zum einen durch ihren Duft auf Geist und Seele und zum anderen physiologisch auf den Körper. Man versucht nicht nur, ein einzelnes Symptom zu bekämpfen, sondern, die Abwehr zu steigern und den Körper zu kräftigen, um ihn so gegen eine erneute Erkrankung schützen zu können.

Im Unterschied zur Aromapflege ist die Aromatherapie in Deutschland nur medizinisch ausgebildeten Personen, wie Ärzten und Heilpraktikern, gestattet. Sie ist immer als begleitende Maßnahme zu verstehen und ersetzt keine medizinische Behandlung. Im Altenheim wird auf prophylaktische Aromapflege gesetzt, die auch von Pflegefachkräften mit einer entsprechenden Fortbildung angewendet werden kann, um so das allgemeine körperlich-seelische Wohlbefinden der Bewohner zu verbessern.

Aromapflege umfasst alle pflegenden Anwendungen wie Hautpflege, Bäder, Waschungen, Wickel, Inhalationen, Einreibungen. Sie unterstützt den wohltuenden Energiefluss einer Massage. Aromapflege wird im stationären Bereich auch häufig in der Sterbebegleitung angewendet.

Die Kunst des Mischens geht nicht ohne Wissen über Wirkungen, richtige Anwendung, Inhaltsstoffe, Dosierung und die notwendige Qualität der ätherischen Öle. Dieses Fachwissen lässt sich in speziellen Kursen und Ausbildungen erlernen. So bieten Anbieter von ätherischen Ölen (z.B. Primavera oder Neumond) entsprechende Ausbildungen und Weiterbildungen an. Ebenso findet man im Internet viele verschiedene Kursanbieter, die speziell für pflegerische Einrichtungen erarbeitete Einführungskurse in Aromapflege anbieten.

Inzwischen gibt es auch Anbieter mit bereits praktisch in Pflegeeinrichtungen erprobten Einführungspaketen. Diese Veranstalter besuchen die Einrichtungen, stellen dort in aufeinander aufbauenden Kursen die Aromapflege vor und führen vor Ort praktische Anwendungen mit den Mitarbeitern durch. Zudem erlernen die Teilnehmer die Dokumentation der durchgeführten pflegerischen Arbeiten mit den ätherischen Ölen.

In diesen Kursen werden außerdem Aromapflegerichtlinien für die jeweilige Einrichtung erarbeitet und an alle Mitarbeiter weitergegeben. Anhand dieser Richtlinien werden die Aromapflegeprodukte in den Pflegealltag eingeführt. Abschließend wird ein Handbuch für Aromapflege erstellt, mit dem sich die Einrichtung auch extern darstellen kann. Um die Aromapflege innerhalb der Einrichtung, auch für Ärzte, Bewohner, Patienten, Angehörige, Betreuer etc. bekannt zu machen, sollte das Team zu einem Informationsabend einladen.

Jede Einrichtung stellt eigene Aromapflegerichtlinien auf

Den Einsatz sollte man aber in Aromapflege ausgebildetem Pflegepersonal überlassen, oder aber alle anderen Kollegen fachkundig und umfassend vor Anwendung ätherischer öle anleiten. Hierzu sind ein Aromapflegehandbuch und hausinterne Schulungen sinnvoll. Grundsätzlich müssen vor jeder Anwendung folgende Kriterien beachtet werden:

- Der Einsatz eines Aromaöls darf nur in Absprache mit dem Bewohner und eventuell dessen Angehörigen und bei Bedarf dem Hausarzt erfolgen. Zunächst ist immer zwecks Akzeptanz eine Geruchsprobe vom Bewohner einzuholen. Die Anwendung erfolgt nur bei positiver Beurteilung und unter Einbindung in die einzelnen Pflegehandlungen.
- Vor den Anwendungen über die Haut ist unbedingt ein einfacher Allergietest durchzuführen. Es gilt, gezielt nachzufragen, ob dem Bewohner eine Allergie oder eine erhöhte Allergiebereitschaft bekannt ist. Als Test sollte eine kleine Menge des Öls oder der Mischung in der Armbeuge des Bewohners aufgetragen werden. Bei Rötung, Juckreiz oder Quaddelbildung darf das Produkt nicht angewendet werden. Im Zweifelsfall sollte für die Behandlung immer eine geringe Dosierung gewählt werden.
- Bitte beachten Sie, dass die Aromapflege nicht den Arzt- oder Heilpraktikerbesuch ersetzt.
- Für eine erfolgreiche Anwendung ist es wichtig, hochwertige Öle zu verwenden.

Sylvia Beneke: Dufte Pflege, In Altenpflege 6/2010, S. 27–29

8. Verfassen Sie einen Textauszug zu einer der folgenden Fragestellungen:
   a) Welche Ziele und Wirkungen hat die Aromapflege?
   b) Worin unterscheiden sich Aromatherapie und Aromapflege?
9. Verfassen Sie eine strukturierte Inhaltsangabe.
10. Fertigen Sie eine Wandzeitung oder eine Mindmap an, auf der Sie die wichtigsten Inhalte des Textes festhalten.
11. Präsentieren Sie Ihre Ergebnisse.

1.12 Eine Hausarbeit oder ein Referat schreiben

Altenpflegeschülerin Sabine Lauer hat für ihr Referat zum Thema „Die rechtliche Betreuung" etliche Exzerpte angefertigt. Die sogenannte „Stoffsammlung" ist weitgehend abgeschlossen. Jetzt gilt es, die Informationen zu bewerten, zu ordnen und ggf. einzugrenzen bzw. zu ergänzen.

1. Berichten Sie, wie Sie bei der Erstellung einer Hausarbeit oder eines Referates vorgehen.
2. Womit hatten Sie Schwierigkeiten?

Die vier Schritte bei der Anfertigung von Hausarbeiten oder Referaten

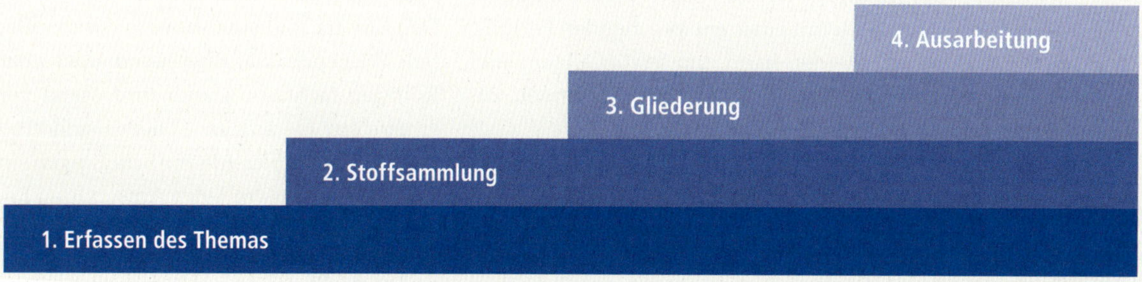

Die rechtliche Betreuung

Einleitung
Bedeutung der rechtlichen Betreuung in der Altenpflege

Hauptteil
1 Einrichtung einer Betreuung
1.1 Rechtliche Grundlage BGB 1896 ff.
1.2 Beantragung einer Betreuung
1.3 Erforderlichkeitsgrundsatz
1.4 Aufgabenkreise
1.5 Einwilligungsvorbehalt

2 Betreuerbestellung und Verfahren
2.1 Vorschlagsrecht des Betroffenen
2.2 Betreuertypen
2.2.1 Angehörige und Ehrenamtliche
2.2.2 Vereine und Behörden
2.2.3 Berufsbetreuer
2.3 Gerichtliche Verfahren

1. Erläutern Sie die Gliederungssystematik, die die Altenpflegeschülerin Sabine Lauer verwendet hat.
2. Was sind die Aufgaben von Einleitung, Hauptteil und Schluss?
3. Bei der Ausarbeitung eines Referates oder einer Hausarbeit sind formale Vorgaben zu beachten.
   a) Welche Schriftgröße wurde im Gliederungsbeispiel gewählt?
   b) Welchen Zeilenabstand hat Sabine Lauer verwendet?
   c) Wie sollte die Seite formatiert sein (Abstände oben, unten, rechts, links)?
   d) Welche Funktion haben Absätze, Fettdruck oder Unterstreichungen?
   e) Sabine Lauer will ihre Gliederung als Inhaltsverzeichnis verwenden. Welche Ergänzungen muss sie vornehmen?

Folgende Punkte sind bei der Ausarbeitung des Referates oder der Hausarbeit zu berücksichtigen:

- Jede Seite muss nummeriert werden (entweder in der Kopf- oder in der Fußzeile).
- Absätze dienen zur Unterstützung des Gedankenganges.
- Kapitelüberschriften sollten durch eine besondere Formatierung hervorgehoben werden (z. B. durch Fettdruck, Unterstreichen oder Schriftgröße).
- In der Regel wird in der Zeitform der Gegenwart geschrieben.

Bei der schriftlichen Ausarbeitung ist es wichtig, dem Leser den gedanklichen Zusammenhang zwischen verschiedenen Aussagen zu verdeutlichen und gute Überleitungen zu formulieren. Hierbei spielen Konjunktionen (Bindewörter) und Adverbien (Umstandswörter) eine wesentliche Rolle.

Formulierungen für

Überleitungen	ferner – nicht zuletzt – des Weiteren – von Bedeutung ist auch – man sollte auch nicht vergessen – außerdem – zweitens – ein weiterer Punkt ist
Begründungen, Belege und Beispiele	weil – da – begründen lässt sich das damit, dass – denn dafür lässt sich anführen – z. B. – beispielsweise – unbestreitbar – ohne Zweifel – ohne Frage – das kann man auch dadurch erhärten, dass
Folgerungen	also – folglich – als Konsequenz ergibt sich daraus, dass – demnach – deshalb – daraus ist zu schließen – es ergibt sich
Einschränkungen	obgleich – falls – zu bedenken ist aber – jedoch – allerdings – im Gegensatz dazu – nicht von der Hand zu weisen ist zwar … aber – dennoch – aber – leider

Wichtig!
Lesen Sie nach der Ausarbeitung Ihre Hausarbeit oder Ihr Referat nochmals durch. Verbessern Sie Fehler im Ausdruck, in der Grammatik und Rechtschreibung. Noch besser: Geben Sie jemand anderem die Arbeit zum Lesen. Denn gerade Kritik und Hinweise von außen sind oft sehr hilfreich. Eine Rechtschreibhilfe in einem Textverarbeitungsprogramm ist nützlich, kann aber Fehler im Stil oder gar im Gedankengang nicht erkennen.

Altenpflegeschülerin Sabine Lauer ist mit ihrer Hausarbeit fertig. Zum Schluss schreibt sie das Titel- oder Deckblatt, bevor sie alle Seiten ordnet und heftet.

4. Welche Elemente enthält das Deckblatt?
5. Warum ist es nicht sinnvoll, die Seiten jeweils in Prospekthüllen abzuheften?
6. Welche Heftung bzw. Bindung finden Sie angemessen?

Sabine Lauer
FS APF, Klasse 3 a

Hausarbeit:

Die rechtliche Betreuung

Fachschule für Altenpflege BBS SÜW
Lernfeld: Rechtliche und institutionelle Rahmenbedingungen altenpflegerischer Arbeit
Lernbegleiter: Herr Scherer

1.13 Zitate und Literaturverzeichnis

1. Warum müssen Übernahmen als Zitate gekennzeichnet werden?
2. Was können Zitate in einer Hausarbeit oder einem Referat leisten?

Informationen und Gedanken, die von anderen Autoren oder aus anderen Texten übernommen und in Hausarbeiten oder Referaten verwendet werden, müssen als Zitate gekennzeichnet werden. Zitate sind entweder wörtliche Wiedergaben von Texten (= direkte Zitate) oder in eigenen Worten wiedergegebene Gedanken (= indirekte Zitate). Direkte Zitate werden mit Anführungszeichen kenntlich gemacht, z. B.:
Sylvia Beneke stellt fest: "Immer mehr Menschen bemerken aber, dass die Bedeutung von Naturheilmitteln zunimmt, und nutzen diese entsprechend häufiger." [1]

Auslassungen oder Ergänzungen im Zitat sind zu kennzeichnen, z. B.:
Sylvia Beneke behauptet: "Ätherische Öle in Pflegeeinrichtungen [...] sind nicht nur Duftverbesserer, sondern tragen [...] erheblich als Stimmungsheller [Stimmung steigernde Substanzen] auf psychischer und physischer Ebene zum Wohlbefinden bei." [2]

Zitate im Zitat sind durch einfache Anführungszeichen kenntlich zu machen, z. B:
Ruth Grümme verweist auf die beruhigende Wirkung der Musik, „die eine positive Atmosphäre beim Snoezelen schafft und den Raum mit einer ‚behaglichen' Stimmung füllt." [3]

Am Ende von indirekten Zitaten ist auf die Quelle zu verweisen, z. B.:
Aromapflege ist eine begleitende Maßnahme, kein Ersatz für eine medizinische Behandlung. [4]

In den Fußnoten werden dann die Quellen angegeben.

Bei Büchern:

Name des Verfassers	Titel des Buches (ggf. mit Untertitel)	Verlag	Ort	Auflage	Jahr	Seite

Barbara Messer: Tägliche Pflegeplanung in der stationären Altenpflege. Handbuch für eine fähigkeitsorientierte Pflegeplanung, Verlag Schlütersche, Hannover, 3., aktualisierte Aufl., 2008, S. 13

Bei Zeitschriften oder Zeitungen:

Name des Verfassers	Titel des Artikels	Zeitung / Zeitschrift	Heftnummer und Jahr / Datum	Seite

Sylvia Beneke: Dufte Pflege, in: Altenpflege 6/2010, S. 27
Ruth Grümme: Musiktherapie. Die Macht der Gefühle, in: Altenpflege 11/1999, S. 32

Bei Internetentnahmen:

Name des Verfassers/Herausgebers	Titel des Textes	Internetadresse	Zugriffsdatum

Deutsche Parkinson Vereinigung e.V. (Hrsg): Die Krankheit, www.parkinson-vereinigung.de/die-krankheit, Zugriff am 30.09.2016

Es hat sich als sinnvoll erwiesen, in der Hausarbeit die Quelle in Kurzform anzugeben, um sie dann im Literaturverzeichnis in voller Länge auszuweisen, z. B. Messer (2008), S. 13.

Das Literaturverzeichnis am Ende der Hausarbeit oder des Referates umfasst sämtliche verwendeten Quellen, die in alphabetischer Reihenfolge angeführt werden.

1. Üben Sie das Erstellen eines Literaturverzeichnisses, indem Sie sämtliche Fachbücher Ihrer Lerngruppe als Quelle auflisten.
2. Zitieren Sie aus dem Sachtext HIV/AIDS von A bis Z auf Seite 20 die Zeilen 8 bis 12. Dabei wollen Sie auch in der Zeile 8 den Begriff „Aids" durch einen Zusatz erklären: „Acquired Immune Deficiency Syndrome"; außerdem sollen im Zitat alle Klammerangaben im Text weglassen werden.

1.14 Referieren, Präsentieren und Visualisieren

Das Referieren über Sachverhalte oder die Präsentation von Ergebnissen gewinnen in Beruf und Alltag immer mehr an Bedeutung. Viele sehen solchen Aufgaben mit Nervosität und Unsicherheit entgegen. Doch auch bei Vorträgen und Präsentationen hängt vieles von der Vorbereitung und Übung ab.

1. Welche Ängste haben Sie vor einer Präsentation?
2. Wodurch können Sie diese Ängste abbauen, um sich sicherer zu fühlen?

Die ersten Vorbereitungsschritte verlaufen genauso wie beim Verfassen einer schriftlichen Arbeit: Erfassen des Themas, Konzept, Materialsammlung, Gliederung. Bereits hier müssen jedoch die Zuhörer sowie deren Interessen und Kenntnisse mitbedacht werden.

Ein Vortrag und eine Präsentation lassen sich leichter verfolgen, wenn
- die Zuhörer persönlich angesprochen werden,
- das Thema interessant ist,
- das Referat gut aufgebaut ist,
- die Sprache nicht zu kompliziert ist,
- die Präsentation anschaulich ist.

Fragen bei der Vorbereitung der Präsentation
- Ist der Vortrag klar gegliedert?
- Welche Medien kommen zum Einsatz?
- Sind die Medien voll funktionsfähig?
- Welche Materialien sollen den Zuhörern ausgehändigt werden?
- Wie muss der Raum gestaltet werden?
- Bin ich persönlich gut vorbereitet?

...

Checkliste	erledigt
• Fahrplan, Drehbuch	✔
• Pinnwand, Flipchart, Overheadprojektor, Tafel, Laptop, Beamer, interaktives Whiteboard	✔
• Stromversorgung (Verlängerungskabel), Moderationsmaterial, Zeiger, Stifte	✔
• Arbeitsblatt, Strukturskizze	✔
• Sitzordnung (U-Form)	✔
• Probelauf	✔

Aus den Vorüberlegungen lässt sich sodann ein „Fahrplan" oder ein „Drehbuch" erstellen, in dem skizzenartig der Ablauf festgehalten wird.

Thema:	
Die rechtliche Betreuung	Pinnwand
Einleitung:	
Bedeutung der rechtlichen Betreuung	Statistik, Folie I
Hauptteil:	
1 Einrichtung einer Betreuung	
1.1 Rechtliche Grundlage	BGB § 1896 vorlesen

Die Gliederung kann – auch als Gedächtnisstütze – auf Stichwortzetteln, auf Folie, als Mindmap oder als Thesenpapier festgehalten werden. Wichtig ist, dass die Zuhörer die Gliederung erkennen, um so dem Referat besser folgen zu können.

Hilfsmittel und Medien veranschaulichen und ergänzen den Vortrag. Sie sollen schnell erfassbar, also übersichtlich und gut lesbar sein. Zusammenhänge lassen sich durch gleiche Farben und identische Formen herstellen. Zu viele Details verwirren. Als Medien kommen z. B. infrage: Wandtafel, Pinnwand, Flipchart, Plakate, Whiteboard, ein Video oder eine computerunterstützte Präsentation. Aber Vorsicht: Zu viele Hilfsmittel führen eher zu einer Multimediashow als zu einer sinnvollen Veranschaulichung.

Beim Medieneinsatz ist zu beachten, dass nur das Thema, über das gerade gesprochen wird, im Blickfeld steht. Auch beim Einsatz von Medien sollte sich die Referentin oder der Referent den Zuhörern zuwenden und nicht zur Wand oder zur Tafel sprechen.

Projektarbeiten sind in der Regel Gruppenarbeiten. Bei der Präsentation der Ergebnisse sollten sich deshalb möglichst alle Gruppenteilnehmer einbringen. Dies ist etwa dadurch möglich, dass die verschiedenen Teile der Präsentation von verschiedenen Gruppenmitgliedern übernommen werden. Auch andere Arbeitsteilungen sind denkbar.

Eine für die Zuhörer besonders interessante Art der Präsentation ist die Interviewtechnik. Ein Referent spielt den Fragesteller, der andere gibt die Antworten. Die Interviewpartner werfen sich sozusagen die Bälle zu. Diese Methode wirkt sehr lebendig und motivierend, verlangt aber eine gute Vorbereitung und etwas Übung.

Visualisieren an der Pinnwand oder auf der Flipchart verlangt eine gut lesbare Schrift. Bei der Formulierung muss auf Kürze und Einfachheit geachtet werden. Das Schreiben mit den Filzstiften will geübt sein. Die Textgestaltung wird durch Rahmen, Farben und Symbole unterstützt, z. B.:

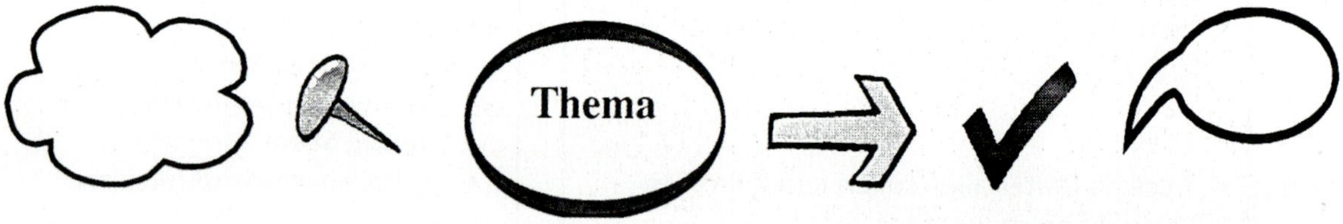

1. Bereiten Sie ein Blatt (wie oben) mit Linien vor, und üben Sie das Schreiben mit verschieden breiten Filzstiften. Achten Sie insbesondere auf die Proportionen; die Kleinbuchstaben dürfen nicht zu niedrig ausfallen.

Zum Präsentieren eignet sich auch eine Präsentationssoftware. Hierbei sollten Sie auf Folgendes achten:

Wiedererkennung durch

- einheitliches Folienlayout,
- einheitliches Design,
- Farbelemente,
- Logo.

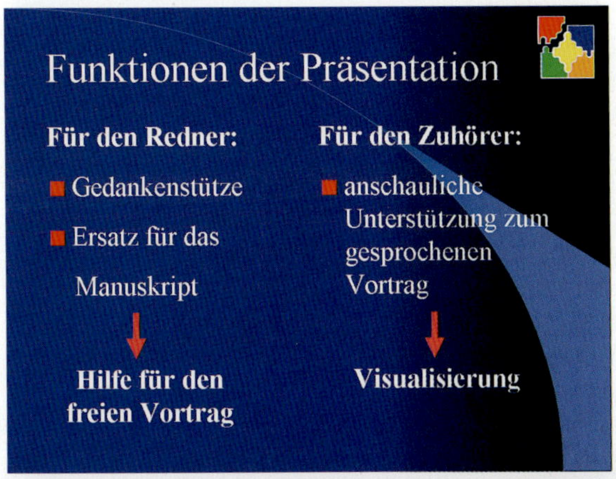

Lesbarkeit durch

- übersichtliche Anordnung,
- korrekte Rechtschreibung,
- gut lesbare Schriftarten,
- gut lesbare Schriftgrößen (mind. 18 pt),
- gut lesbare Schriftfarbe,
- gezielte Hervorhebungen (fett, unterstrichen, Farbe; jedoch keine Kursivschrift).

Auf den Punkt bringen!

- Stichwörter, keine langen Sätze,
- nicht zu viel Text pro Folie,
- Übereinstimmung zwischen Inhalt und Form,
- gezielter (sparsamer) Einsatz von Grafiken, Bildern und Animationen.

Sachlogisch gliedern durch

- Titelfolie,
- Schlussfolie,
- Orientierung am Vortrag,
- gezielte Auswahl von zentralen Inhalten des Themas und Vortrages.

1.15 Kurzvorträge und Ansprachen

„Tritt frisch auf, mach's Maul auf und hör bald wieder auf!" soll Martin Luther seinen Schülern mit auf den Weg gegeben haben.

Kunst der freien Rede – 30 goldene Rhetorik-Tipps

1. „In Dir muss brennen, was Du in anderen entzünden willst." (Augustinus).
2. Lampenfieber ist normal, deshalb nicht überbewerten.
3. Programmieren Sie Ihr Unterbewusstsein mit mentalen Suggestionsformeln.
4. Durch Bewegung Adrenalin abbauen.
5. Eine gepflegte Erscheinung hebt das Selbstbewusstsein.
6. Stichwortzettel sind wichtige Rettungsanker.
7. Anfang und Ende besonders gut vorbereiten.
8. Eine Rede ist keine Schreibe.
9. Ein Bild sagt mehr als tausend Worte.
10. Es ist ein Beweis hoher Bildung, die größten Dinge in einfachster Art zu sagen.
11. Der erste Eindruck ist entscheidend.
12. Rhetorisch zur Elite zählen bedeutet: „merk"-würdig reden.
13. Das Publikum lässt sich lieber unterhalten als belehren.
14. Der Mensch ist kein Verstandeswesen. Deshalb: Gefühle ansprechen.
15. Der beste Lehrmeister ist das Beispiel.
16. Das Ziel und die Absicht des Vortrages deutlich herausstellen.
17. Die Zuhörer zur Tat auffordern.
18. Beim Vorbereiten „Zuhörerkonferenz" einberufen. Wer sind meine Zuhörer? Was interessiert sie?
19. Sei besser als andere, sei anders als andere, aber sei immer Du selbst.
20. Du bist, was Du denkst. Was Du denkst, strahlst Du aus. Was Du ausstrahlst, ziehst Du an.
21. Suche keine Effekte zu erzielen, die nicht in Deinem Wesen liegen (Tucholsky).
22. Denkpausen für den Redner sind gleichzeitig Aufnahmepausen für die Zuhörer.
23. Die Körpersprache ist verräterischer als das gesprochene Wort.
24. Der kürzeste Weg zwischen zwei Menschen ist ein Lächeln.
25. Ein Vortrag ohne rhetorische Fragen ist wie ein schlecht gelüftetes Zimmer.
26. Die Zuhörer möglichst oft mit „Sie" ansprechen.
27. Je besser der Augenkontakt, desto überzeugender der Redner.
28. Der Köder muss dem Fisch und nicht dem Angler schmecken.
29. Vermeiden Sie „Papierkorbsätze".
30. Tritt keck auf, mach's Maul auf, hör bald auf.

Gerhard Reichel (Institut für Rhetorik): 30 goldene Rhetorik-Tipps, abgerufen unter: www.perspektive-mittelstand.de/Die-Kunst-der-freien-Kommunikation-30-goldene-RhetorikTipps/management-wissen/1533.html (gekürzt), Zugriff am 20.09.2016

1. Erläutern Sie die 30 Rhetorik-Tipps.
2. Versuchen Sie diese Tipps bei Ihren Kurzvorträgen zu befolgen.
3. Neben einer angemessenen Gestik und Mimik ist eine deutliche und akzentuierte Aussprache für einen gelungenen Vortrag unerlässlich. Üben Sie sich in der Aussprachetechnik, indem Sie die folgenden Texte betont und deutlich artikuliert vortragen:

Lang lauscht Ulli
Endlich lieblos lächelnd
Lallt sie leise:
Lautlos Lallas, log dein Loblied!
Lisple, lieblich, Liebesfallen;
Lächeln ließ mich längst
Solch Liebleids Langweil!

Nicht schlechte Wächter scheuchen
Wichte, welche frech lächelnd,
Ziemlich bezecht –
Möchten flüchtig entweichen.
Schüchtern verächtlich,
Kätzchenweich schleichen sie
Sichtlich gemächlich.

4. Üben Sie sich in der Vortragstechnik, indem Sie eine Ballade oder eine Erzählung laut vortragen.
5. Nehmen Sie die Vorträge z. B. mit einer Videokamera auf. Analysieren und bewerten Sie die Vorträge.
6. Halten Sie eine freie Rede aus dem Stegreif zu einem vorgegebenen Begriff (z. B. Baum, Sonne, Angst, Beruf, Wald ...). Die Rede sollte genau eine Minute lang sein.

1. Berichten Sie, zu welchen privaten Anlässen Sie bereits eine Ansprache gehalten haben.
2. Wie sind Sie dabei vorgegangen?
3. Welche Anlässe in Ihrem Berufsalltag bieten Gelegenheiten zu Ansprachen?

Festrede eines Klassenlehrers zur Abschlussfeier und Zeugnisübergabe

Sehr verehrte Damen und Herren,
liebe Schülerinnen und Schüler,

endlich ist es so weit! Heute dürfen Sie die Früchte Ihrer dreijährigen Ausbildung ernten und Ihr Zeugnis zur Altenpflegerin bzw. zum Altenpfleger in Empfang nehmen.

Ich denke, es ist heute ein guter Anlass, um einige Gedanken zu formulieren zum Selbstverständnis Ihres Ausbildungsberufes sowie zum Selbstverständnis unserer Fachschule für Altenpflege.

Dabei möchte ich anknüpfen an das Bild oder Logo, das die Einladungskarte zur heutigen Veranstaltung zeigt: ein Puzzle aus verschiedenen und verschiedenfarbigen Teilen, ein Puzzle, an dem der Prozess des Zusammensetzens noch nachvollziehbar ist, weil noch nicht ganz abgeschlossen.

Ein Puzzle, meine Damen und Herren, ist ein Geduldsspiel. Und Geduld, sprich einen langen Atem, Durchhaltevermögen, Konzentration und Belastbarkeit, waren notwendig, um die drei Jahre durchzustehen. Es wurde viel von Ihnen gefordert. Ich weiß, zuweilen fühlten Sie sich gar überfordert. Aber, meine Damen und Herren, fordern heißt auch fördern.

Das Puzzle besteht aus vielen Einzelelementen. Jedes Element ist wichtig, jedes hat seinen Platz und ist unabdingbar für die Entstehung eines Ganzen. – Ein Bild für die vielen Teilaspekte der Ausbildung. Jedes Fachgebiet, ob Geriatrie, Pflegerische Praxis oder Rechts- und Verwaltungskunde, jedes Fachgebiet ist für sich genommen ein wichtiger Baustein der Ausbildung, doch noch wichtiger erscheint mir die Verknüpfung aller Teile zu sein, die Interdependenzen der Teildisziplinen. Wir haben versucht, dies immer wieder sichtbar zu machen bis hinein in die Prüfung, wo von Ihnen verlangt wurde, pflegerische Maßnahmen zu demonstrieren, geriatrische oder gerontologische Überlegungen dabei mitzubedenken und rechtlich oder religionsgeragogisch kritisch zu reflektieren und zu begründen.

Jedes Element des Puzzles ist wichtig, jedes hat seinen Platz und ist unabdingbar für die Entstehung des Ganzen – ein Aspekt, der nicht nur inhaltlich gilt, sondern auch, was die Anteile der verschiedenen Ausbildungsinstitutionen angeht, von Bedeutung ist: Verschiedene Ausbildungsstätten haben die Ausbildung begleitet. Sie alle haben ihren Part beigetragen. Wichtig ist dabei – auch das wird hier im Bild des Puzzles deutlich – wichtig ist dabei, dass die einzelnen Ausbildungsstellen miteinander verzahnt sind. Die Nahtstellen, sie müssen passen. So gesehen ist unser Bild oder Logo kein exaktes Abbild der Wirklichkeit, eher eine idealistische und wünschenswerte Projektion. Dennoch: Wenn es auch hie und da Reibungspunkte gegeben hat, im Großen und Ganzen waren die Teile passgerecht. Dafür möchte ich mich bei den Vertreterinnen und Vertretern der Ausbildungs- und Praktikabetriebe nochmals ganz herzlich bedanken. Mein Dank gilt aber auch meinen Kolleginnen und Kollegen.

In einem Puzzle werden Teile zu einem Ganzen. Erst allmählich entwickelt sich ein Gesamtbild. Dies scheint mir auch ein Bild für die Klasse zu sein. Gab es anfänglich doch einige gruppendynamische Schwierigkeiten, so sind die Einzelteile allmählich doch zu einem Verband zusammengewachsen. Schade nur, dass einige Puzzleteile verloren gegangen sind, wenn heute von den ehemals 26 Schülerinnen und Schülern 23 das Ziel erreicht haben.

Im Zentrum unseres Puzzles aber steht die Bewohnerin und der zu Pflegende. Liebe Altenpflegerinnen und Altenpfleger, ich bin sicher, dass Sie heute die Professionalität und das Selbstbewusstsein besitzen, um die anvertrauten älteren Menschen verantwortungsbewusst zu betreuen und zu pflegen. Selbstbewusstsein und Professionalität bedeuten aber auch, sich immer wieder kritisch zu hinterfragen und ständig weiterzuentwickeln. In diesem Sinne sollte Ihr Puzzle nie fertig werden. So gesehen wünsche ich Ihnen, dass die Prozesshaftigkeit dieses Bildes ein Dauerzustand in Ihrem beruflichen Werdegang bleibt.

1. a) An wen richtet sich die Rede? Wer sind die Zuhörer?
   b) Zeigen Sie auf, wo der Redner die Adressaten direkt anspricht.
2. Erläutern Sie, wie die Rede aufgebaut ist.
3. Wodurch werden die einzelnen inhaltlichen Teilaspekte zusammengehalten?

Vorbereitung einer Rede

- Informationen sammeln (z. B. Daten zur Person, zur Einrichtung),
- Stoff ordnen und gliedern (Einleitung, Hauptteil, Schluss),
- Manuskript, Stichwortzettel erstellen (falls die Rede nicht frei gesprochen werden soll),
- Einüben der Rede (lautes Lesen bzw. Vortragen).

Zuweilen macht es auch weniger Arbeit als man denkt, zu bestimmten Anlässen eine Rede in Verse zu kleiden. Diese Form des Vortrages steigert die Aufmerksamkeit und zeugt vom Engagement des Vortragenden. Geeignet ist eine Rede in Versform vor allem bei privaten Anlässen, z. B. bei Geburtstagen und Jubiläen.

Die Altenpflegeschülerinnen Lisa und Nina haben folgende Geburtstagsrede anlässlich eines 70. Geburtstages einer Bewohnerin geschrieben und vorgetragen. Die in der Rede genannten Früchte haben sie als Geschenk überreicht.

Liebe Frau Mörlmann, wir möchten es heute wagen
Ihnen unsere Wünsche zum 70. vorzutragen.
Zu Ihrem Ehrentag haben wir uns gedacht
ein Körbchen mit Obst, das wäre angebracht.

Wir haben sehr lange das Rechte gesucht
und haben im Körbchen so manch süße Frucht
verbunden mit Wünschen für's weitere Leben.
Hör'n Sie nur zu! Wir haben uns Mühe gegeben.

Das hier sind **Trauben**, saftig und süß.
Sie zeigen Ihnen auf Erden das Paradies.
Möchten Sie ihren Saft als Wein genießen
können in Ruhe und Muße Sie den Tag beschließen.

Kiwis sind exotische Früchte,
sie kommen von fern in die deutsche Küche.
Verreisen Sie daher, und tun Sie es gerne,
in fremde Länder, weit in die Ferne.

Die **Bananen** hier, die fuhren weit über das Meer,
grün noch bei der Ernte kommen sie gelb hierher.
Auch Sie wurden älter, auch Sie wurden reif.
So ist's halt im Leben. Halt die Ohren steif!

Die **Ananas**, schon etwas seltsam von außen beseh'n,
doch innen das Fruchtfleisch ist gelblich und schön.
So kann manches im Leben, was außen nicht fein,
im Innern mitunter ganz wunderbar sein.

Beißen Sie hier in den **Apfel** voller Saft.
Er verleiht Ihnen Lebensmut und neue Kraft.
Tätig zu sein und Schritte zu tun,
ist tausendmal besser als nur auszuruh'n.

So sauer wie diese gelben **Zitronen**
soll's Leben nicht sein, es muss sich doch lohnen!
Drum lachen Sie stets mit fröhlichem Mund.
Denn Optimismus allein, der hält Sie gesund.

Apfelsinen enthalten viel Vitamin C.
Sie helfen gegen Grippe und manches Wehweh.
Wir wünschen Ihnen Gesundheit in jeder Lage,
frei soll'n Sie sein von Krankheit und Plage.

Nachdem wir Ihnen nun unsere Wünsche bestellt,
liegen vor Ihnen die köstlichsten Früchte der Welt.
Sie sollen Ihnen schmecken, sie sollen Ihnen munden.
Und bleiben Sie uns, liebe Frau Mörlmann,
in unserer Mitte noch lange verbunden.

7. Entwerfen Sie eine Festrede, ggf. auch in Reimform, für folgende Anlässe:
   a) Jubiläum,
   b) Geburtstagsfeier,
   c) Abschlussfeier,
   d) Weihnachtsfeier.
8. Um zu vermeiden, dass in einer Rede zu oft die gleichen Begriffe und Wörter auftauchen, sollte durch bedeutungsgleiche Wörter (Synonyme) für Abwechslung gesorgt werden. Hierzu ist es hilfreich, Wortfelder, d. h. sinnverwandte Wörter, zusammenzustellen.
   Notieren Sie alle Verben, die an Stelle des Verbs „pflegen" sinnvoll eingesetzt werden können.

1.16 Moderieren

In den letzten Monaten hat es im Altenpflegeheim „Abendsonne" verstärkt Kündigungen von Mitarbeiterinnen und Mitarbeitern gegeben. Offensichtlich sind die Mitarbeiterinnen und Mitarbeiter mit ihrer Arbeitssituation zunehmend unzufrieden. Dies wirkt sich auch negativ auf die Bewohner sowie deren Angehörigen und den Ruf des Heimes in der Öffentlichkeit aus. Deshalb hat die Heimleitung beschlossen, Maßnahmen zu ergreifen, welche das Betriebsklima verbessern können.

1. Warum sind alle Mitarbeiterinnen und Mitarbeiter eingeladen worden?

Die Heimleitung will gemeinsam mit allen Betroffenen über diese Probleme sprechen und geeignete Maßnahmen beschließen. Dazu sind die Mitarbeiterinnen und Mitarbeiter zu einem Meeting eingeladen. Dort soll mithilfe der Moderationsmethode ein Konzept zur Verbesserung der Arbeitssituation und des Betriebsklimas erarbeitet werden. Der Heimleiter, Herr Peters, moderiert die Arbeitssitzung.

2. Mit welchen Erwartungen gehen Sie als Mitarbeiterin bzw. Mitarbeiter zu diesem Meeting?

Herr Peters begrüßt die Teilnehmerinnen und Teilnehmer des Meetings, die im Halbkreis um mehrere Pinnwände und Flipcharts sitzen.

3. Welche Vorteile bietet die Anordnung des Besprechungsraumes?

1. Schritt: Einstieg

Der Moderator skizziert anhand der Kündigungsdaten und negativen Äußerungen von Mitarbeitern an der ersten Pinnwand das Problem. Als Problemfrage wird formuliert: „Womit sind wir am Arbeitsplatz unzufrieden?" Bevor sich die Teilnehmer dieser Frage zuwenden, wird ein Zeitrahmen mit Pausen abgestimmt.

Ursachen für die Unzufriedenheit?

2. Schritt: Themen sammeln

Die Teilnehmer werden aufgefordert, zu der Problemfrage auf Moderationskarten stichwortartig Antworten zu notieren. Jeder Teilnehmer heftet seine Karten an die Pinnwand und erläutert seine Stichworte. Anschließend werden die Karten gemeinsam nach Schwerpunkten sortiert (Clustering) und mit einem Oberbegriff benannt.

4. Notieren Sie die Ursachen für die Unzufriedenheit.
5. Clustern Sie die Karten.

3. Schritt: Thema auswählen

Es wird festgelegt, in welcher Reihenfolge welches Thema bearbeitet werden soll. Dies kann z. B. mithilfe der Punkt-Abfrage ermittelt werden. Dazu markieren die Teilnehmer mit Klebepunkten die Themen, die für sie Vorrang haben.

6. Markieren Sie mit drei Punkten die Themen, die Sie für vorrangig halten. Sie können bis zu zwei Punkte anhäufen.

4. Schritt: Thema bearbeiten

Die Punkt-Abfrage hat ergeben, dass das Thema „Teamarbeit" an erster Stelle steht.

Dieses Problem wird mithilfe eines Problemanalyse-Schemas bearbeitet. Ein solches Schema kann z. B. wie folgt aussehen:

7. Erarbeiten Sie in Gruppen mithilfe des abgebildeten Schemas das Thema und visualisieren Sie es auf Ihrer Pinnwand.

5. Schritt: Maßnahmen festlegen

Nach der Problembearbeitung werden konkrete Maßnahmen festgelegt. Dazu wird gemeinsam ein Maßnahmeplan verabschiedet, z. B. nach folgendem Schema:

8. Warum ist es wichtig, nicht nur die Maßnahmen, sondern auch die Verantwortlichkeiten genau zu vereinbaren?

6. Schritt: Maßnahmen festlegen

Zum Schluss soll die gemeinsame Arbeit bewertet und gewürdigt werden. Der Moderator bedankt sich und verabschiedet die Mitarbeiter.

9. Formulieren Sie Fragen für die Abschlussbeurteilung.

Die Moderationsmethode auf einen Blick

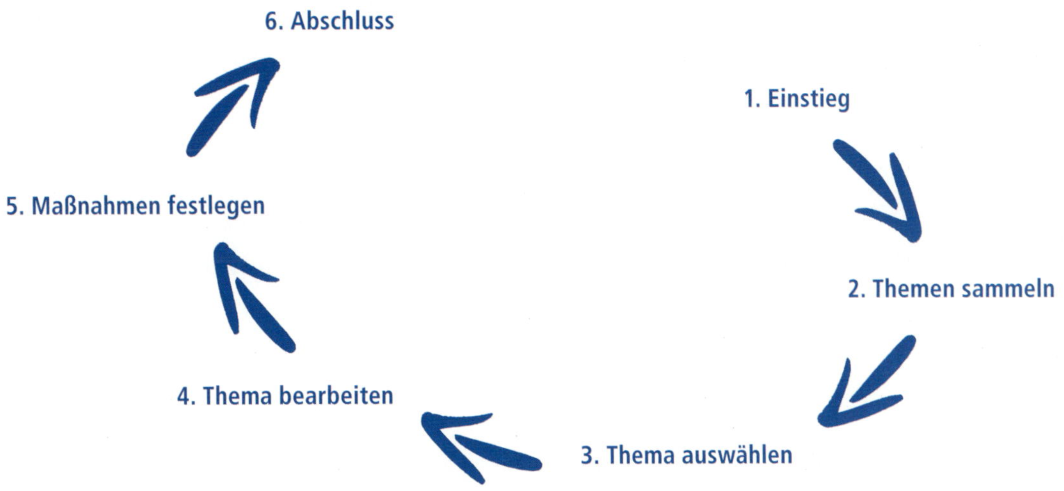

Tipps für die Durchführung einer Moderation

- **Gut vorbereitet sein**
  Die Moderation ist so erfolgreich wie ihre Vorbereitung. Eine Checkliste kann dabei helfen, z. B.:
  - Welches Ziel soll erreicht werden?
  - Wie gestalte ich den Einstieg?
  - Welche Medien und Materialien werden benötigt?

- **Das Ziel nie aus den Augen verlieren**
  Wichtig ist, dass das Ziel gemeinsam formuliert und für alle sichtbar festgehalten wird. Gegebenenfalls muss der Moderator die Teilnehmer auf das Ziel hinweisen.

- **Die einzelnen Schritte der Moderation bewusst machen**
  Der Ablauf sollte jedem Teilnehmer klar sein. Nur wenn jeder Teilnehmer weiß, in welcher Phase sich die Moderation befindet, kann ein effektives Erarbeiten sichergestellt werden.

- **Für eine angenehme Atmosphäre sorgen**
  Die Motivation der Teilnehmer ist abhängig von ihrer persönlichen Befindlichkeit. Schon zu Beginn sollte deshalb auf eine positive Arbeitsatmosphäre geachtet werden. Pausen müssen vereinbart werden.

- **Sich neutral verhalten**
  Moderieren heißt auf keinen Fall „Dominieren". Die Hauptaufgabe des Moderators ist die methodische Führung und Visualisierung, nicht eine inhaltliche Gängelung. Anders als die Leiterin oder der Leiter einer Besprechung ist die Moderatorin oder der Moderator bei einer Arbeitssitzung inhaltlich nicht beteiligt und unparteiisch. Die inhaltliche Verantwortung liegt also bei den Gruppenmitgliedern.

1. Die Moderation ist Ihnen sicherlich aus dem Fernsehen bekannt.
   a) Nennen Sie Fernsehsendungen und deren Moderatoren.
   b) Beschreiben Sie die Unterschiede zu der Moderationsmethode in Betrieb und Schule.
2. Erläutern Sie, wieso die Moderationsmethode im betrieblichen Alltag zunehmend praktiziert wird.
3. Üben Sie die Moderationsmethode an überschaubaren Problemstellungen. Begrenzen Sie sich in der Zeitplanung und gehen Sie Schritt für Schritt vor.
   Themenvorschläge: „Wie lässt sich das Klima in der Lerngruppe verbessern?" – „Wie können wir die Öffentlichkeitsarbeit verbessern?" – „Was muss bei der Zusammenarbeit zwischen Schule und Einrichtungen optimiert werden?"

Handlungsimpulse

PROJEKTAUFGABE A: Sich auf einer Messe präsentieren

Nutzen Sie eine regionale Messe, einen Informationstag oder einen Tag der offenen Tür, um Ihren Beruf und Ihre Ausbildung zu präsentieren.
Treffen Sie alle organisatorischen Maßnahmen. Gestalten Sie verschiedene Präsentationsmedien. Führen Sie die Präsentation durch.

PROJEKTAUFGABE B: Einen Prospekt über die Ausbildungsschule oder die Ausbildungsstätte gestalten

Unternehmen müssen sich präsentieren, um ihre Dienstleistungen und Produkte an den Kunden zu bringen.
Gestalten Sie einen Prospekt oder eine Internetseite über Ihre Ausbildungsstätte oder Ausbildungsschule.

PROJEKTAUFGABE C: Eine Literaturliste erstellen

Literaturlisten helfen, sich schnell einen Überblick über die wichtigste Literatur zu verschaffen, ohne selbst recherchieren zu müssen.
Führen Sie zu einem klar umrissenen Fachthema eine Literaturrecherche durch. Stellen Sie zu dem Fachthema eine aktuelle Literaturliste zusammen (in Gruppenarbeit sind auch Listen zu mehreren Themen sinnvoll).
Die Literaturliste können Sie ggf. in einer Fachzeitschrift oder auf der Homepage Ihrer Schule veröffentlichen.
Mögliche Erweiterung des Projektes: Schreiben Sie zu den wichtigsten Literaturangaben „Waschzettel", also kurze Inhaltshinweise.

PROJEKTAUFGABE D: Eine Internet-Recherche durchführen

Das Internet bietet eine fast unüberschaubare Fülle von mehr oder weniger interessanten Informationen. Deshalb ist es wichtig, sich gezielt zu einem Thema „vorzuarbeiten", etwa mithilfe von Suchmaschinen.
Führen Sie eine Internet-Recherche zu einer speziellen Fragestellung durch, z. B.:

- Welche Weiterbildungsmöglichkeiten gibt es in Ihrem Beruf?
- Welche Messen, Kongresse und Informationsveranstaltungen über Pflege und Altenhilfe werden angeboten?
- Welche Pflegemodelle konkurrieren miteinander?

PROJEKTAUFGABE E: Eine Lernkartei für ein Prüfungsfach anlegen

Lerninhalte lassen sich durch eine Lernkartei leichter erschließen, verstehen und behalten. Die Lernkartei ist somit ein geeignetes Hilfsmittel zur Vorbereitung auf Prüfungen.

Wie wird eine Lernkartei angelegt?
Auf die Karteikarten werden nur die wichtigsten Inhalte des Lernstoffes notiert. Es ist z. B. sinnvoll, auf die Vorderseite der Karten eine Frage und auf die Rückseite die Antwort zu schreiben.

Wie wird mit der Lernkartei gearbeitet?
Alle neu beschrifteten Karten kommen ins erste Fach. Wird der Lernstoff beherrscht, wandern die Karten ins zweite Fach. Damit die Lerninhalte nicht vergessen werden, müssen sie wiederholt werden. Alle Karten, die bei der Wiederholung „gelöst" werden, wandern ins nächste Fach. Die Karten, bei denen noch Wissenslücken vorhanden sind, müssen in das erste Fach zurück. Im ersten Fach sind also immer die Inhalte, die noch gelernt werden müssen. Je weiter eine Karte nach hinten rutscht, umso besser ist der Lernstoff behalten. Erstellen Sie eine Lernkartei für ein Prüfungsfach.

Lernsituation

Michaela Rau hat am 1. August ihre Ausbildung als Altenpflegerin im Seniorenheim „Am Schwanenweiher" begonnen. Nach dem ersten Unterrichtsblock an der Ausbildungsschule erhält sie folgende Praxisaufgabe:

Stellen Sie Ihre Ausbildungseinrichtung vor, indem Sie
- eine **Präsentationsmappe** anfertigen und
- in einem **Kurzreferat** (ca. fünf Minuten) den Mitschülerinnen und -schülern das Leitbild Ihrer Einrichtung vorstellen.

Michaela ist zwar hoch motiviert und hat viele Ideen, aber sie weiß noch nicht, wie sie diese umsetzen und in dem kurzen Zeitraum von drei Wochen bewältigen soll. Vor allem vor dem Kurzreferat und dem Vortrag vor der Klasse hat sie Angst.

Mithilfe einer Mindmap versucht Michaela, das Thema der Aufgabenstellung zu erfassen und mögliche Inhalte für ihre Präsentationsmappe zu sammeln. Nach Fertigstellung der Mindmap ist die Schülerin erstaunt, wie viele Aspekte diese Ideensammlung erbracht hat. Die Stoffsammlung ist weitgehend abgeschlossen. Jetzt gilt es, Informationen zu beschaffen, zu bewerten, zu ordnen und gegebenenfalls einzugrenzen bzw. zu ergänzen. Michaela will den Schwerpunkt ihrer Präsentationsmappe auf folgende Punkte legen:
- Bezeichnung und Geschichte der Einrichtung,
- Träger,
- Leitbild,
- Strukturen (offen/ambulant, teilstationär, stationär),
- Angebote und Leistungen,
- Organigramm und Mitarbeiter/-innen.

Außerdem sollen in der Projektmappe auch folgende Fragen beantwortet werden:
- Warum habe ich mich für den Beruf der Altenpflegerin entschieden?
- Wer sind meine Ansprechpartner, wer leitet mich an?

Michaela überlegt sich,
- woher sie die benötigten Informationen bekommt,
- wen sie ansprechen kann,
- welche Materialien sie der Mappe beifügen soll.

1. Wie soll Michaela mit dem Problem umgehen, dass sie für die Praxisaufgabe nur drei Wochen Zeit hat?
2. Machen Sie Vorschläge, wie Michaela ihre Ängste vor dem Kurzreferat in den Griff bekommen kann.
3. Erstellen Sie eine Mindmap über die Inhalte der Präsentationsmappe.
4. Fertigen Sie aus Ihrer Stoffsammlung eine Gliederung an.
5. Beschaffen Sie sich die benötigten Informationen und Materialien.
6. Welche formalen Angaben sind bei der Ausarbeitung der Projektmappe zu beachten?
7. Entwerfen Sie ein ansprechendes Deckblatt.
8. Fertigen Sie die Präsentationsmappe an.

Nachdem Michaela mit Erfolg die Präsentationsmappe angefertigt hat, bereitet sie ihr Kurzreferat über das Leitbild ihrer Einrichtung vor. Dabei will sie die Aspekte in der Präsentationsmappe visualisieren und auf die fünf Minuten des Vortrages komprimieren. Zu folgenden Punkten macht sie sich einen Stichwortzettel:

- Grundwerte,
- Aufbau,
- Funktionen,
- Umsetzung,
- Anspruch und Wirklichkeit.

9. Fertigen Sie Stichwortzettel zum Leitbild Ihrer Einrichtung an.
10. Welche Fragen muss sich Michaela bei der Vorbereitung ihrer Präsentation stellen?
11. Welche Visualisierungsmöglichkeiten kommen infrage?
12. Begründen Sie, weshalb Sie sich für eine bestimmte Visualisierung entschieden haben.
13. Fertigen Sie Ihre Präsentation und Visualisierung an.
14. Erstellen Sie eine Checkliste für Ihre Präsentation vor der Klasse.
15. Machen Sie einen Probedurchlauf Ihres Kurzreferates und lassen sich ein Feedback bezüglich Mimik, Gestik, Aussprache und Inhalt geben.

2 Gesprächsführung

2.1 Kommunikationssituationen

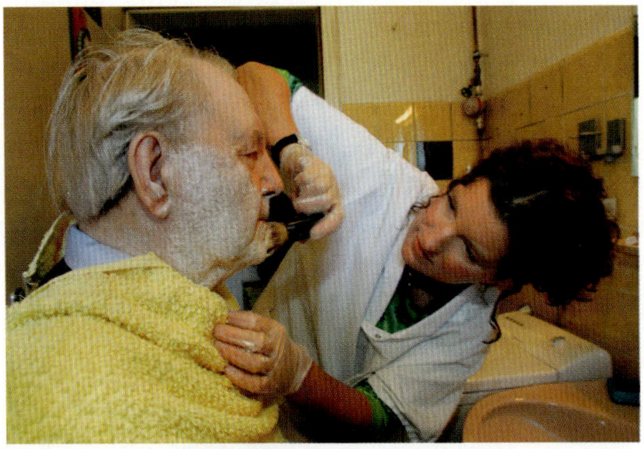

1. Was verstehen Sie unter dem Begriff „Kommunikation"?
2. Welche typischen Kommunikationssituationen werden auf den Fotos sichtbar?
3. Worin unterscheiden sich die verschiedenen Kommunikationssituationen?
4. Nennen Sie weitere Kommunikationssituationen in der Altenarbeit.

Pflegekräfte, die in vielen verschiedenen Situationen mit Menschen zu tun haben, benötigen Wissen und Erfahrung in Kommunikation und Gesprächsführung.

Unter Kommunikation versteht man den Austausch von Informationen. Menschen übermitteln anderen Informationen, nehmen Informationen auf und informieren sich wechselseitig.

2.2 Funktionen von Kommunikation

Menschen tauschen untereinander Informationen aus, um eine Vielzahl von Aufgaben (Funktionen) erfüllen zu können. Die Kommunikation ist darauf ausgerichtet, in menschlicher Gemeinschaft das Leben und Überleben zu sichern, konkrete Alltagsanforderungen erfolgreich zu bewältigen und Bedürfnisse zu befriedigen.

Guter Kontakt ist möglich

Der Mensch ist ein Gemeinschaftswesen, und Kommunikation ist die Brücke zum anderen Menschen. Wir suchen Kontakt zu anderen und ermöglichen einander so Beteiligung, Anteilnahme, Austausch, Identifikation, Gemeinschaft und Beziehung. [...] Wir besprechen unsere Pläne und Träume miteinander, wir teilen unsere Erinnerungen und Erfahrungen, unsere Gefühle und Befürchtungen.

Von klein auf treten wir über die Sprache mit anderen Menschen in Beziehung. Sie bildet eine oft unreflektierte und doch viele Handlungen begleitende Brücke in die Gemeinschaft. Die meisten unserer Enttäuschungen und Konflikte haben ihre Ursache in Missverständnissen, und somit häufig in der sprachlichen Kommunikation.

Noch wissen wir viel zu wenig, wie demenzkranke Menschen fühlen, auf welche Weise sie ihre Umwelt wahrnehmen und wie sie das Miteinander mit einem anderen Menschen erleben. Es ist mit Sicherheit falsch anzunehmen, dass ein Mensch mit Demenz grundsätzlich nichts versteht. Mit dem Fortschritt der Erkrankung verändert sich allerdings die Sprachwahrnehmung. Der Wortschatz schwindet und ebenso die Fähigkeit, die passenden Begriffe zu finden. Ganz sicher bleibt jedoch das Bedürfnis erhalten, in Beziehung zu treten und Teil der Gemeinschaft zu sein. [...]

Wie in vielen anderen Bereichen des Alltags braucht der Mensch mit Demenz auch verbal unsere Hilfestellung. So kann ihm die Sprache als Brücke zum anderen Menschen, zu seinen Erinnerungen und zum Leben in seiner ganzen Fülle so lange wie möglich erhalten bleiben.

Friederike Leuthe: Kommunikation mit Menschen mit Demenz. Guter Kontakt ist möglich, in: Alzheimer Info. Nachrichten der Deutschen Alzheimer Gesellschaft, Ausgabe 4/2010, S. 1 u. S. 3 (gekürzt)

1. Welche Funktionen der Kommunikation werden im Text oben angesprochen?
2. Weshalb braucht der an Demenz erkrankte Mensch auch „verbale Hilfestellung"?
3. Welche weiteren Funktionen der Kommunikation spielen in Ihrem Berufsalltag eine wichtige Rolle?

Menschen kommunizieren miteinander, um

- ihre Bedürfnisse zu befriedigen, z. B.: Ein Bewohner wendet sich an die Pflegende: „Bringen Sie mir bitte noch etwas zu trinken."
- sozialen Kontakt zu anderen Menschen zu haben, z. B.: Der Pflegende führt die neue Bewohnerin durchs Haus und stellt sie ihrer Zimmernachbarin vor.
- das Zusammenleben zu regeln und Konflikte zu lösen bzw. zu vermeiden, z. B.: Im Heimbeirat wird darüber diskutiert, für alle Bewohner im Heim mehrere kleine Mahlzeiten anzubieten.
- Wissen und Fertigkeiten zu vermitteln, z. B.: Die Pflegende nimmt an einer Fortbildung teil, um besser auf verwirrte Bewohner eingehen zu können.

1. Zu den häufig genannten Beschäftigungen älterer Menschen zählt das Fernsehen. Listen Sie auf, welche Kommunikationsfunktionen das Fernsehen für ältere Menschen haben kann.
2. Erläutern Sie, welche Probleme für Heimbewohner entstehen können, wenn ihre Kommunikationsfähigkeit eingeschränkt ist, z. B. nach einem Schlaganfall, bei Morbus Parkinson oder bei Altersschwerhörigkeit.
3. Zeigen Sie Maßnahmen auf, wie Pflegende die Kommunikationsfähigkeit der Älteren fördern können.
4. Das persönliche Gespräch im Kontakt mit älteren Menschen hat einen hohen Stellenwert. Führen Sie Argumente an, warum in der Pflege gerade Alltagsgespräche sehr wichtig sind.

2.3 Kommunikationsmodell

Ein Tisch ist ein Tisch Peter Bichsel

Ich will von einem alten Mann erzählen, von einem Mann, der kein Wort mehr sagt, ein müdes Gesicht hat, zu müd zum Lächeln und zu müd, um böse zu sein. Er wohnt in einer kleinen Stadt, am Ende der Straße oder nahe der Kreuzung. Es lohnt sich fast nicht, ihn zu beschreiben, kaum etwas unterscheidet ihn von anderen. Er trägt einen grauen Hut, graue Hosen, einen grauen Rock und im Winter den langen grauen Mantel, und er hat einen dünnen Hals, dessen Haut trocken und runzelig ist, die weißen Hemdkragen sind ihm viel zu weit.

Peter Bichsel, 1935 in Luzern geboren, zunächst Lehrer, dann freier Schriftsteller, Publizist und Dozent, erhielt zahlreiche Literaturpreise, schreibt Romane, Erzählungen und Essays. „Ein Tisch ist ein Tisch" ist eine Geschichte nicht nur für Kinder.

Im obersten Stock des Hauses hat er sein Zimmer, vielleicht war er verheiratet und hatte Kinder, vielleicht wohnte er früher in einer anderen Stadt. Bestimmt war er einmal ein Kind, aber das war zu einer Zeit, wo die Kinder wie Erwachsene angezogen waren. Man sieht sie so im Fotoalbum der Großmutter. In seinem Zimmer sind zwei Stühle, ein Tisch, ein Teppich, ein Bett und ein Schrank. Auf einem kleinen Tisch steht ein Wecker, daneben liegen alte Zeitungen und das Fotoalbum, an der Wand hängen ein Spiegel und ein Bild.

Der alte Mann machte morgens einen Spaziergang, sprach ein paar Worte mit seinem Nachbarn, und abends saß er an seinem Tisch. Das änderte sich nie, auch sonntags war das so. Und wenn der Mann am Tisch saß, hörte er den Wecker ticken, immer den Wecker ticken.

Dann gab es einmal einen besonderen Tag, einen Tag mit Sonne, nicht zu heiß, nicht zu kalt, mit Vogelgezwitscher, mit freundlichen Leuten, mit Kindern, die spielten – und das Besondere war, dass das alles dem Mann plötzlich gefiel.

Er lächelte.

„Jetzt wird sich alles ändern", dachte er.

Er öffnete den obersten Hemdknopf, nahm den Hut in die Hand, beschleunigte seinen Gang, wippte sogar beim Gehen in den Knien und freute sich. Er kam in seine Straße, nickte den Kindern zu, ging vor sein Haus, stieg die Treppe hoch, nahm die Schlüssel aus der Tasche und schloss sein Zimmer auf.

Aber im Zimmer war alles gleich, ein Tisch, zwei Stühle, ein Bett. Und wie er sich hinsetzte, hörte er wieder das Ticken, und alle Freude war vorbei, denn nichts hatte sich geändert.

Und den Mann überkam eine große Wut.

Er sah im Spiegel sein Gesicht rot anlaufen, sah, wie er die Augen zerkniff; dann verkrampfte er seine Hände zu Fäusten, hob sie und schlug mit ihnen auf die Tischplatte, erst nur einen Schlag, dann noch einen, und dann begann er auf den Tisch zu trommeln und schrie dazu immer wieder: „Es muss sich ändern, es muss sich ändern!"

Und er hörte den Wecker nicht mehr. Dann begannen seine Hände zu schmerzen, seine Stimme versagte, dann hörte er den Wecker wieder, und nichts änderte sich.

„Immer derselbe Tisch", sagte der Mann, „dieselben Stühle, das Bett, das Bild. Und dem Tisch sage ich Tisch, dem Bild sage ich Bild, das Bett heißt Bett, und den Stuhl nennt man Stuhl. Warum denn eigentlich? Die Franzosen sagen dem Bett ‚li', dem Tisch ‚tabl', nennen das Bild ‚tablo' und den Stuhl ‚schäs', und sie verstehen sich. Und die Chinesen verstehen sich auch.

„Weshalb heißt das Bett nicht Bild", dachte der Mann und lächelte, dann lachte er, bis die Nachbarn an die Wand klopften und „Ruhe" riefen.

„Jetzt ändert es sich", rief er, und er sagte von nun an dem Bett „Bild".

„Ich bin müde, ich will ins Bild", sagte er, und morgens blieb er lange im Bild liegen und überlegte, wie er nun den Stuhl sagen wolle, und er nannte den Stuhl „Wecker".

Er stand also auf, zog sich an, setzte sich auf den Wecker und stützte die Arme auf den Tisch. Aber der Tisch hieß jetzt nicht mehr Tisch, er hieß jetzt Teppich. Am Morgen verließ also der Mann das Bild, zog sich an, setzte sich an den Teppich auf den Wecker und überlegte, wem er wie sagen könnte.

Dem Bett sagte er Bild.
Dem Tisch sagte er Teppich.
Dem Stuhl sagte er Wecker.
Der Zeitung sagte er Bett.
Dem Spiegel sagte er Stuhl.
Dem Wecker sagte er Fotoalbum.
Dem Schrank sagte er Zeitung.
Dem Teppich sagte er Schrank.
Dem Bild sagte er Tisch.
Und dem Fotoalbum sagte er Spiegel.

Also:
Am Morgen blieb der Mann lange im Bild liegen, um neun läutete das Fotoalbum, der Mann stand auf und stellte sich auf den Schrank, damit er nicht an die Füße fror, dann nahm er seine Kleider aus der Zeitung, zog

sich an, schaute in den Stuhl an der Wand, setzte sich dann auf den Wecker an den Teppich und blätterte den Spiegel durch, bis er den Tisch seiner Mutter fand. Der Mann fand das lustig, und er übte den ganzen Tag und prägte sich die neuen Wörter ein. Jetzt wurde alles umbenannt: Er war jetzt kein Mann mehr, sondern ein Fuß, und der Fuß war ein Morgen und der Morgen war ein Mann.

Jetzt könnt ihr die Geschichte selbst weiterschreiben. Und dann könnt ihr, so wie es der Mann machte, auch die anderen Wörter austauschen:

läuten heißt stellen,
frieren heißt schauen,
liegen heißt läuten,
stehen heißt frieren,
stellen heißt blättern.

So dass es dann heißt:
Am Mann blieb der alte Fuß lange im Bild läuten, um neun stellte das Fotoalbum, der Fuß fror auf und blätterte sich auf den Schrank, damit er nicht an die Morgen schaute.

Der Mann kaufte sich blaue Schulhefte und schrieb sie mit den neuen Wörtern voll, und er hatte viel zu tun damit, und man sah ihn nur noch selten auf der Straße.

Dann lernte er für alle Dinge die neuen Bezeichnungen und vergaß dabei mehr und mehr die richtigen. Er hatte jetzt eine neue Sprache, die ihm ganz allein gehörte.

Hie und da träumte er schon in der neuen Sprache, und dann übersetzte er die Lieder aus seiner Schulzeit in seine Sprache, und er sang sie leise vor sich hin.

Aber bald fiel ihm auch das Übersetzen schwer, er hatte seine alte Sprache fast vergessen, und er musste die richtigen Wörter in seinen blauen Heften suchen. Und es machte ihm Angst, mit den Leuten zu sprechen. Er musste lange nachdenken, wie die Leute den Dingen sagen.

Seinem Bild sagen die Leute Bett.
Seinem Teppich sagen die Leute Tisch.
Seinem Wecker sagen die Leute Stuhl.
Seinem Bett sagen die Leute Zeitung.
Seinem Stuhl sagen die Leute Spiegel.
Seinem Fotoalbum sagen die Leute Wecker.
Seiner Zeitung sagen die Leute Schrank.
Seinem Schrank sagen die Leute Teppich.
Seinem Tisch sagen die Leute Bild.
Seinem Spiegel sagen die Leute Fotoalbum.

Und es kam so weit, dass der Mann lachen musste, wenn er die Leute reden hörte.

Er musste lachen, wenn er hörte, wie jemand sagte: „Gehen Sie morgen auch zum Fußballspiel?“ Oder wenn jemand sagte: „Jetzt regnet es schon zwei Monate lang.“ Oder wenn jemand sagte: „Ich habe einen Onkel in Amerika.“

Er musste lachen, weil er all das nicht verstand.

Aber eine lustige Geschichte ist das nicht. Sie hat traurig angefangen und hört traurig auf.

Der alte Mann im grauen Mantel konnte die Leute nicht mehr verstehen, das war nicht so schlimm.

Viel schlimmer war, sie konnten ihn nicht mehr verstehen. Und deshalb sagte er nichts mehr.

Er schwieg, sprach nur noch mit sich selbst, grüßte nicht einmal mehr.

Peter Bichsel: Kindergeschichten, Neuwied, Luchterhand 1973, S. 21–31

1. Wie ist die Situation des alten Mannes zu Beginn der Geschichte?
2. Mit welcher Absicht beginnt der alte Mann mit den Sprachspielen?
3. Wie geht der Mann dabei vor?
4. Welche Folgen hat dies für die Kommunikation zwischen dem alten Mann und den Leuten?

Das Kommunikationsmodell verdeutlicht die wichtigsten Faktoren der Verständigung:

- **Sender/Empfänger:** die beteiligten Personen, mit ihren Eigenarten (Rollen, Erwartungen, Erfahrungen, Vorstellungen ...),
- die **Absichten** der Kommunikationspartner,
- die **Kommunikationssituation,**
- den **Kanal:** die Übertragungsart der Zeichen, z. B. akustisch, optisch oder haptisch,
- die **Sache:** Thema, Inhalt des Gespräches,
- die **Zeichen:** Sprache, Verhalten, Mimik, Gestik etc.,
- den **Kode:** Zeichenvorrat/Sprachvermögen von Sender und Empfänger.

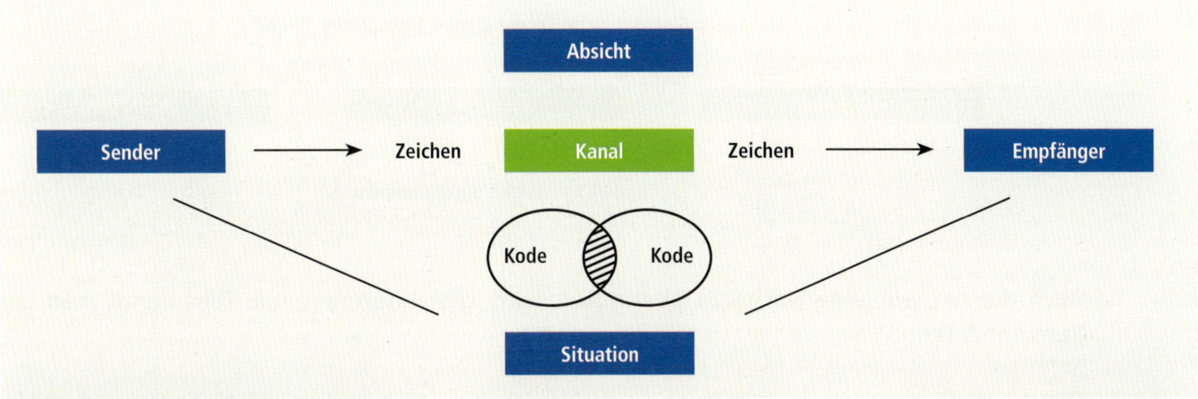

1. Erläutern Sie die Kurzgeschichte (S. 41 f.) mithilfe der Fachbegriffe des Kommunikationsmodells.
2. Beschreiben Sie die folgenden Situationen, indem Sie die Faktoren des Kommunikationsmodells anwenden:
   a) Gespräch im Freundeskreis,
   b) Unterrichtsgespräch,
   c) Übergabegespräch im Altenheim.
3. Diskutieren Sie, ob ein Haustier ein angemessener Kommunikationspartner für ältere Menschen sein kann.

2.4 Verbale und nonverbale Kommunikation

Menschen verfügen über vielfältige Möglichkeiten, miteinander zu kommunizieren: Sie können miteinander reden, lachen, singen, sich an den Händen führen usw. Das wichtigste Zeichen der menschlichen Kommunikation ist die Sprache (= verbale Kommunikation). Grundlegend lassen sich folgende Formen sprachlicher Kommunikation unterscheiden:

Verbale Kommunikation

z. B. Muttersprache, Fremdsprache, Fachsprache, Dialekt

geschrieben | **paraverbal** | **gesprochen**

Tonfall, Lautstärke, Sprechtempo u. Ä.

Auch die Art, wie eine Nachricht übermittelt wird, gibt Informationen. Dies nennt man „paraverbale Kommunikation".

Die Altenpflegerin Ute ist verärgert, weil Herr Hartwig mehrmals hintereinander und scheinbar unbegründet nach ihr klingelt. Sie bemüht sich dennoch, jedesmal in höflichen Worten nach seinen Wünschen zu fragen und sich den Ärger nicht anmerken zu lassen. Umso erstaunter ist sie, als Herr Hartwig sie fragt, ob sie böse mit ihm sei, ihre Stimme klänge so anders.

1. Beschreiben Sie, wie eine ärgerliche (bzw. eine freundliche) Stimme klingen kann.
2. Sprechen Sie den folgenden Satz: „Ich kann warten."
   a) mit höflicher b) mit ungeduldiger c) mit gereizter Stimme d) ironisch

Neben sprachlicher Kommunikation gibt es nichtsprachliche = nonverbale Kommunikation.

Suchen Sie sich einen Partner in der Klasse. Versuchen Sie, sich mit diesem – ohne zu sprechen – auf eine gemeinsame Aktivität zu verständigen.
a) Tauschen Sie Ihre Erfahrungen mit Ihrem Partner aus. Wie haben Sie sich verständigt?
b) Beschreiben Sie Probleme, die bei der nonverbalen „Absprache" aufgetreten sind.

Kanäle		Signale	Kanäle		Signale
Mimik		z. B. herunterhängende Mundwinkel	Körperbewegung		z. B. mit den Füßen trampeln
Gestik		z. B. gefaltete Hände	Atmung		z. B. beschleunigte Atmung
Augenausdruck		z. B. weit aufgerissene Augen	Muskeltonus		z. B. erhöhter Muskeltonus
Körperhaltung		z. B. in die Hüften gestemmte Hände			

1. Welche Gefühlsregungen erkennen Sie aus dem jeweiligen Gesichtsausdruck (= Mimik)?
2. Beschreiben Sie, woran Sie die folgenden Gefühle erkennen: Überraschung, Ekel, Verachtung, Mitleid.
3. Der Gesichtsausdruck (Bewegen von Mundregion, Nase, Augenbrauen) spielt eine zentrale Rolle beim Ausdrücken von Gefühlszuständen (z. B. von Trauer, Angst, Freude, Zorn).
   Rollenspiel: Auf verschiedenen Karten werden Gefühlsausdrücke notiert. Die Schüler ziehen verdeckt eine Karte und versuchen, dieses Gefühl nonverbal mit Mimik, Gestik, Haltung darzustellen.
4. *Die Bewohnerin Frau Schell läuft unruhig auf dem Flur des Altenheims hin und her. Ihr Blick ist auf den Boden gerichtet, sie scheint nichts um sich herum wahrzunehmen. Nur wenn sie angesprochen wird, schaut sie mit weit aufgerissenen Augen kurz hoch, um sofort wieder nach unten zu schauen.*
   Äußern Sie Vermutungen über die Gefühle dieser Bewohnerin. Begründen Sie Ihre Annahmen mit dem bei Frau Schell zu beobachtenden Verhalten.

5. Die oben stehenden Zeichnungen zeigen verschiedene Körperhaltungen.
   a) Vermuten Sie, welche Gefühle in den Körperhaltungen zum Ausdruck kommen.
   b) Wie zuverlässig erscheinen Ihnen Informationen, die Sie z. B. der Körperhaltung eines Bewohners im Heim entnehmen? Begründen Sie Ihre Antwort.

Nichtsprachliche Kommunikation kann die sprachliche Aussage stützen oder ihr widersprechen.

6. *Auf die Frage, ob es ihr schwergefallen sei, in ein Altenheim überzusiedeln, antwortet die Bewohnerin Frau Grün: „Nein, es hat mir gar nichts ausgemacht, hier fehlt es mir doch an nichts." Aber gleichzeitig ziehen sich ihre Mundwinkel nach unten, in ihren Augen stehen Tränen.*
   a) Vergleichen Sie die sprachliche und die nichtsprachliche Information.
   b) Welcher Information würden Sie mehr trauen? Begründen Sie Ihre Antwort.

Auch Objekte (z. B. Kleidung oder sichtbare Gegenstände) geben Informationen. Durch Objekte, z. B. Kleidung oder Schmuckstücke, informieren wir andere nonverbal, z. B. über unseren Status oder unsere Berufsrolle, Geschlechtsrolle oder zu welcher Gruppe wir gehören.

Beispiele: Arbeitskleidung informiert über einen Beruf, ein Orden demonstriert Verdienste, ein teures Auto kann deutlich machen, dass ein Mensch nicht unvermögend ist.

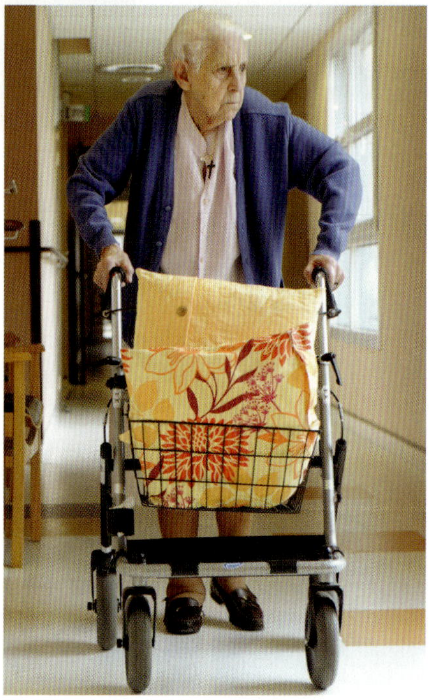

7. a) Welche Aussagen können mithilfe der dargestellten Objekte (Fotos) gemacht werden?
   b) Beschreiben Sie, wie Personen (Pflegende/Bewohner) auf die wahrgenommenen Objekte reagieren können.

Durch die räumliche Distanz, die wir zu anderen einnehmen, können wir nonverbal etwas über unsere Beziehung zu diesen Menschen aussagen.

Beispiel: Vertraute Menschen lassen wir nahe an uns heran, zu Fremden wahren wir größeren Abstand.

Räumliche Distanz gegenüber anderen Menschen wird unterschieden in:
- Intimdistanz: Abstand, der enge körperliche Berührung ermöglicht, z. B. gegenüber dem Partner,
- persönliche Distanz, z. B. gegenüber Freunden,
- soziale Distanz, z. B. zwischen Verkäufer und Kunde beim Einkauf,
- öffentliche Distanz, z. B. zwischen einem öffentlichen Redner und seinem Publikum.

8. Bilden Sie Kleingruppen und fordern Sie Ihre Mitschülerinnen und -schüler auf, nahe zusammenzurücken. Alle schließen die Augen, strecken die Hände aus und fühlen ihren persönlichen Raum (vor, hinter, über, unter sich). Überkreuzen Sie dann – ohne zu reden – Ihre Hände und berühren Sie die anderen Gruppenmitglieder. Wie ist es für Sie, in einen anderen Raum einzudringen?
9. Schätzen Sie in Zentimeter, wie groß durchschnittlich der räumliche Abstand der verschiedenen Distanzzonen ist.
10. Überlegen Sie, wie Sie Bewohnern bei der Ganzwaschung helfen können, den geringen Abstand leichter zu ertragen.
11. Zeigen Sie Möglichkeiten auf, wie Bewohner im Mehrbettzimmer ihren persönlichen Raum deutlich machen können.

2.5 Regeln zur Bedeutungsabsicherung von nonverbalen Signalen

Eine besondere Herausforderung ist die Kommunikation mit an Demenz erkrankten Menschen (vgl. auch S. 76 f.). Hierbei kommt den nonverbalen Signalen eine wichtige Bedeutung zu. Als schwierig erweist es sich in diesem Zusammenhang, die nonverbalen Signale auch richtig zu deuten. Die folgenden Regeln (in Anlehnung an LoAD*) sollen die Bedeutung beobachtbarer nonverbaler Signale absichern.

1. Regel

Signale im Verbund mit anderen Signalen deuten.

Wenn Menschen mit Demenz sowohl verbal als auch nonverbal kommunizieren,

- sollten sowohl verbale als auch nonverbale Signale in die Interpretation mit einfließen; mindestens ein Signal aus der nonverbalen Ebene soll neben den sprachlichen Äußerungen berücksichtigt werden.

Wenn Menschen mit Demenz nur nonverbal kommunizieren,

- sollten mindestens zwei Kanäle nonverbaler Signale in die Interpretation mit einfließen, z. B. Gestik *und* Mimik.

Wenn Sie sich bei der Interpretation der Signale unsicher sind, ist es sinnvoll, körpersprachlich „nachzufragen", ob Ihre Interpretation auch richtig ist.

2. Regel

Signale im Kontext deuten.

Nonverbale Signale sollten immer im Zusammenhang mit der Situation gedeutet werden.

3. Regel

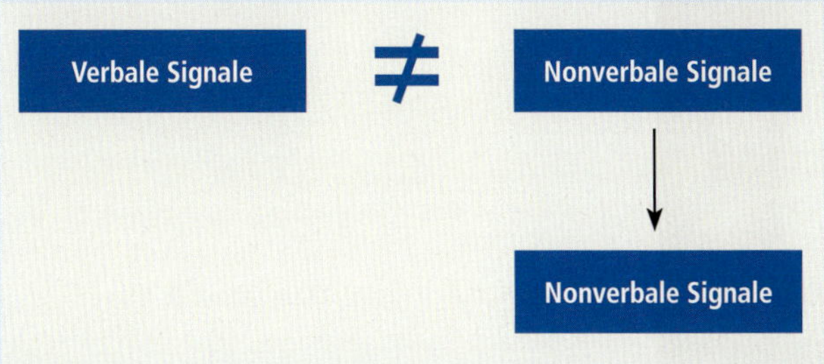

Auf Übereinstimmung zwischen verbalen und nonverbalen Signalen achten.

Wenn verbale und nonverbale Signale nicht übereinstimmen, hat das nonverbale Signal Vorrang.

* *LoAD: Lernfeldorientierte Altenpflegeausbildung – Pflege von Menschen mit Demenz, vgl. www.altenpflege-lernfelder.de (hrsg. v. Bundesministerium für Familie, Senioren, Frauen und Jugend)*

1. Beschreiben Sie die auf den folgenden Fotos beobachtbaren Signale der verschiedenen Kanäle.
2. Interpretieren Sie die Signale.

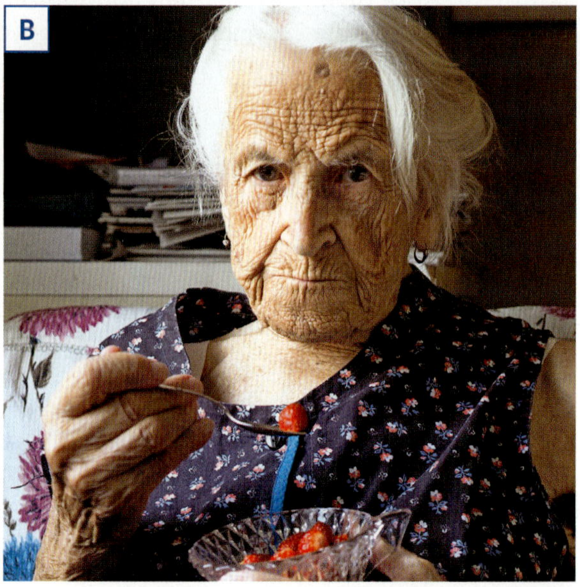

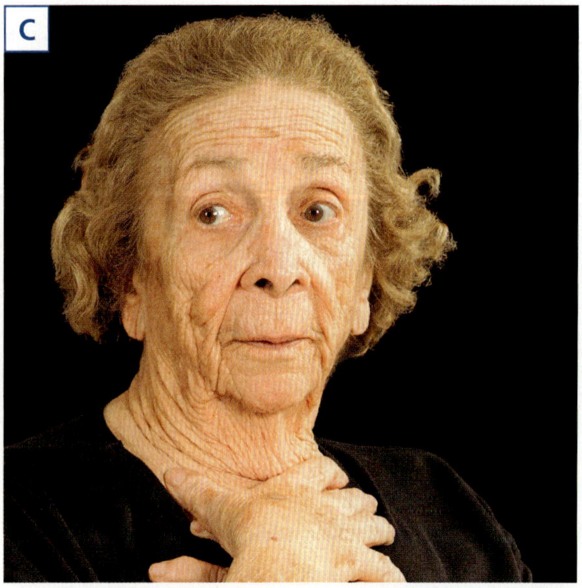

3. Der Herr im Foto D leidet unter einer Demenz vom Typ Alzheimer.
   a) Deuten Sie die beobachtbaren Signale.
   b) Welche Regeln wenden Sie dabei zur Bedeutungsabsicherung an?

2.6 Vier Seiten einer Nachricht

Der Altenpflegeschüler Jan Bauer plant für die praktische Prüfung, bei der Bewohnerin Frau Bertram eine Fußpflege durchzuführen. Frau Bertram ist eine freundliche und hilfsbereite Bewohnerin, die selten eine Bitte abschlägt. Bevor der Schüler die Bewohnerin um ihre Mitwirkung bittet, hat er ihr genau erklärt, was er vorhat, z. B. wozu, wann und wie die pflegerische Maßnahme in Anwesenheit der Mentorin durchgeführt werden soll. Erst danach fragt er sie: „Ich würde die Fußpflege gern bei Ihnen vorzeigen. Wären Sie damit einverstanden?" Darauf Frau Bertram: „Ja, wenn Sie meinen, dass das geht."
Vor dem vereinbarten Termin schaut der Altenpflegeschüler bei Frau Bertram vorbei und erinnert sie an die Prüfung.
Als die Mentorin und der Schüler eine Viertelstunde später bei Frau Bertram anklopfen, meldet sich niemand. Die Bewohnerin im Zimmer nebenan erzählt, dass Frau Bertram gerade mit ihrer Tochter in die Stadt gefahren sei. Der Altenpflegeschüler ist bestürzt und kann sich Frau Bertrams Verhalten nicht erklären: „Sie hatte mir doch fest zugesagt.", beteuert er. Die Mentorin fragt ihn, ob die erste Zusage von Frau Bertram wirklich so eindeutig gewesen sei oder ob die Antwort der Bewohnerin vielleicht auch andere Botschaften enthalten habe.

1. Wie erklären Sie sich, dass Frau Bertram den Termin nicht eingehalten hat?
2. Überlegen Sie, welche anderen Botschaften Frau Bertrams Zusage („Ja, wenn Sie meinen, dass das geht.") noch enthalten könnte?

Friedemann Schulz von Thun hat die von Paul Watzlawick getroffene Unterteilung jeder Nachricht in eine Inhalts- und eine Beziehungsseite erweitert (vgl. Miteinander reden, Band 1, Reinbek bei Hamburg, 1998).

Schulz von Thun unterscheidet bei einer Nachricht:

- **Sach-Seite** (Worum geht es?),
- **Beziehungs-Seite** (Wie stehe ich zu dir?),
- **Selbstkundgabe-Seite** (Was teile ich dabei über mich mit?),
- **Appell-Seite** (Wozu möchte ich dich veranlassen?).

Die vier Seiten einer Nachricht auf der Sender-Seite:

Der Bewohner Jürgen Friedrich wird von der Altenpflegerin Sarah Jung in den Speisesaal begleitet. Der Bewohner fragt die Pflegende: „Gibt es heute wieder Aufschnitt?"

1. Sehen Sie sich die folgenden Nachrichten an. Vermuten Sie: Was teilt der Sprecher auf der Sach-Seite, der Appell-Seite, der Selbstkundgabe-Seite und der Beziehungs-Seite jeweils mit?
   a) Eine Bewohnerin zur Pflegenden: „Mein Essen ist kalt."
   b) Ein Altenpfleger zu einem Kollegen: „Herr Hirsch (ein Bewohner im Heim) hat schon wieder geläutet."

Die vier Seiten einer Nachricht auf der Empfänger-Seite:
Nachrichten so zu verstehen, wie sie gemeint sind, kann sogar noch schwieriger sein.
Jeder Empfänger einer Nachricht verfügt, bildlich gesehen, über vier Ohren und kann vier verschiedene Seiten einer Nachricht heraushören.

Der Empfänger kann die Nachricht empfangen mit:

Der Bewohner Jürgen Friedrich wird von der Altenpflegerin Sarah Jung in den Speisesaal begleitet. Der Bewohner fragt die Pflegende: „Gibt es heute wieder Aufschnitt?"

Die Pflegende könnte z. B. Folgendes heraushören:

- Sach-Ohr: „Herr Friedrich will wissen, ob es heute Abend Aufschnitt gibt wie gestern."
- Selbstkundgabe-Ohr: „Herr Friedrich isst nicht gerne Aufschnitt."
- Appell-Ohr: „Ich soll mich bemühen, statt Aufschnitt etwas anderes anzubieten."
- Beziehungs-Ohr: „Herr Friedrich sieht mich verantwortlich für das Abendessen."

2. Die Bewohnerin Frau Boll wendet sich an die Pflegende Anna Sauer: „Was soll ich anziehen? Das graue Kleid vielleicht?" Sofort öffnet die Altenpflegerin den Schrank von Frau Boll und holt das graue Kleid heraus.
   a) Formulieren Sie die vier Seiten einer Nachricht für die Äußerung von Frau Boll (Sender-Seite).
   b) Bestimmen Sie, welche Seite der Nachricht von Frau Boll bei der Pflegenden Anna ankommt.

Störungen der Kommunikation ergeben sich nach dem Modell, wenn der Sender einer Nachricht eine bestimmte Seite seiner Nachricht betont, aber der Empfänger eine andere Seite heraushört. Vielfach bevorzugt der Empfänger ein bestimmtes Ohr, auf dem er „besonders gut hört". Wer es gewohnt ist, anderen zu helfen, neigt vielleicht dazu, übermäßig Appelle aus Nachrichten herauszuhören: „Was soll ich für Sie tun?"

Überprüfen Sie, auf welchem Ohr die folgenden Nachrichten bei Ihnen ankommen:
a) Bewohnerin Frau Hinz: „Mit mir ist heute nichts anzufangen."
b) Bewohner Herr Fritz: „Na ja, es ging mir schon besser."
c) Tochter der Bewohnerin Frau Körner zum Pflegenden: „Hat meine Mutter abgenommen?"
d) Altenpflegerin Melanie Hornung zu einer Kollegin: „Das mit der Wochenendschicht passt mir diese Woche gar nicht."

2.7 Du-Botschaften

Äußerungen einer Pflegenden gegenüber Bewohnern

a) „Es geht Ihnen doch hier gut, Sie brauchen nicht zu weinen."
b) „Wenn Sie sich nicht richtig benehmen, müssen Sie auf Ihrem Zimmer bleiben."
c) „Stellen Sie sich nicht so an."

Äußerungen eines Pflegenden gegenüber einer Kollegin

a) „Reagiere doch nicht gleich hysterisch."
b) „Das musst du locker sehen."
c) „Na ja – knapp vorbei ist auch daneben."

1. Welche Gefühle können diese Botschaften bei den Empfängern auslösen?
2. Beschreiben Sie, wie die Empfänger solcher Botschaften vermutlich reagieren.

Die Führung eines Gesprächs kann durch die Art einer Nachricht erschwert oder sogar verhindert werden. Hierzu gehören Du-Botschaften. Zwei Arten von Du-Botschaften verursachen besonders häufig Störungen in der Kommunikation: Lösungsbotschaften (vgl. Thomas Gordon: Familienkonferenz, München, 1989) und herabsetzende Botschaften.

Lösungsbotschaften geben anderen vor, was sie zu tun haben (Du solltest ...). Solche Lösungsbotschaften sind beispielsweise:

- Anordnen, kommandieren: „Machen Sie das so und nicht anders."
- Ermahnen, drohen: „Sie werden schon sehen, wie weit Sie damit kommen."
- Überreden, moralisieren: „Glauben Sie mir, ich weiß, dass es Ihnen dann besser geht."
- Vorschnell (gängige) Ratschläge geben: „Machen Sie sich keine Sorgen, es wird schon wieder – auf Regen folgt Sonnenschein."

Eine zweite Gruppe ungünstiger Du-Botschaften sind die herabsetzenden Botschaften:

- Kritisieren, beschuldigen, Vorwürfe machen: „Immer müssen Sie alles auf den Nachttisch legen."
- Beschimpfen, verhöhnen, beschämen: „Da haben Sie eine schöne Schweinerei angerichtet."
- Interpretieren, diagnostizieren: „Das haben Sie extra gemacht, um mich zu ärgern."
- Belehren: „In Ihrem Alter sollten Sie es besser wissen."

Wenig geeignet zur Kommunikation sind darüber hinaus folgende Botschaften, die nicht beachten, dass Ereignisse von Personen unterschiedlich erlebt werden:

- Botschaften, die (unzulässige) Verallgemeinerungen enthalten: „Alle anderen kommen damit klar."
- Botschaften, die einen Sachverhalt verharmlosen (bagatellisieren): „Sie brauchen keine Angst vor dieser kleinen Operation zu haben."

Ordnen Sie die folgenden Äußerungen den verschiedenen Arten von Du-Botschaften zu und beschreiben Sie, wie diese Botschaften auf den Empfänger wirken können:

a) „An so etwas dürfen Sie nicht mal denken."
b) „Wenn Sie sich nicht waschen, will niemand mit Ihnen zu tun haben."
c) „Einen günstigeren Zeitpunkt hätten Sie sich wohl nicht aussuchen können."
d) „Wenn Sie sich nicht zusammennehmen, landen Sie noch in der Psychiatrie."
e) „Kein Wunder, dass Sie nie etwas finden bei dieser Unordnung."
f) „Sie müssen sich nur mehr Mühe geben, dann klappt es schon."
g) „Was würden Sie sagen, wenn ich das Ihnen gegenüber machen würde?"
h) „Das war ja wohl nicht nötig."

2.8 Ich-Botschaften

Die Heimbewohnerin Frau Reiser hortet häufiger Nahrungsmittel in ihrem Nachttisch. Die Pflegende Jasmin Beck ärgert sich darüber, weil sie jedes Mal mit Frau Reiser heftige Auseinandersetzungen hat, wenn sie den Nachttisch ausräumen möchte und die verdorbenen Lebensmittel wegwerfen will.

Die Pflegende könnte sich wie folgt äußern:
a) „Sie sind wirklich unvernünftig. Sie wissen doch, dass Sie keine Lebensmittel im Nachttisch aufbewahren sollen."
b) „Ich sorge mich, wenn Sie die verdorbenen Lebensmittel essen."

1. Welche Äußerung finden Sie geeigneter? Begründen Sie Ihre Entscheidung.
2. Wodurch unterscheiden sich die beiden Äußerungen?

Ich-Botschaften sagen aus, wie eine Person über sich denkt und fühlt.

Ich-Botschaften
- machen die Bedürfnisse und Interessen des Senders deutlich.

  Beispiel: Pflegende Lena Huber (unter Zeitdruck) zur Bewohnerin Frau Schröder: „Ich bin in Eile und kann mich heute nicht so mit Ihnen beschäftigen, wie ich das möchte."
- informieren den Gesprächspartner darüber, wie sein Verhalten auf mich wirkt.

  Beispiel: Bewohner Herr Werner zum Pflegenden Felix Schreiner: „Ich bin ganz durcheinander, wenn Sie mich so drängen."
- ermöglichen dem Empfänger, eine eigene Lösung zu finden.

  Beispiel: Pflegende Martina Abel zum laut schreienden Bewohner Herrn Breuer: „Ich verstehe nicht, was Sie möchten, wenn Sie so schreien."

1. Formulieren Sie anstelle der Du-Botschaften in der Situation A und B Ich-Botschaften der Pflegenden.
2. Vergleichen Sie die (vermuteten) Gefühle und Gedanken des Empfängers der Du- mit der Ich-Botschaft.

Situation A
Herr Anton wird von der Sozialstation ambulant betreut. Der Pflegenden Astrid Proll fällt auf, dass Herr Anton seine Zigaretten häufig im Aschenbecher vergisst und verglühen lässt. Auf dem Tisch sieht sie bereits mehrere Brandflecken.
Du-Botschaft: „Sie sollten wirklich besser aufpassen, sonst setzen Sie noch das ganze Haus in Brand."

Situation B:
Frau Jeschke wird nach einem Sturz ambulant betreut. Der Pflegende Sven Groß ist genervt, weil sie jedes Mal, wenn er bei ihr vorbeikommt, immer nur klagt und er ihr nichts recht machen kann.
Du-Botschaft: „Anderen geht es noch schlechter als Ihnen."

Achtung! Manche Du-Botschaften tarnen sich als Ich-Botschaften.

Beispiel: „Ich bin enttäuscht von Ihnen."

3. Bestimmen Sie, welche der folgenden Botschaften echte Ich-Botschaften und welche getarnte Du-Botschaften sind.
   a) Pflegende zum Kollegen: „Ich fühle mich heute nicht gut und weiß nicht, wie ich den Tag schaffen soll."
   b) Pflegende zur Bewohnerin: „Ich bin überrascht, dass Sie jetzt doch mit spazieren gehen."
   c) Pflegende zum Bewohner: „Ich fühle mich ohnmächtig, wenn ich nicht weiß, wie ich Ihnen helfen kann."
   d) Pflegende zum Bewohner: „Ich bin enttäuscht, wenn Sie sich so gehen lassen."

2.9 Metakommunikation

Die Ehefrau (74) von Herrn Kranz besucht ihren Mann fast täglich im Heim. Herr Kranz (86) leidet unter Demenz Typ Alzheimer und ist mittlerweile ganz auf die Hilfe der Pflegenden angewiesen. Es ist seiner Frau sehr schwergefallen, ihn im Heim pflegen zu lassen, aber sie konnte ihn aus gesundheitlichen Gründen nicht mehr selbst versorgen. Obwohl Frau Kranz immer sehr höflich und freundlich zu der Pflegenden Petra Wolf ist, kann diese das Gefühl nicht loswerden, dass Frau Kranz mit der Pflege ihres Mannes unzufrieden ist. Frau Kranz scheint ihr als noch junger Altenpflegerin kein Vertrauen entgegenzubringen. Die Pflegende überlegt, wie sie auf ihr „ungutes Gefühl" reagieren soll.

1. Welche Kommunikationsstörungen liegen vor?
2. Welche Möglichkeiten sehen Sie, in dieser Situation zu reagieren?

Das ist Meta …

in festgefahrenen Situationen erinnert sie uns daran …

hinter die Fassade zu schauen …

und darüber zu reden, wie wir miteinander umgehen!

Wenn die Kommunikation zwischen den Beteiligten gestört scheint, bietet sich Metakommunikation an.

Metakommunikation bedeutet, dass die Gesprächspartner darüber sprechen, wie sie miteinander kommunizieren (durch Worte, Gesten, Verhalten).

Ziel der Metakommunikation ist es, Störungen aufzudecken und möglichst zu beheben. Für eine erfolgreiche Metakommunikation sollten folgende Regeln beachtet werden:
- eigene Gefühle, Meinungen, Interessen wahrnehmen und ernst nehmen,
- Störungen im Gespräch offen ansprechen,
- Ich-Botschaften senden,
- Feedback (Rückmeldung) erbitten bzw. geben.

2.10 Feedback

Die Altenpflegeschülerin Sabine Sauer gibt sich große Mühe bei ihrer Arbeit, insbesondere im Umgang mit den Bewohnern, aber auch in der Zusammenarbeit mit den Kolleginnen und Kollegen. Nur bedauert sie, dass sie zu wenig Rückmeldung darüber erhält, wie ihre Art mit anderen umzugehen ankommt.

Begründen Sie, warum es der Schülerin wichtig sein könnte, Rückmeldungen zu erhalten.

Das Feedback gibt einem Menschen Rückmeldung darüber, wie andere ihn wahrnehmen, verstehen und erleben.

1. Überlegen Sie, welche Rückmeldungen Sie erhalten über Ihren Umgang mit zu Pflegenden, Mitarbeitern oder Vorgesetzten in Ihrer Einrichtung.
2. In welchen Bereichen hätten Sie gern mehr Rückmeldung?

Feedback kann man erhalten über Worte, Verhalten und nonverbale Zeichen.

Beispiele: „Schön, dass Sie heute Nachtdienst haben." (= Worte)
Wenn die Pflegende Iris Abt Dienst hat, wird sie von vielen Bewohnern mit einem Lächeln begrüßt. (= Mimik)
Einige kommen zu ihr, um sich mit ihr zu unterhalten. (= Verhalten)

Feedback informiert über Fehler in der Kommunikation, z. B. beim Übermitteln der Botschaft.

Beispiel: Die Bewohnerin Frau Simon (zur Pflegenden): „Sind Sie heute schlecht gelaunt?"
Pflegende: „Wie kommen Sie darauf? Weil ich eben so schweigsam war?"
Frau Simon: „Ja, und weil Sie sonst immer lächeln."

Feedback ermöglicht Lernen als Verhaltensänderung.

Beispiel: Die Praxisanleiterin macht die Altenpflegeschülerin darauf aufmerksam, dass sie mit der Bewohnerin gesprochen habe, als sei diese ein kleines hilfloses Kind. Sie führt dafür konkrete Beispiele aus der Situation an. Die Schülerin ist betroffen, weil ihr dies gar nicht aufgefallen war. Beide tragen zusammen, wie eine angemessenere Form der Kommunikation mit der Bewohnerin aussehen könnte.

Regeln, wie Sie Feedback geben sollten:
- Beschreiben Sie, wie Sie auf die Kommunikation reagieren. Bewerten Sie nicht.
- Beschreiben Sie ein konkretes Verhalten, nicht die Persönlichkeit des Empfängers.
- Geben Sie Feedback nur für Verhaltensweisen, die sich ändern lassen.
- Beachten Sie die Bedürfnisse der an der Kommunikation Beteiligten.
- Drängen Sie Ihr Feedback nicht anderen auf (Feedback soll willkommen sein).
- Geben Sie rechtzeitig Feedback (sobald möglich).
- Ihr Feedback sollte klar, genau und sachlich richtig sein.

Die Altenpflegeschülerin Vanesa hat einen Konflikt mit ihrem Kollegen Marko. Sie bittet ihn um ein offenes Gespräch, da sie den Eindruck hat, er würde hinter ihrem Rücken schlecht über sie reden. Marko ist einverstanden und nutzt die Gelegenheit, um ihr endlich mitzuteilen, was ihn stört.
Altenpfleger Marko: „Wenn du mich schon fragst. Mich nervt, wie du morgens schon ankommst und gleich sagst, dass es dir heute nicht so gut geht, damit wir alle mal wieder Rücksicht auf dich nehmen. Du bist ja auch die, die so schrecklich viel zu tun hat. Und immer jammerst du nur und was wir machen, zählt nicht ..., dass wir auch mal Probleme haben, kannst du dir wahrscheinlich gar nicht vorstellen ..."

1. Vermuten Sie, wie dieses Feedback bei der Altenpflegeschülerin Vanesa ankommen mag.
2. Bestimmen Sie, welche Fehler der Altenpfleger Marko in seinem Feedback macht.

Negatives Feedback kann vom Empfänger abwertend und tadelnd erlebt werden und unangenehme Gefühle auslösen.

Häufige Fehler beim Feedback:	Verbesserungen:
Du-Botschaften senden	**Ich-Botschaften senden**
„Du bist egoistisch und rücksichtslos und überlässt mir alles Unangenehme."	„Ich fühle mich benachteiligt, wenn die unangenehme Arbeit nicht gleichmäßig verteilt wird."
Rückmeldungen ansammeln	**Sofortige Rückmeldung in der Situation**
„Jetzt reicht es mir, erst kommen Sie zu spät, dann sind Sie noch unaufmerksam und Ihre Leistungen lassen auch zu wünschen übrig."	– „ Ich fühle mich gestört, wenn Sie zu spät kommen." – „Es stört mich, wenn Sie mit Ihrem Nachbarn reden."
Feedback auf negative Äußerungen beschränken	**Positive und negative Rückmeldung geben**
„Ich finde Ihre Dokumentation über den Bewohner unmöglich."	„Ich finde gut, dass Sie viele wichtige Beobachtungen notiert haben. Mir gefällt nicht, dass Verhalten und Interpretation nicht getrennt sind."
Einseitiges Feedback	**Gegenseitige Rückmeldung**

Von Vorgesetzten erhält man meist häufiger Rückmeldung, als dies umgekehrt der Fall ist (z. B.: „Ich finde, Sie machen das ganz gut."). In übergeordneter Position, z. B. als Stationsleitung, sollte man verdeutlichen, dass ehrliche Rückmeldung erwünscht ist (z. B. „Ich hätte gern, dass Sie mir sagen, wenn Sie sich ungerecht behandelt fühlen.").

Regeln, wie Sie ein Feedback empfangen sollten:

- Zuhören und nur nachfragen, wenn Ihnen die Rückmeldung unklar ist.
- Rechtfertigen Sie sich nicht, erklären Sie nicht, warum Sie sich so verhalten haben.
- Lassen Sie sich Zeit, über die Rückmeldung nachzudenken.
- Teilen Sie später dem Geber des Feedbacks mit, was Ihnen die Rückmeldung gebracht hat.

3. Die Altenpflegerin Inge hat nach ihrer Ausbildung eine Stelle im Pflegeheim angenommen. Es fällt ihr schwer, mit den Mitarbeitern warm zu werden, und sie ist oft unsicher, ob die anderen mit ihrer Arbeit zufrieden sind.
Nach einigen Wochen bittet sie in der Stationsbesprechung um ein Feedback. Nach einigem Zögern der anwesenden Mitarbeiter erhält sie folgende Rückmeldungen:

Altenpflegerin Karin: *„Ich weiß nicht recht, was ich sagen soll, du machst deine Arbeit, es ist soweit ganz in Ordnung."*
Altenpfleger Felix: *„Man merkt schon, dass du gerade aus der Ausbildung kommst, du hast noch eine Menge verrückter Ideen."*
Auf Nachfrage von Inge, welche „Ideen" er meine:
Altenpfleger Felix: *„Na, das ständige Händewaschen finde ich etwas übertrieben."*
Altenpflegerin Ria: *„Ich finde es gut, wenn du so sorgfältig bist. Das fällt mir auch auf, wenn du über Bewohner berichtest, wie neulich über Frau Dahm. Du achtest auch auf Kleinigkeiten."*
Altenpflegerin Sabrina: *„Mir gefällt, dass du so ruhig und geduldig bleibst, sogar wenn Bewohner drängeln wie neulich Herr Stadlmayr."*
Altenpfleger Felix: *„Ja, du bist schon in Ordnung, nur schade, dass du kein Mann bist. Ich hatte gehofft, wir bekommen noch einen zweiten Mann in die Schicht. Aber wir sollten wieder an die Arbeit."*

a) Zeigen Sie auf, welche Regeln im Fallbeispiel eingehalten wurden.
b) Finden Sie heraus, gegen welche Regeln die Beteiligten verstoßen haben.

4. Die Bewohnerin Frau Seidel gibt der Pflegenden Miriam Merz überraschend ein Feedback.

Frau Seidel: *„Darf ich Sie mal was fragen?"*
Pflegende Miriam nickt.
Frau Seidel: *„Ich meine, Sie sind ärgerlich auf mich, wenn ich so lange brauche beim Anziehen."*
Pflegende Miriam: *„Nein, wie kommen Sie darauf?"*
Frau Seidel: *„Na, Sie gucken oft auf die Uhr. Ich werde dann ganz nervös, wenn ich mich so gedrängt fühle."*
Pflegende Miriam: *„Nein, nein, so ist das nicht, das war nur neulich, weil ich da so viel zu tun hatte – sonst eigentlich nicht. Da täuschen Sie sich."*
Frau Seidel: *„Na ja, ich wollte es Ihnen nur sagen."*

a) Zeigen Sie auf, welche Regeln die Pflegende beim Empfang eines Feedbacks nicht beachtet.
b) Erläutern Sie, wie sich die Nichtbeachtung dieser Regeln auf die Kommunikation zwischen der Bewohnerin und der Pflegenden auswirken könnte.

2.11 Aktives Zuhören

Zuhören, eine Tugend von gestern?

Menschliche Zuwendung in Form des Zuhörens scheint eine in Vergessenheit geratene Tugend zu sein. So haben sich bei einer Umfrage des Wickert-Instituts 59 Prozent aller befragten erwachsenen Bundesbürger darüber beklagt, dass der Partner sie nicht ausreden lasse, sie fortwährend unterbreche und schließlich nicht zu Ende zuhöre. Bedenklich ist, dass das Nachlassen der Fähigkeit zuzuhören immer mehr um sich greift. Denn noch vor fünf Jahren klagten „nur" 47 Prozent der Befragten über die mangelnde Bereitschaft ihres Gesprächspartners zuzuhören. Vor zehn Jahren waren es sogar nur 41 Prozent.

1. Welche „Tatbestände" sind Ausdruck dafür, dass der Gesprächspartner nicht richtig zuhört?
2. Welche Gründe sehen Sie für diese „Untugend"?

Für eine angemessene Gesprächsführung ist es oft wichtiger, genau zuzuhören, als immer eine Antwort zu wissen. Aktives Zuhören ist Grundvoraussetzung für ein erfolgreiches Handeln.

Zwei ganz unterschiedliche Gesprächsverläufe:

Der Bewohner Herr Zacher berichtet aufgeregt: „Das ist mir noch nie passiert. Plötzlich ist meine Geldbörse weg. Die hat bestimmt jemand gestohlen. Und ich habe auch schon einen Verdacht: die neue Schwester, die war vorhin in meinem Zimmer ..."

Gesprächsverlauf A

Pflegende: *„Beruhigen Sie sich doch. Sie haben sie bestimmt nur verlegt. Hier wird nicht gestohlen und schon gar nicht von Pflegenden."*

Bewohner: *„Nein, nein, ich weiß es genau, dass ich mein Geld bei mir gehabt habe, und neulich ist von Frau Popp auch der Mantel weggewesen. Hier wird sehr wohl geklaut, so fein ist es hier nicht."*

Herr Zacher wird immer aufgeregter und beschuldigt lautstark nacheinander seine Zimmernachbarn und die Pflegenden des Diebstahls. Die Altenpflegerin bemerkt, wie sie selbst immer ärgerlicher über die Anschuldigungen von Herrn Zacher wird. Sie weist den Bewohner grob zurecht. Herr Zacher geht wütend in sein Zimmer. Er will sich nachher bei der Heimleitung beschweren und bei der Polizei Anzeige erstatten.

Gesprächsverlauf B

Pflegende: *„Sie sind ganz aufgeregt, weil Sie Ihre Geldbörse vermissen?"*

Bewohner: *„Ja, ich hatte sie vorhin noch in der Cafeteria dabei, und dann bin ich schnell hochgelaufen, weil ich Besuch erwarte, und dann war sie nicht mehr in meiner Hosentasche. Die kann nur gestohlen worden sein."*

Pflegende: *„Sie können sich gar nicht vorstellen, wo Ihre Geldbörse sonst geblieben sein sollte?"*

Bewohner: *„Na ja, vielleicht habe ich sie auch in der Cafeteria liegengelassen. Am besten ich schaue noch mal nach."*

1. Vergleichen Sie die beiden Gesprächsverläufe A und B hinsichtlich der Gesprächsreaktionen und des Ergebnisses.
   a) Worin liegen die Unterschiede zwischen den beiden Gesprächsverläufen?
   b) Was bewegt den Bewohner, im Gesprächsverlauf B einzulenken?
2. Das Gespräch B ist ein Beispiel für aktives Zuhören.
   Welche positiven Ergebnisse kann das aktive Zuhören für die Gesprächspartner haben?
3. Welche Voraussetzungen sind beim Empfänger für ein aktives Zuhören notwendig?

Zuhören wird als aktiver Vorgang gesehen, der den Zuhörer mit verschiedenen Gesprächshilfen in die Gestaltung des Gespräches einbezieht. Voraussetzung für aktives Zuhören ist eine Grundhaltung, die gekennzeichnet ist durch:

- **Wertschätzung**: den Gesprächspartner ernst nehmen, nicht be- und verurteilen, nicht manipulieren,
- **Empathie (Einfühlung)**: sich in den Gesprächspartner und seine Sicht der Welt einfühlen können, ihn in seinen Gedanken und Gefühlen zu verstehen suchen,
- **Echtheit**: sich ehrlich um ein Verstehen des Gegenübers bemühen, nicht einfach nur eine Technik einsetzen, um seine Ziele zu erreichen, dem Gesprächspartner keine Gefühle vorspielen.

Eine positive Grundhaltung ist Voraussetzung, um ein Gespräch nach den Regeln des aktiven Zuhörens zu gestalten. Aktives Zuhören umfasst folgende Stufen:

Stufe 1: Signale geben, die das Zuhören deutlich machen

Beispiel: über Blickkontakt, zugewandte Haltung, Kopfnicken, minimale sprachliche Verstärker wie mmh … usw.

Stufe 2: Inhalt der Aussage paraphrasieren

Der Inhalt der Aussage des Gesprächspartners wird mit eigenen Worten (möglichst auf den Punkt gebracht) wiedergegeben.

Beispiel: Bewohnerin, die nach einem Schlaganfall ihre Bewegungsfähigkeit noch nicht wiedererlangt hat:
„Wenn Besuch kommt oder auch sonst – hier gehen alle mal spazieren oder ins Café."
Pflegende: „Sie bleiben zurück, wenn andere ausgehen?"

Stufe 3: Gefühlsmäßige Erlebnisinhalte (Gefühlsbotschaften) des Gesprächspartners verbalisieren.

Die Gefühle des Gesprächspartners sollen angesprochen werden.

Beispiel: Bewohnerin Frau Ernst: „Ja, wenn ich noch laufen könnte, ginge es mir besser."
Pflegende Catarina: „Es bedrückt Sie, nicht weggehen zu können?"

Zusätzlich können folgende Reaktionen fördernd sein:

- **Wahrnehmungsüberprüfung: Sie teilen mit, wie Sie den Gesprächspartner jetzt wahrnehmen.**

  Beispiel: Wenn Ihr Gesprächspartner Tränen in den Augen hat: „Ich habe den Eindruck, dass es Sie traurig macht?"

- **Informationssuche: Sie stellen eine Frage zum Inhalt des Gespräches (um besser verstehen zu können).**

  Beispiel: „In welchen Umfang sind Sie in der Bewegung eingeschränkt?"

- **Mitteilung eigener Gefühle im Gespräch: dem Problem und der Person gegenüber (= Rückmeldung).**

  Beispiel: „Wenn ich Sie so erzählen höre, möchte ich Ihnen am liebsten sofort helfen."

  Vorsicht bei der Anwendung dieser Rückmeldung! Sie kann den Gesprächspartner blockieren, wenn z. B. eigene negative Gefühle, wie z. B. „Ärger spüren", dem Gesprächspartner das Gefühl geben, abgelehnt zu werden.

4. *Altenpfleger Johannes Kern ist bei den Bewohnern gern gesehen, weil er nicht nur seine Arbeit erledigt, sondern darüber hinaus Anteil an ihrem Leben nimmt. Auch mit der zu Pflegenden Frau Escher verstand er sich bisher gut, aber vor Kurzem hat er sich über sie geärgert. Frau Escher hat sich beim Heimleiter über ihn beschwert, weil er nicht sofort auf ihr Klingeln reagiert hat. In der Folgezeit beeilt er sich, umgehend zu kommen, wenn sie nach ihm klingelt. Höflich erledigt er seine Arbeit, um ihr keinen Anlass zu geben, sich über ihn zu beklagen. Scherzhafte Bemerkungen oder kleine Gespräche finden zwischen den beiden nicht mehr statt. Einer Kollegin fällt auf, dass Frau Escher in letzter Zeit bedrückt wirkt.*

a) Beurteilen Sie die veränderte Haltung des Pflegenden hinsichtlich Wertschätzung und Einfühlung gegenüber der Bewohnerin und die Echtheit seines Verhaltens.
b) Zeigen Sie auf, welche Auswirkungen die durch den Vorfall veränderte Haltung des Pflegenden haben kann.

Schülerin Anja: *„Hast du dir mal angesehen, was wir alles für die Klassenarbeit zum Thema Gesprächsführung lernen müssen?"*
Schüler Michael: *„Du meinst, es ist zu viel Lernstoff auf einmal?"*
Schülerin Anja: *„Ja, ich weiß gar nicht, wo ich anfangen soll, es sind nur noch wenige Tage bis zur Arbeit."*
Schüler Michael: *„Du befürchtest, dass du nicht genug Zeit zur Vorbereitung hast?"*

5. Bestimmen Sie in den Reaktionen des Schülers Michael, ob er paraphrasiert oder Gefühle verbalisiert.
6. Ordnen Sie die folgenden Reaktionen der Pflegenden Ria Lauer den Stufen des aktiven Zuhörens zu. Situation: Bewohnerin Frau Boll ist nach einem Schlaganfall stark in ihrer Bewegungsfähigkeit behindert.
   Frau Boll: *„Ja, wenn ich noch laufen könnte, ginge es mir besser."*
   Pflegende: *„Es bedrückt Sie, nicht weggehen zu können?"*
   Frau Boll: *„Ja, alle gehen mal spazieren oder ins Café."*
   Pflegende: *„Sie sehen, wie die anderen weggehen?"*
   Bewohnerin *„Und ich bleibe zurück und kann aus dem Fenster schauen."*
   Pflegende: *„Sie würden auch gern nach draußen gehen?"*
   Frau Boll: *„Ja, früher war ich auch öfter auf Festen oder zum Fasching ..."*
   Pflegende: *„Sie vermissen die fröhlichen Feste?"*
   Frau Boll: *„Hier ist es immer das Gleiche: Waschen, Frühstücken, Mittagessen, Abendessen und ins Bett."*
   Pflegende: *„Jeder Tag scheint Ihnen wie der andere?"*
   Frau Boll: *„Ja, wenn es mal etwas Erfreuliches gäbe, wie zum Beispiel als wir zum Sommerfest abgeholt worden sind. Das war mal was anderes."*
   Pflegende: *„Es hat Ihnen Spaß gemacht, etwas Neues zu erleben?"*
   Frau Boll: *„Es ist aber nur einmal im Jahr."*
   Pflegende: *„Sie wollen häufiger solche Abwechslung?"*
   Frau Boll: *„Vielleicht könnte ich ja auch mal den Pfarrer nach Veranstaltungen in der Gemeinde fragen ..."*
7. Paraphrasieren Sie die folgenden Äußerungen und arbeiten Sie die Gefühle heraus.
   a) Bewohnerin: „Um 6:00 Uhr (abends) sollen wir schon ins Bett gehen."
   b) Bettlägerige Bewohnerin: „Wenn man etwas braucht, muss man immer erst läuten und dann auf die Schwester warten."
   c) Bewohner Herr Stark: „So ein richtiges Zuhause ist das Heim nicht, besonders nicht an Weihnachten."
   d) Pflegende Svenja: „Es gibt Tage, da muss ich nur herumrennen und erledige doch nicht alles."
8. Führen Sie typische Gesprächssituationen in der Altenpflege an, in denen Ihnen aktives Zuhören besonders wichtig erscheint.

2.12 Informationsgespräch

Beschreiben Sie eine Situation, in der Sie sich unsicher fühlten, weil Ihnen Informationen gefehlt haben, um sich richtig zu verhalten.

1. Welche Informationen hätten Sie benötigt?
2. Wie sollten hilfreiche Informationen beschaffen sein?

Ein Informationsgespräch wird oft notwendig, wenn dem Gesprächspartner wichtige Informationen fehlen, um das zu tun, was er möchte.

Beispiel: Die Altenpflegerin einer Sozialstation informiert pflegende Angehörige über Hilfsmittel, die in der Pflege von bettlägerigen Patienten eingesetzt werden.

Das Informationsgespräch kann auch dazu dienen, ein neues Handeln (wieder) zu erwerben.

Beispiel: Die Bewohnerin Frau Ditz (76) ist in ihrer Bewegungsfähigkeit beeinträchtigt und kann z. B. ihre Kleidung nicht allein anziehen. Die Pflegende informiert Frau Ditz, wie sie sich mithilfe des Schuhanziehers die Schuhe wieder selbstständig anziehen kann.

Für das Informationsgespräch können folgende Regeln aufgestellt werden:

1. Zum Informieren sollen ausreichend Zeit und ein ruhiger Ort zur Verfügung stehen.

Beispiel: Zwischen „Tür und Angel", z. B. beim Verlassen eines Bewohnerzimmers, besteht die Gefahr, dass wichtige Informationen, die der Pflegende dem Bewohner noch mitgeben möchte, nicht gehört oder missverstanden werden.

2. Zwischen den Gesprächspartnern soll eine vertrauensvolle Beziehung bestehen.

Eine vertrauensvolle Beziehung ermöglicht es dem Gegenüber, wirklich alle ihm wichtigen Fragen und Vorbehalte einzubringen.

Beispiel: Aus übergroßem Respekt trauen sich viele ältere Menschen nicht, im Gespräch mit dem Arzt nachzufragen, auch wenn sie eine Information über ihren Gesundheitszustand nicht verstanden haben.

3. Die Informationen sollen verständlich sein.

Verständlichkeit (nach Langer & Schulz von Thun: Sich verständlich ausdrücken, München, 1999) kann folgendermaßen erreicht werden

- durch eine einfache, anschauliche Sprache sowie das Vermeiden von Fremdwörtern und Fachausdrücken,
- durch Vormachen,
- durch angemessene Kürze der Information (Information soll sich auf Wesentliches beschränken),
- durch geordnete Information (Informationen in sinnvoller Reihenfolge geben),
- persönlichen Bezug (Aufmerksamkeit und Interesse an der Information z. B. durch direkte Ansprache erhalten),
- durch Nachfragen im Gespräch vergewissern, ob die Informationen verstanden werden.

4. Die Informationen sollen auf dem Vorwissen des Gesprächspartners aufbauen.

Beispiel: Eine praxiserfahrene Altenpflegeschülerin benötigt andere Informationen beim ersten Pflegeeinsatz als eine Schülerin, die diese Ausbildung ohne praktische Erfahrung beginnt.

5. Informationen sollen in angemessenem Umfang erfolgen (nicht zu viel, nicht zu wenig).

- Zu viel Information auf einmal ermüdet den Gesprächspartner und lässt ihn unaufmerksam werden, zu wenig Information hindert ihn daran, die Information zu verstehen.
- Vor dem Gespräch ist zu überlegen, welche Information(en) der Gesprächspartner benötigt, welche Zusammenhänge und Folgen aufgeführt werden müssen.

1. Führen Sie die Gespräche zu den Situationen A und B im Rollenspiel durch. (Tonaufnahme wird empfohlen!)
2. Analysieren Sie Ihre Gesprächsführung und machen Sie ggf. Verbesserungsvorschläge.

Situation A:

Die Altenpflegeschülerin Lisa Schwinn ist neu im Wohnbereich. Die Praxisbetreuerin Nadine Kleinert informiert sie über den Wohnbereich und ihre Aufgaben an diesem Tag.

Gesprächsziel: Die Schülerin soll alle notwendigen Informationen für ihren Praxiseinsatz erhalten.

Hilfen:
a) Welche Aufgaben kann die Schülerin nach Ihrer Erfahrung bereits am ersten Tag übernehmen?
b) Welche Informationen sind in der Situation sehr wichtig?
c) Worauf sollten Sie im Gespräch besonders achten?

Situation B

Die Altenpflegerin Jana möchte den neu im Altenheim aufgenommenen Bewohner Herrn Schlager (82) über die Räumlichkeiten, den Tagesablauf und grundlegende Gepflogenheiten in der Einrichtung informieren, damit Herr Schlager sich möglichst bald im Haus zurechtfindet.

Gesprächsziel: Herr Schlager soll sich mithilfe der Informationen in der Einrichtung zurechtfinden können.

Hilfen:
a) Welche Informationen benötigt der Bewohner?
b) Welche Informationen sind am ersten Tag sehr wichtig?
c) Worauf würden Sie im Informationsgespräch besonders achten?

3. Rollenspiel: Informieren Sie als Altenpflegeschüler/-in im Rahmen einer Informationsveranstaltung Ihrer Fachschule interessierte junge Leute über den Beruf der Altenpflegerin bzw. des Altenpflegers.

2.13 Beratungsgespräch

Die Bewohnerin Frau Reuser (84) beklagt sich häufig darüber, dass sie schlecht schlafe. Ihre Zimmernachbarin Frau Scheurich (76) rät ihr, doch tagsüber mehr spazieren zu gehen, Entspannungsbäder zu nehmen und pflanzliche Tees als Einschlafhilfe zu trinken. Das habe ihr auch geholfen und sie könne jetzt wieder gut schlafen. Trotz der guten Ratschläge klagt Frau Reuser weiterhin über ihren schlechten Schlaf. Sie hat bisher keinen der Ratschläge der Mitbewohnerin umgesetzt.

1. Wodurch könnte der Erfolg bei der „Beratung" durch die Mitbewohnerin behindert worden sein?
2. Wie kann Frau Reuser die Hilfe bekommen, die sie benötigt?

Das Beratungsgespräch ist ein häufiges Beispiel für die Einzelfallhilfe in der Altenpflege.

- **Pflegende beraten ältere Menschen, die zu Hause leben oder in Einrichtungen der Altenhilfe.**

  Beispiel: Frau Hausmann (72) kann sich nach ihrer Kniegelenkoperation immer noch nicht selbstständig versorgen. Sie wird vom ambulanten Sozialdienst betreut. Mit der Pflegenden bespricht sie neben den pflegerischen Fragen oft auch alltägliche Probleme, die durch ihre noch eingeschränkte Mobilität auftreten.

- **Pflegende beraten in stationären Einrichtungen oder in ambulanten Diensten (pflegende) Angehörige.**

  Beispiel: Frau Seidel besucht regelmäßig ihren an Alzheimer-Demenz erkrankten Vater (78) in der stationären Pflegeeinrichtung. Sie leidet darunter, dass er durch die fortschreitende Erkrankung so hinfällig geworden ist, dass er auf ihren Besuch nicht mehr erkennbar reagiert. Von den Pflegenden des Wohnbereichs hofft sie, Ratschläge zu erhalten, z. B. wie sie ihren Vater auch in diesem Krankheitsstadium beistehen kann.

Verlauf eines ausführlichen Beratungsgespräches

Eine Beratung, die den Hilfesuchenden und sein Anliegen ernst nimmt, wird

- **den Hilfesuchenden in seiner Problemsituation zu verstehen suchen.**

Wie wird das Problem beschrieben? Wie erlebt der Hilfesuchende die Situation (Gefühle, Gedanken)? Wie verhält er sich in der Situation? Was bereitet ihm hierbei besondere Schwierigkeiten (Eingrenzen des Problems)?
In dieser Phase des Gespräches wird der Berater (aktiv) zuhören und gegebenenfalls weitere Informationen erfragen, um einfühlend zu verstehen, was dem Ratsuchenden Probleme bereitet und welche Art von Hilfe er sucht.

- **Ziele des Ratsuchenden herausarbeiten. Der Berater hilft, zu klären, in welche Richtung die Problemsituation verändert werden soll.**

Was möchte der Hilfesuchende anders haben? Was soll seiner Ansicht nach vordringlich geändert werden?

- **Lösungswege aufzeigen helfen.**

Wie wurde bisher versucht, das Problem zu lösen? Welche verschiedenen Wege zu einer Lösung bieten sich an? Wo sieht der Hilfesuchende Möglichkeiten, das Problem in die gewünschte Richtung zu verändern?

- **den Umfang der benötigten Hilfen erfassen.**

Was kann der Hilfesuchende selbst zur Lösung beitragen? Welche Hilfen benötigt er von außen?

- **konkrete Veränderungen planen.**

Wie ist konkret vorzugehen? Erste Schritte festlegen.

- **die Umsetzung begleiten.**

Können die Hilfsangebote genutzt werden? Hat sich die Problemsituation dadurch positiv verändert? Wo treten Probleme bei der Umsetzung auf? Werden weitere Hilfen notwendig?

Manchmal machen Pflegende auch die Erfahrung, dass die Ratsuchenden konkrete Informationen erfragen, aber keine der Informationen hilfreich zu sein scheint oder das Problem nicht deutlich benannt wird. In vielen Situation ist es wenig hilfreich, wenn der/die Pflegende zu schnell Ratschläge und Informationen gibt.

1. *Die Bewohnerin Frau Tegel fühlt sich im Heim so allein. Es seien doch alles fremde Menschen hier, mit denen sie wenig gemeinsam habe. Sie fragt Sie als Pflegende, was sie machen soll, damit es ihr hier besser gehe.*
   Führen Sie im Rollenspiel ein Beratungsgespräch mit Frau Tegel. Achten sie dabei auf die Regeln des Beratungsgespräches.
2. Übungen zum Beraterverhalten (vgl. Gerard Egan: Helfen durch Gespräch, Weinheim/Basel, 1996):
   a) Formulieren Sie ein persönliches Problem, zunächst als vage Äußerung (z. B. „Ich bin einfach unzufrieden."). Konkretisieren Sie sodann das Problem: Gefühle, Gedanken, Verhalten, Situationen näher beschreiben, die mit dem Problem verbunden sind.
   b) Sondierende Fragen (= vorsichtig ausforschende Fragen): Formulieren Sie Fragen, die einem Berater wichtige Informationen über Ihr persönliches Problem bzw. seine Lösung geben könnten.
   c) Stellen Sie sich vor, Ihr Problem wäre erfolgreich gelöst. Was wäre dann anders bzw. besser? Beschreiben Sie eine „bessere Zukunft", in der Sie Ihr Problem ganz oder teilweise gelöst haben. Leiten Sie Ziele daraus ab.
   d) Brainstorming (= Geistesblitz, spontane Ideen): Notieren Sie – ohne zu bewerten – alle möglichen Lösungsvorschläge für Ihr Problem.
   e) Handlungsstrategien: Wählen Sie eine der Lösungen aus dem Brainstorming und planen Sie möglichst konkret Ihr Vorgehen (Was mache ich als Erstes, was als Zweites ...?).
3. Partnerübung: Führen Sie mit einer Person Ihres Vertrauens ein ausführliches Beratungsgespräch zu einem Problem aus Ihrem Arbeitsalltag.

2.14 Konfliktgespräch

Die Bewohnerin Frau Merkel ist in Folge einer Diabeteserkrankung beinamputiert. Regelmäßig, wenn sie ihren Kaffee getrunken hat, klingelt sie nach der Pflegenden Karin Maus und will das Steckbecken. Frau Merkel wird ärgerlich, wenn die Pflegende nicht sofort kommt und beschimpft sie.

Die Pflegenden machen eine kleine Frühstückspause, wenn sie alle Bewohner versorgt haben. Sie haben den Eindruck, dass Frau Merkel immer dann klingelt und das Steckbecken will, wenn sie Pause machen. Sie ärgern sich über Frau Merkel, weil sie ihr unterstellen, dass sie absichtlich diesen Zeitpunkt wählt. Die Altenpflegerin will in einem Gespräch mit Frau Merkel den Konflikt klären.

1. Wie lässt sich der Konflikt bewältigen, ohne dass es Sieger oder Verlierer gibt?
2. Führen Sie das Konfliktgespräch im Rollenspiel durch. (Tonaufnahme wird empfohlen!)

Der Kommunikationstrainer Thomas Gordon hat ein Modell zur partnerschaftlichen Konfliktlösung erarbeitet, das es den am Konflikt Beteiligten ermöglicht, gemeinsam annehmbare Lösungen zu finden. Die Konfliktlösung nach der „Jeder-gewinnt-Methode“ (= niederlagelose Methode) nach Thomas Gordon (Managerkonferenz, Heyne Verlag, München, 2005) erfolgt in mehreren Schritten:

1. Erkennen und Bestimmen des Problems
Die am Konflikt Beteiligten beschreiben jeweils, wie sie die Konfliktsituation sehen. Die Beteiligten machen deutlich, was ihnen in der Konfliktsituation wichtig ist.

2. Entwickeln verschiedener Lösungen
Ohne Wertung werden viele verschiedene Lösungsmöglichkeiten des Konfliktes gesammelt.

3. Bewerten der verschiedenen Lösungen
Die verschiedenen Lösungsmöglichkeiten werden nach ihrer Brauchbarkeit gewichtet.

4. Entscheiden
Die Beteiligten einigen sich auf eine Lösung, die ihnen am ehesten zusagt, und planen, wie diese Lösung in die Praxis umzusetzen ist.

5. Ausführen der Entscheidung
Die ausgewählte Lösung wird in der Praxis erprobt.

6. Bewerten der durchgeführten Lösung
Nach angemessener Zeit wird überprüft, ob sich die Lösung als brauchbar erwiesen hat, ob sie gegebenenfalls zu verändern ist oder ob andere neue Lösungen erforderlich sind.

1. Schildern Sie aus Ihrem Berufsalltag Beispiele für belastende Bedingungen im Altenheim, die (bei Bewohnern oder Pflegenden) zu Konflikten führen.
2. Zeigen Sie auf, wie im Vorfeld die Entstehung solcher Konflikte vermieden werden kann.
3. Konflikte können auf sehr unterschiedliche Art und Weise gelöst werden. Beschreiben Sie, welcher Lösungsweg für den oben genannten Konflikt gewählt wird.

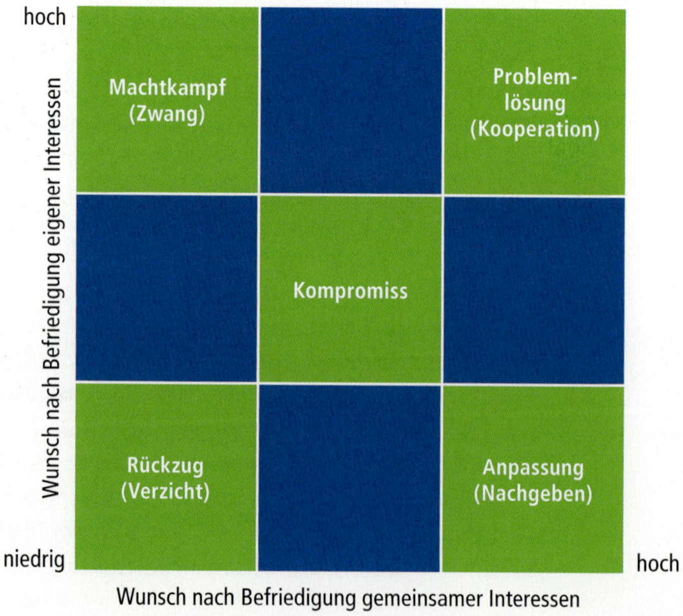

Was ist Mediation?

Es handelt sich um eine Methode der gewaltfreien Konfliktbearbeitung. Mediation ist konstruktive Konfliktlösung mit Hilfe einer neutralen, dritten Person, bei der win-win-Lösungen angestrebt werden.

Ausgangspunkt ist die Erkenntnis, dass Konfliktpartner fähig sind, die für sie akzeptable Lösung gemeinsam zu finden. Das setzt natürlich voraus, dass die Beteiligten wieder in ein Gespräch kommen, das konstruktiv ist, so dass alle Meinungen und Sichtweisen gehört werden.

Dazu brauchen die meisten Menschen in Konfliktsituationen Unterstützung in der Person eines Mediators, einer Mediatorin. Sie übernehmen diese Aufgabe – ohne dabei Vorschläge zu machen, Verurteilungen auszusprechen oder Partei zu ergreifen.

Bei Mediation geht es um Einsicht – nicht um Rechthaberei. Es gibt keine Verlierer. Beide Parteien können im konstruktiven Gespräch nur gewinnen.

Mediation ist vornehmlich eine verbale Methode. Das bedeutet, dass das Sich-Mitteilen (Fakten und Gefühle) und das gegenseitige Zuhören eine wichtige Rolle spielen. Mediatorinnen und Mediatoren sind dafür verantwortlich, dass dies in richtiger Weise geschieht und tatsächlich die richtigen Konfliktpunkte herausgearbeitet werden.

Mediation beruht auf dem Prinzip der Freiwilligkeit.

Bundesverband Mediation e. V. (Hrsg.): Was ist Mediation? (nach Traude Rebmann), abgerufen unter: www.bmev.de/index.php?id=mediation, Zugriff am 22.08.2011

4. Inwiefern handelt es sich bei der Mediation um eine „win-win-Lösung"?
5. Welche Rolle spielt die Mediatorin oder der Mediator?

Die fünf Schritte der Mediation

Mediation verläuft zumeist in fünf bzw. sieben Schritten:

Vorphase
Mediatoren bringen die Konfliktparteien an einen Tisch. Im Idealfall wünschen alle Beteiligten, dass der Konflikt durch Mediation gelöst wird. Zumeist ergreift jedoch am Anfang nur eine Konfliktpartei die Initiative, so dass der Mediator Kontakt zu den übrigen Beteiligten sucht. [...]

Ziel der Vorphase: Bereitschaft der Parteien wecken, sich auf den Prozess der Mediation einzulassen, und die Parteien grundlegend informieren.

Phase 1: Einleitung
Mediationsgespräche finden in einer angenehmen, vertrauensfördernden Atmosphäre statt, in der eine gleichwertige Kommunikation möglich ist. Alle Beteiligten werden (noch einmal) darüber informiert, wie das Gespräch abläuft, dass der Mediator den Ablauf gestaltet, die Konfliktparteien selbst jedoch die Experten für den Konflikt sind, die selber entscheiden, ob und wie dieser gelöst wird. Unverzichtbare Grundregeln sind u. a.:

- sich gegenseitig ausreden lassen,
- nicht beleidigend oder gar handgreiflich werden, verantwortlich für das Gespräch sind die Mediatoren, die ggf. in das Gespräch eingreifen.

Die Beteiligten können weitere Regeln gemeinsam vereinbaren und äußern ihre Bereitschaft, sich auf die Regeln einzulassen.

Ziel der Phase 1: Einen sicheren Rahmen für das Gespräch zu schaffen.

Phase 2: Sichtweise der Betroffenen
Die Kontrahenten stellen hier ihre Sicht des Konflikts dar - ohne dass die Gegenpartei sie unterbricht. Der Mediator hört aktiv zu und stellt ggf. Verständnisfragen. Alle wichtigen Informationen werden gesammelt.

Ziel der Phase 2: Alle Beteiligten haben sich gegenseitig zugehört, sie haben durch die Spiegelung die Sicht auf den Konflikt neu gehört und erste Motive sind sichtbar geworden. Der „Dampf ist abgelassen".

Phase 3: Konflikterhellung: Verborgene Gefühle, Interessen und Hintergründe aufdecken
Jetzt werden die mit dem Konflikt verbundenen Gefühle ausgedrückt und mit Unterstützung des Mediators Wünsche und Interessen herausgearbeitet. Kernsätze zum Verständnis des Konflikts werden von der jeweiligen Gegenseite zusammengefasst - gespiegelt (siehe

aktives Zuhören) - damit Missverständnisse vermieden werden und von den Positionen im Konflikt der Weg zu den Wünschen und Bedarfen der Parteien gefunden wird.

Ziel der Phase 3: Allseitige Klarheit über Bedarfe und Bedürfnisse zu schaffen. Den Überblick zu behalten.

Phase 4: Lösungsmöglichkeiten sammeln und entwickeln
Alle Beteiligten überlegen in einem kreativen Prozess gemeinsam, wie sie ihre Meinungsverschiedenheiten beilegen wollen. Für die Lösung tragen alle gemeinsam die Verantwortung.

Ziel der Phase 4: Auch zuerst unsinnig erscheinende Ideen tragen häufig den Kern der Lösung in sich - Ideen dürfen unbegrenzt geäußert werden; Begrenzungen erfolgen erst in der Diskussion und Formulierung der Vereinbarung.

Phase 5: Übereinkunft
Die Konfliktparteien einigen sich auf die Lösungsvorschläge, die ihnen am meisten zusagen. Bei Bedarf hält der Mediator die Vereinbarungen schriftlich fest und lässt sie von allen Betroffenen unterschreiben. Die Umsetzung wird geregelt, u. U. ein Folgegespräch vereinbart.

Ziel der Phase 5: Nachhaltige und verlässliche Lösungen zu sichern.

Umsetzungsphase
Im Anschluss an die Mediation wird überprüft, ob die Konfliktlösung tauglich war. Gegebenenfalls werden Korrekturen vorgenommen.

Bundesverband Mediation e. V. (Hrsg.): Mediation – was ist das?, abgerufen unter: www.bmev.de/fileadmin/downloads/dokumente/mediation-allgemein.pdf (gekürzt), Zugriff am 22.09.2016

6. Gestalten Sie ein Plakat mit den fünf Phasen der Mediation.
7. Vergleichen Sie die Methode der Mediation mit den Stufen der „Jeder-gewinnt-Methode" nach Gordon.
8. Unterscheiden Sie zwischen Mediation und Schiedsspruch (Schiedsspruch: „Eine unparteiische Instanz entscheidet über die Art der Konfliktlösung").
9. Zeigen Sie Möglichkeiten und Grenzen dieses Vermittlungsverfahrens in der Altenpflege auf.
10. Üben Sie die fünf Phasen der Mediation in einem Rollenspiel. Wählen Sie dazu eine reale Konfliktsituation aus Ihrem Berufsalltag.

2.15 Sprachverhalten älterer Menschen

Ältere Menschen bleiben sprachlich fit. Ihre sprachlichen Fähigkeiten und Fertigkeiten bleiben erhalten, ja sie können sogar weiter-entwickelt werden. Deshalb ist es sinnvoll, mit älteren Menschen wie mit jüngeren Erwachsenen zu reden.

Ältere Menschen haben ihre „eigene" Sprache. Sie verstehen komplexe Sachverhalte nicht mehr. Die Sprachfähigkeit entwickelt sich zum Teil zurück. Deshalb ist es sinnvoll, schwierige Themen sprachlich zu vereinfachen und zu verkürzen.

1. Wie beurteilen Sie diese Aussagen?
2. Wodurch kann Kommunikation im Alter beeinträchtigt werden?

Untersuchungen zeigen, dass die Kommunikationsfähigkeit gesunder Senioren weitgehend erhalten bleibt. Sprachliche sowie nichtsprachliche Fähigkeiten und Fertigkeiten älterer Menschen können jedoch z. B. beeinträchtigt werden durch

- Krankheit, z. B. Hirnerkrankungen wie Demenz, Durchblutungsstörungen, Schlaganfall,
- altersbedingte Veränderungen – sofern kein Ausgleich erfolgt, z. B. in Seh- und Hörfähigkeit,
- stereotype Erwartungen Jüngerer über die Kommunikationsfähigkeiten Älterer:
  Beispiel: Stereotyp: Ältere Menschen können keine komplizierten Sachverhalte verstehen. Jüngere verwenden im Umgang mit Älteren eine verkürzte und vereinfachte Sprechweise und fördern damit stereotypes Gesprächsverhalten Älterer.
- einen ungünstigen äußeren Rahmen von Gesprächen, z. B. Lärm (laufender Fernseher im Hintergrund).

Empfehlungen zur Verbesserung der Kommunikation mit älteren Menschen (nach Ryan, Meredith, MacLean und Orange)

Grundprinzipien:
- Zeige Respekt für die Person und
- ermögliche ihr die bestmögliche Kommunikation.

Strategien:
Höre zu,
- um Respekt und Bemühen zu zeigen,
- um zu erfahren, wie dein Sprechverhalten so verändert werden kann, dass es für diese Person angemessen ist,
- um zu lernen, wie gut oder schlecht deine Bemühungen um Kommunikation aufgenommen werden.

Achte auf automatische Überreaktionen
(auf Merkmale des Alters/auf Beeinträchtigungen beim anderen):
Vermeide es,
- die ältere Person zu laut anzusprechen,
- das Vokabular zu stark zu vereinfachen,
- eine Telegrammstil-Grammatik zu gebrauchen,
- überzogen familiär zu sprechen (z. B. Namen, Spitznamen),
- für die andere Person etwas zu erledigen, anstatt sie selbst zu befähigen, es zu tun,
- das Treffen von Entscheidungen zu übernehmen,
- Gesprächsthemen einzuschränken.

1. Stellen Sie im Rollenspiel die „automatischen Überreaktionen" dar. Artikulieren Sie Ihre Empfindungen in den Rollen als Sender und älterer Mensch.
2. Zeigen Sie Möglichkeiten auf, sprachliche Beeinträchtigungen – etwa aufgrund von Krankheit – auszugleichen.

2.16 Erstgespräch/Strukturierte Informationssammlung

Die Altenpflegerin Annika Bär arbeitet in der ambulanten Pflege und möchte heute Morgen eine neue Patientin, Frau Maier, aufsuchen. Als sich Annika Bär an dem heißen Sommertag auf den Weg zu Frau Maier macht, muss sie feststellen, dass ein falsch geparktes Auto ihr die Ausfahrt verstellt. Viel Zeit vergeht, bis die Pflegende ihre Fahrt fortsetzen kann; und dabei ist sie heute in besonderer Eile, da eine Kollegin überraschend erkrankt ist und Annika Bär einige ihrer Termine übernommen hat. Wegen einer Baustelle kann die Pflegende zunächst keinen Parkplatz vor der Wohnung von Frau Maier finden. Sie fährt mehrmals um den Wohnblock, bis sie eine Parklücke entdeckt. Als die Altenpflegerin bei Frau Maier klingelt, ist sie verschwitzt und angespannt. Auch Frau Maier hat heute keinen guten Tag. Sie hat letzte Nacht wegen ihrer Schmerzen sehr schlecht geschlafen und ist erst gegen Morgen in einen unruhigen Schlummer gefallen, der jäh unterbrochen wurde, als Lärm von der neuen Baustelle direkt vor ihrem Haus in ihr Schlafzimmer drang. Der angekündigte Besuch des ambulanten Pflegedienstes lässt auf sich warten, und Frau Maier legt sich noch ein wenig hin. Um ihre Kleidung nicht zu verknittern, zieht sie ihren alten Morgenmantel an. Dabei muss sie wohl doch eingeschlafen sein, denn plötzlich schreckt sie das Klingeln auf. So schnell sie kann, schlüpft Frau Maier in ihr Hauskleid und knöpft dies bereits im Gehen zu. Da sie in der Eile ihre Brille nicht findet und vom Schlaf noch benommen ist, bleiben am Kleid einige Knöpfe offen bzw. sind verkehrt geknöpft. Ihre Haare stehen ihr vom Liegen wirr vom Kopf ab, als sie der Pflegenden endlich die Tür öffnet. Annika Bär, die sich sonst viel Zeit für das Erstgespräch nimmt, ist beim Gespräch mit Frau Maier kurz angebunden. Frau Maier erzählt gerade etwas umständlich von ihren Wünschen, und Annika Bär rutscht unruhig auf dem Stuhl hin und her. Zwischendurch schaut die Altenpflegerin immer mal wieder – möglichst unauffällig – auf ihre Uhr, denn sie ist spät dran und müsste bereits wieder auf dem Weg zur nächsten Patientin sein …

1. Welchen ersten Eindruck haben die Altenpflegerin und die Patientin im Erstgespräch voneinander gewonnen?
2. Wie beurteilen Sie die Bedeutung dieses ersten Eindruckes für die weitere Zusammenarbeit?

Ziele des Erstgespräches:
- Sammlung von Informationen zur Erstellung der Pflegeanamnese,
- Feststellen des Hilfebedarfs und der häuslichen Pflegesituation,
- Information und Beratung der Patienten,
- Gewinnung neuer „Kunden".

Tipps für einen erfolgreichen Verlauf von Erstgesprächen

Eröffnung des Gespräches:
- Die Pflegende sollte die Patienten mit Händedruck begrüßen und sich persönlich vorstellen.
- Den Patienten über Ziele des Erstgespräches informieren und verdeutlichen, dass Fragen willkommen sind.

Während des Gespräches:
- nonverbale Signale (z. B. Mimik, Gestik, Haltung) beachten und gezielt einsetzen,
- sich im Sprachverhalten dem Patienten angleichen und unverständliche (Fach-)Ausdrücke vermeiden,
- ungenaue Begriffe wie „langsam", „schnell", „viel", „wenig" konkret machen,
- sich für den Patienten ausreichend Zeit nehmen,
- dem Patienten ausreichend Zeit zur Beantwortung von Fragen einräumen, Gesprächspausen zulassen,
- keine suggestiven (stark lenkenden) Fragen stellen,
- Überforderung durch ein Zuviel an Information vermeiden,
- Checklisten sichern einen roten Faden und verhindern, dass wichtige Informationen vergessen werden.

Zum Abschluss des Gespräches:
- wichtige Gesprächsinhalte zusammenfassen und vom Patienten überprüfen lassen,
- nachfragen, wie das Erstgespräch vom Patienten empfunden wurde,
- über weiteres Vorgehen informieren und
- sich für die Mitarbeit bedanken.

1. Erstellen Sie eine Checkliste für das Erstgespräch.
2. Was hätte die Altenpflegerin Annika Bär (Fallbeispiel) beim Erstgespräch anders machen können?

Strukturierte Informationssammlung EINSTEP

Das Erstgespräch ist bei der entbürokratisierten Pflegedokumentation Teil der Strukturierten Informationssammlung (SIS). Dabei wird ein personenzentrierter Ansatz verfolgt. Gewohnheiten, Fähigkeiten, Pflege- und Hilfsbeschreibung werden zunächst aus der Sicht der pflegebedürftigen Person und ggf. der Angehörigen erfasst. Danach erfolgt die fachliche Einschätzung aus Sicht der Pflegefachkraft.

Die Themenfelder zur Strukturierung der Informationssammlung sind:
- Kognitive und kommunikative Fähigkeiten
- Mobilität und Beweglichkeit
- Krankheitsbezogene Anforderungen und Belastungen
- Selbstversorgung
- Leben in sozialen Beziehungen
- Haushaltsführung (ambulant) Wohnen/Häuslichkeit (stationär)

Die einzelnen Themenfelder werden durch Leitfragen konkretisiert.

Unter Berücksichtigung ärztlicher Verordnungen und einer individuellen Risikoeinschätzung verständigen sich die pflegebedürftige Person und die Pflegefachkraft über Pflegeleistungen.

3. Listen Sie zu den Themenfeldern Leitfragen auf. Dazu können Sie die Pflegedokumentationssysteme benutzen.

2.17 Alltagsgespräche

Die Altenpflegerin Sandra Rau hat sich über den Bewohner Herrn Matuschek geärgert. Trotz mehrmaliger Erinnerung hat er wieder vergessen, seine Wäsche zum Waschen zurechtzulegen, und sie muss ihm hinterherlaufen. Und dann wird er auch noch dreist! Früher ist sie häufiger bei ihm stehen geblieben und hat ein paar Worte mit ihm gewechselt – über das Wetter, über die Tagespolitik, manchmal auch über Persönliches. Jetzt hat sie beschlossen, dass damit Schluss ist. Herr Matuschek scheint sie nicht ernst genug zu nehmen. Sie vermutet, dass sie den Kontakt zu ihm zu persönlich gestaltet und daher an Autorität verloren hat.

1. Welche Folgen kann das veränderte Verhalten der Pflegenden haben?
2. Wie lässt sich das Problem besser lösen als durch „Gesprächsentzug"?

Gespräche über alltägliche Begebenheiten zwischen Pflegenden und älteren Menschen im Heim bzw. in der ambulanten Pflege
- erfüllen ein grundlegendes menschliches Bedürfnis nach Ansprache und Kommunikation,
- ermöglichen, dass sich Pflegende und zu Pflegende (außerhalb ihrer starren Rollenverteilung) als Privatpersonen (in symmetrischer Beziehung) begegnen,
- werden von den zu Pflegenden als Zeichen von Zuneigung und Wertschätzung gewertet.

1. *Die Pflegende Karin Holler wird von den Bewohnern als besonders nette Schwester geschätzt. Sie nimmt sich bei den pflegerischen Tätigkeiten genug Zeit, um mit den Bewohnern ein kleines „Schwätzchen" zu halten. Von der Bewohnerin Frau Krauter, die bei Handarbeiten sehr geschickt ist, lässt sie sich ein kompliziertes Häkelmuster erklären; mit dem Blumenfreund Herrn Groß fachsimpelt sie als begeisterte Hobbygärtnerin. Einige Mitarbeiter finden, dass Karin Holler sich zu viel mit Bewohnern unterhalte und damit kostbare Zeit „vertrödele".*
   Begründen Sie, warum die Aktivitäten der Pflegenden keine vertane Zeit sind.
2. Sammeln Sie Themen, die sich für Alltagsgespräche mit älteren Menschen anbieten.
3. Führen Sie auf, was Sie von Bewohnern und älteren Menschen in Ihrer Einrichtung lernen können.
4. *Der Altenpfleger Nils Sand betreut als Mitarbeiter der Sozialstation Frau Marz (73). Jedes Mal, wenn er Frau Marz versorgt, hat er Mühe, wieder rechtzeitig zum nächsten Patienten zu kommen, denn sie hat immer viel zu erzählen und zu fragen und möchte am liebsten alles erfahren – auch sehr Persönliches. Nils kann dies verstehen, denn er ist zurzeit fast ihr einziger Kontakt nach draußen, da Frau Marz eingeschränkt mobil ist. Andererseits macht ihm dies auch Probleme ...*
   Erarbeiten Sie angemessene Lösungen, um die Bedürfnisse der Beteiligten zu berücksichtigen.

2.18 Gespräche mit älteren Pflegebedürftigen

Pflegende : „Frau Becker, guck mal, das Kleid, schön!"
Bewohnerin: „Ja."
Pflegende: „Das gefällt der Frau Becker."

1. Wie beurteilen Sie den Gesprächsstil der Pflegenden? Begründen Sie Ihre Einschätzung.
2. Welche ungünstigen Folgen kann dieser Gesprächsstil haben?
3. Welche typischen Merkmale kennzeichnen diesen Sprachstil?

Untersuchungen zum Gesprächsverhalten zwischen Pflegepersonal und Bewohnern im Altenheim zeigen folgende **Gesprächsstile von Pflegenden:**

- **im Umgang mit Kollegen:**
  - **Erwachsenensprache**

- **im Umgang mit Bewohnern:**
  - **„Baby-Sprache"**, als vereinfachende und verniedlichende Sprache, die von Bewohnern unterschiedlich aufgenommen werden kann, als mütterlich fürsorglich und/oder abwertend-respektlos.
    Beispiel: Pflegende äußert gegenüber einer Bewohnerin:
    „Ach Frau Rödel, essen Sie doch ein wenig ... Ja, so ist es fein."

  - **Gesichtsschonende Gesprächsform**, bei der ein normales Gesprächsverhalten aufrechterhalten wird, obwohl die Bewohner (z. B. krankheitsbedingt) kaum sprachliche Beiträge dazu leisten (können).
    Beispiel: Pflegende: „So, guten Morgen, Frau Seitz."
    Bewohnerin: „Oh ..." (stöhnt)
    Pflegende: „Haben Sie heute nicht gut geschlafen?"
    Bewohnerin: (kneift die Augen zusammen)
    Pflegende: „Sind Sie noch so müde? Na, dann will ich Sie nicht lange stören."

  - **Verständnissichernde Gesprächsform**, um Bewohnern das Pflegegeschehen verständlich zu machen.
    Beispiel: Pflegende sagt zur Bewohnerin:
    „So, und jetzt aufstehen ..., umdrehen. Jetzt können Sie sich wieder setzen ..."

  - **Gesichtsbedrohende Gesprächsformen**, wie z. B. den Bewohner unterbrechen, in seiner Anwesenheit über ihn sprechen, ihn ignorieren, ihn nachahmen u. Ä.
    Beispiel: Pflegende fragt eine Kollegin in Anwesenheit der Bewohnerin Frau Stadel:
    „Wie war sie denn am Wochenende, die Frau Stadel?"

Tagung zu Gewalt und Missbrauch in stationären Pflegeeinrichtungen (5. Langenhagener Geriatrie-Symposium):
„Svenja Sachweh, Sprachwissenschaftlerin aus Freiburg, machte mit ihrem Vortrag auf eine besondere und wenig beachtete Form von Gewalt in der Pflege aufmerksam: Auch die Kommunikation in den Einrichtungen sei für die Bewohner eine Bedrohung. Die Sprache reiche von Ablenkung und absichtlichem Falsch-Verstehen über Fluchen bis hin zu herablassender Babysprache im Umgang mit den Pflegebedürftigen."

Karen Skodda: Täter und Opfer, in: Altenpflege, 7/2000, S. 18

1. Führen Sie Hintergründe der gesichtsbedrohenden Gesprächsformen an.
2. Beschreiben Sie die Auswirkungen solcher Gesprächsformen im Kontakt zwischen Bewohnern und Pflegenden.

2.19 Gespräche mit verwirrten älteren Menschen

Spielen Sie in Rollen mit einem Partner aus Ihrer Lerngruppe:
Der eine möchte einen Spaziergang machen; der andere versucht ihn dazu zu bringen, mit ihm ins Museum zu gehen. Im Anschluss tauschen die Partner die Rollen.

1. Wie haben Sie sich in den beiden Rollen gefühlt?
2. Wodurch hätten Sie sich am ehesten überzeugen lassen?
3. Was hat Ihren Widerstand geweckt?
4. Welche Gemeinsamkeiten sehen Sie zwischen der gespielten Situation und der Kommunikation mit verwirrten Menschen?

Verwirrtes Verhalten von Bewohnern kann zeitweise in überfordernden Situationen, als akute Verwirrtheit im Delir oder andauernd als Folge demenzieller Erkrankungen (z. B. bei Morbus Alzheimer als Demenzerkrankung im Alter) auftreten.

Den Kern der Symptome bei Demenzen (z. B. Alzheimer Demenz, Multiinfarkt-Demenz) bilden Beeinträchtigungen des Erinnerungsvermögens durch Schäden an Nervenzellen. Sie können dazu führen, dass Erkrankte sich neue Sachverhalte nicht mehr merken, sich zeitlich und räumlich nicht mehr orientieren können, nicht mehr fähig sind, sich sprachlich zu verständigen, vertraute Personen und Gegenstände nicht mehr erkennen, auch sich selbst (z. B. im Spiegel) nicht mehr erkennen, alltägliche Handlungen wie Sichwaschen, Sichanziehen, Toilettengang nicht mehr ausführen können und zuletzt gänzlich auf die lebenserhaltende Pflege durch andere angewiesen sind.

Es gibt zurzeit noch keine Therapie, die eine Demenz vom Typus Alzheimer zum Stillstand bringen kann. Einige andere demenzielle Erkrankungen – z. B. Infektionen, Hirnverletzungen – können durch geeignete Behandlung in ihren schädlichen Folgen beeinflusst werden.

Im Umgang mit verwirrten älteren Menschen haben sich unterschiedliche Vorgehensweisen herausgebildet, auch abhängig davon, wie schwerwiegend die Hirnfunktionen bereits geschädigt sind:

Verwirrtes Erleben und Verhalten korrigieren.
Zum Beispiel den verwirrten Älteren informieren, wo er sich befindet, Tag, Jahr, Zeit angeben, den Bewohner mit Namen ansprechen, irrtümliche Äußerungen des Älteren berichtigen, im Umfeld Orientierungshilfen durch Bilder, Symbole usw. anbieten (Konzept der Realitätsorientierung).
Ergänzend werden störende bzw. als unangemessen eingeschätzte Verhaltensweisen des Bewohners möglichst wenig beachtet, während z. B. angemessenes Verhalten positiv verstärkt werden soll (= Beitrag der Lerntheorien).

Den verwirrten Menschen in schwierigen Situationen ablenken.
Zum Beispiel einer Bewohnerin, die den Wohnbereich verlassen will, auf der Uhr zeigen, dass es noch zu früh ist; sie zu einem Tee einladen; mit ihr über ihre Interessen reden usw.

Verwirrtes Verhalten akzeptieren, einfühlend verstehen und wertschätzend darauf reagieren.
Diese Vorgehensweise entspricht der validierenden Haltung (Konzept von Naomi Feil). Verhalten und Äußerungen des verwirrten Bewohners werden als wertvoll und gültig bestätigt (= validiert) und sollen aus der Biografie des Älteren verstanden werden. Die vom Bewohner erinnerte Welt – in der z. B. der Ehemann noch lebte, die Kinder noch klein waren und versorgt werden mussten usw. – wird von den Pflegenden akzeptiert. Diese (subjektive) Wirklichkeit ist für den Bewohner, seine Gefühle, seine Gedanken und Handlungen bedeutsam. Die Bedürfnisse des Bewohners und sein Erleben sind Ausgangspunkt aller pflegerischen Bemühungen.

Medikamente verordnen lassen, um zu verhindern, dass verwirrte Bewohner überreagieren.
In Situationen, in denen der verwirrte ältere Mensch sich oder andere Personen verletzt oder zu schädigen droht, etwa mit anhaltendem Schreien, Toben, Schlagen oder gesteigerter Unruhe, wird auch medikamentös behandelt.

Die Erfahrungen im Umgang mit verwirrten älteren Menschen haben dazu geführt, dass Konzepte, die streng mit der Realität konfrontieren (Erleben/Verhalten korrigieren), zugunsten validierender Ansätze zurückgedrängt wurden. Zunehmend eingeschränkte Erinnerungsfähigkeit begrenzt die Realitätsorientierung durch den Verlauf der Erkrankung. Ständige Berichtigung von Fehlern und belehrende Hinweise auf richtiges Verhalten können beim verwirrten Menschen Beschämung, Unsicherheit und in der Folge auch (nachvollziehbar) aggressives Verhalten hervorrufen. Der Einsatz von Medikamenten, etwa um unruhiges aggressives Verhalten zu dämpfen, ist seltener ein Mittel der Wahl, sondern häufiger Ausdruck fehlender anderer Möglichkeiten zur Kommunikation.

Verhaltensweisen in der verbalen und nonverbalen Kommunikation mit verwirrten Älteren:

Verbliebene Fähigkeiten/Fertigkeiten aufgreifen und bestehende Beeinträchtigungen berücksichtigen.

Da sprachliche Fähigkeiten eingeschränkt sind, sollten Pflegende
- in einfachen und kurzen Sätze sprechen,
- langsam und deutlich sprechen,
- sich nonverbal (unterstützend) verständigen durch Vormachen, Gesten, Mimik oder Bilder-Symbole.

Das Erleben von Gefühlen wie Angst, Wut, Trauer usw. bleibt länger erhalten. Deshalb sollte man
- gefühlsmäßiges Erleben ansprechen,
- nonverbal mit Lächeln, Berührung und Blickkontakt, Zuneigung, Anerkennung, Vertrauen und Sicherheit übermitteln,
- die Umgebung so gestalten, dass sich der verwirrte ältere Mensch sicher und geborgen fühlt, z. B. durch vertraute Gegenstände, Gerüche oder Musik. Ein Zuviel an Reizen in der Umgebung sollte jedoch vermieden werden.

Gegenüber dem verwirrten Menschen Achtung und Wertschätzung ausdrücken.

- nicht in seiner Gegenwart mit Dritten über ihn reden,
- im Kontakt zugewandte Haltung einnehmen, Blickkontakt halten,
- nonverbale Signale beachten,
- den verwirrten Menschen nicht beschämen durch Konfrontation mit Realität,
- den verwirrten Menschen in seiner Einzigartigkeit aus seiner persönlichen Lebensgeschichte heraus (Biografie) wahrnehmen und seine individuelle Körpersprache verstehen lernen.

1. Zeigen Sie auf, wie in den folgenden Situationen die Kommunikation mit verwirrten älteren Menschen aufrechterhalten werden kann:
   a) Frau Hoffmann stellt der Pflegenden immer die gleichen Fragen.
   b) Herr Bertsch schlägt nach dem Pflegenden, der ihn – aus seiner Weltsicht – nicht zur Arbeit gehen lässt.
   c) Frau Becker sucht ihren verstorbenen Ehemann und fragt die Pflegende.
   d) Frau Maier findet ihre Tasche nicht und beschuldigt das Pflegepersonal.
   e) Frau Marz beklagt sich bei dem Pflegenden, dass sie nie Besuch erhält, obwohl ihre Angehörigen erst vor wenigen Minuten da waren.
   f) Herr Stefan stampft wütend mit den Füßen auf, weil er keine Worte findet, um sich dem Pflegenden mitzuteilen.
2. Einige verwirrte Menschen haben Sprichwörter und/oder alte Liedertexte noch lange in Erinnerung.
   a) Notieren Sie ihnen bekannte Sprichwörter.
   b) Sammeln Sie Liedertexte aus der Jugendzeit der von Ihnen betreuten älteren Menschen.
   c) Zeigen Sie an Beispielen auf, wie Sprichwörter/Liedertexte in der Kommunikation mit verwirrten Älteren sinnvoll eingesetzt werden können.

3. *Die Bewohnerin Frau Raab bedrängt die Pflegende Kristina Faller, sie nach Hause gehen zu lassen. Ihr Mann und die Kinder würden auf sie warten. Die Pflegende versucht, Frau Raab mit sanftem Druck von der Tür wegzuschieben. Daraufhin reagiert Frau Raab wütend und trommelt schreiend gegen die Tür. Erst nach einiger Zeit lässt sie die Hände sinken und läuft zurück in den Aufenthaltsraum. Sie wirkt jetzt verzweifelt und traurig. Altenpflegerin Kristina Faller erklärt der Praktikantin, die das Geschehen erschrocken miterlebt hat, dass Frau Raab an Alzheimer Demenz erkrankt ist. Ihre Kinder seien längst erwachsen. Frau Raab sei nach dem Tode ihres Mannes vor zwei Jahren im Pflegeheim aufgenommen worden.*
   a) Schildern Sie problematische Situationen im Umgang mit verwirrten Bewohnern aus Ihrer Erfahrung.
   b) Schlagen Sie verschiedene Möglichkeiten vor, wie die Pflegende gegenüber Frau Raab hätte reagieren können.
   c) Sammeln Sie Reaktionen von Pflegenden gegenüber verwirrtem Verhalten von älteren Menschen in verschiedenen Situationen.

4. Selbsterfahrungsübung nach A. Kerres und J. Falk:
   Die Gruppe teilt sich in Paare auf. Ohne Sprache sollen die Partner etwas gemeinsam unternehmen, z. B. einen Tanz organisieren. Im Anschluss besprechen die Partner ihre Erfahrungen,
   a) wie die Situation erlebt wurde,
   b) wer die Initiative übernommen hat,
   c) wie sich die Partner bei Missverständnissen gefühlt haben.

5. Stellen Sie den Zusammenhang der Selbsterfahrungsübung (Nr. 4) zum Thema „Kommunikation mit verwirrten älteren Menschen" her.

Demenz-gerecht kommunizieren

Voraussetzungen schaffen für eine gelingende Verständigung

Das Morgenhoch nutzen
Wählen Sie den Vormittag, wenn Sie mit dem Patienten Wichtiges besprechen wollen. Dann sind an Demenz erkrankte Menschen erfahrungsgemäß am aufmerksamsten.

„Dolmetscher" einsetzen
Greifen Sie bei Bedarf auf „Übersetzer" zurück, also auf denjenigen Familienangehörigen, von dem sich der an Demenz erkrankte Mensch am ehesten verstanden fühlt. Manchmal ist es hilfreich, im Dialekt zu sprechen.

Kommunikationshilfen nutzen und äußere Bedingungen optimieren
Überzeugen Sie sich davon, dass der Patient die ihm zur Verfügung stehenden Kommunikationshilfen benutzt (Brille, Hörgerät). Überprüfen Sie regelmäßig, ob das Hörgerät richtig eingestellt ist. Wenn der Kranke im Bett liegt, sollte er so aufgerichtet sein, dass er den Gesprächspartner leicht im Blick hat. Fragen Sie, ob Sie gut gehört und gesehen werden. Setzen Sie sich auf die Seite des besser hörenden Ohres. Überprüfen Sie, was den Patienten von einem Gespräch ablenken könnte (besondere Dinge im Raum, Hintergrundgeräusche, Körpersignale wie Hunger, Durst, Stuhl- oder Harndrang).

Kontakt herstellen und in Verbindung bleiben

Nicht mit dem Kranken verstummen
Es gibt das Phänomen, dass sich Patient und Betreuer im Laufe der Zeit mimisch, gestisch und zum Teil auch sprachlich immer ähnlicher werden. So lassen „stumme" Kranke oft auch ihren Betreuer „verstummen". Achten Sie darauf, ob es Ihnen ähnlich geht und ob Sie sich und dem Kranken damit letztlich einen Gefallen erweisen.

Zum Reden ermuntern, ohne zu überfordern
Ermuntern Sie den Kranken, mehr zu sprechen, wenn er einsilbig antwortet („Erzählen Sie mir mehr darüber."). Geben Sie ihm Zeit zur Antwort. Setzen Sie ihn nicht unter Druck, sich unbedingt erinnern zu müssen. Musik kann die Erinnerung an Vergangenes fördern. Nach Expertenansicht scheint besonders die Zeit zwischen dem 15. und 25. Lebensjahr das Musikgedächtnis zu prägen.

Das führende Sinnesorgan des Kranken ermitteln
Die meisten Menschen nehmen die Welt über ein bevorzugtes Sinnesorgan wahr (Augen, Ohren, Geruch, Lagesinn). Das gilt auch für Demenz-Kranke. Besonders Menschen, die nur eine Sinnesqualität stark entwickelt haben, geraten in Krisen, wenn das Leistungsvermögen des betreffenden Organs nachlässt. Reaktiv kehren sie sich von der Außenwelt ab, indem sie zunehmend ihre Innenwelt „beschauen" und auf die inneren Stimmen „hören". Versuchen Sie deshalb, die Kommunikation mit dem Kranken zu verbessern, indem Sie vor allem auf dessen bevorzugtem Sinneskanal mit ihm kommunizieren. Das Erinnerungsvermögen an frühere Informationen hängt davon ab, mit welchem Sinnesorgan sie aufgenommen wurden. So können an Demenz erkrankte Personen im Allgemeinen besser ausdrücken oder wiedergeben, was sie betastet und gerochen haben, als was sie gesehen und gehört haben. Es ist deshalb manchmal erfolgreicher zu fragen, was der Patient gegessen hat, und nicht, wer mit ihm während der Mahlzeit am Tisch gesessen hat. Ein an Demenz erkrankter Patient wird möglicherweise am Mittagstisch bereitwilliger Platz nehmen, wenn dieser schon sichtbar gedeckt ist, erstes Besteckklappern zu hören ist und der Essensduft bereits den Raum erfüllt.

Aus Liedern die Botschaft heraushören
Wenn an Demenz erkrankte Menschen singen, kann sich dahinter eine Bedeutung verbergen. So setzt sich der Patient vielleicht mit Sterben, Tod und Trennung auseinander, wenn er die Melodie von „Ich hatte einen Kameraden" summt. Nutzen Sie also auch die Musik, um einen Zugang zum Kranken zu erhalten (z. B. wenn Sie Ihrerseits bestimmte Gefühle ansprechen wollen).

Die besondere Emotionalität beachten

Sich positiv ausdrücken
Verzichten Sie im Gespräch auf Negativ-Formulierungen. Worte wie „nicht", „keiner" oder „niemand" werden besonders in der Aufregung leicht überhört. Vom Hinweis „Niemand will Ihnen wehtun." nimmt der an Demenz erkrankte Mensch vielleicht nur den Begriff „wehtun" wahr.

Offen reden
Sprechen Sie niemals mit anderen über den Kopf des Patienten hinweg und verzichten Sie darauf, sich mit anderen durch heimliche Zeichen zu verständigen. Sie wissen nie, was der Patient dennoch mitbekommt und wie tief er durch solche Formen der Entmündigung verletzt wird.

Stimmlich beruhigen
Sprechen Sie in lauten Situationen bewusst leise. So verringern Sie nicht nur beim Kranken, sondern auch bei sich selbst die Aufregung. Erheben Sie keineswegs die Stimme nur deswegen, weil der Kranke dies tut. Lautes Sprechen verwirrt unnötig.

„Reizwörter" vermeiden
Indem Sie bestimmte Wörter gebrauchen, können Sie ungewollt den Demenz-Kranken unter Stress setzen und zu Streit verleiten. Dabei kann es sich um ganz persönliche Reizwörter des Kranken handeln (z. B. „Geld", „Krankenhaus") oder auch um Widerspruch auslösende Wörter wie „doch", „trotzdem", „nie", „nein". Versuchen Sie, diese Wörter zu vermeiden.

Gefühle „sprechen lassen"
Versuchen Sie nicht, mit dem an Demenz erkrankten Menschen zu diskutieren oder ihm Gründe zu erläutern. Sie helfen ihm mehr, wenn Sie auf seine Gefühle eingehen. Beispiel: Ein an Demenz Erkrankter will unbedingt zur Bank, weil er vergessen hat, dass sein Konto nicht mehr existiert. Hier kann der Hinweis „Die Finanzen sind in Ordnung." manchmal mehr beruhigen als Appelle an das Gedächtnis. Gefühle existieren auch dann, wenn die Sprache versagt: Versuchen Sie daher, die Gefühle des Kranken zu erkennen und zu erwidern. Machen Sie sich bewusst, dass Ihr Verhalten (z. B. der ärgerliche oder warme Unterton Ihrer Stimme) beim an Demenz erkrankten Menschen Emotionen auslöst. Der Erkrankte kann sehr wohl registrieren, ob Sie ihn nur formal oder mit Aufmerksamkeit und Zuwendung unterstützen.

Auf emotionale Bedürfnisse reagieren (nicht auf Wissenslücken)
Welchen Nutzen hat ein an Demenz erkrankter Mensch von dem Hinweis „Sie sind jetzt 90 Jahre und Ihre Mutter ist lange tot.", wenn er ständig nach seinen Eltern ruft? Günstiger ist es, auf den vermutlichen Wunsch nach Geborgenheit zu reagieren oder – wenn dies nicht möglich ist – den Kranken abzulenken. Umgekehrt sollten Sie nicht erwarten, dass der an Demenz erkrankte Mensch vor allem auf Ihre Informationen reagiert. Sehr viel mehr wird er sich durch die Art und Weise angesprochen fühlen, in der Sie mit ihm umgehen. Letztlich wird er Ihnen also Ihre Emotionen spiegeln.

Informationen einfließen lassen, nicht „abfragen"
Verzichten Sie gegenüber dem Kranken auf das „Pauken" von Informationen, auf ständige Korrekturen und „Quizfragen", wie z. B. „Welchen Tag haben wir heute?". Eine solche Vorgehensweise überfordert und beschämt den Kranken. Desorientierte Menschen wissen zwar die Zeit nicht, ihnen ist aber bewusst, dass man so etwas wissen sollte. Lassen Sie lieber die notwendige Information behutsam und beiläufig ins Gespräch einfließen. Es ist für den Kranken weniger frustrierend, fehlende Begriffe gesagt zu bekommen, als allzu lange vergeblich danach zu suchen.

Nicht die eigene Enttäuschung demonstrieren
Lassen Sie es den Kranken nicht spüren, wenn Sie vom Gesprächsverlauf enttäuscht sind. Vermitteln Sie dem Kranken durch Ihre Sprechweise, dass sie ihn „für voll nehmen".

Körpersprache bewusst einsetzen

Sich zeigen
Nähern Sie sich dem Kranken immer von vorne. Treten Sie möglichst früh in sein Blickfeld und begeben Sie sich auf seine Augenhöhe. Reden Sie erst, wenn der Kranke Sie erblickt hat. Halten Sie auch während des Gespräches Augenkontakt und fordern Sie den Kranken notfalls dazu auf, Sie anzusehen. Wer den Kranken mit dem Blick verlässt, verlässt ihn mitunter komplett.

Körperlich kommunizieren und taktvoll berühren
Auf Berührungen und Begreifen reagieren an Demenz erkrankte Personen ähnlich sensibel wie blinde Menschen. Wie sehr Berührung Sicherheit vermittelt, weiß jeder, der sich im Dunkeln setzen will und vorher mit der Hand die Sitzfläche ertastet hat. In der körperlichen Interaktion erlebt der an Demenz erkrankte Mensch außerdem, dass er bei anderen Reaktionen auslösen kann. Diese „Wirkungen" vermitteln ihm ein beruhigendes Gefühl von „Wirklichkeit" und Eingebundensein in dieser Welt. Aber nicht jeder will immer und überall angefasst werden. Auch für an Demenz Erkrankte gibt es individuell sich unterscheidende offizielle und inoffizielle Körperzonen. Wer an Demenz Erkrankte berührt, sollte den Körperkontakt mit einem klaren Anfang und Ende versehen. Ansonsten bleibt die Handlung uneindeutig und macht die Erkrankten eher nervös. Berührungen mit der Handfläche signalisieren „Ich will etwas von Dir.", Berührungen mit der Handrückseite „Ich bin hier. Wo bist Du? Ich möchte Kontakt".

Körpersprache und Körperkontakt einsetzen

Nehmen Sie eine entspannte Körperhaltung ein. Vermeiden Sie Starrheit, Stirnrunzeln und abrupte Bewegungen. Unterstützen Sie Ihre Worte durch einfache Gesten. Achten Sie darauf, dass Ihre Mimik erkennbar ist, und setzen Sie diese bewusst ein. Vereinfachen Sie Ihre Sprechweise, wenn die sprachliche Verständigung schwieriger wird. Oft sind Blicke, Gesten und Berührungen besser dazu geeignet, dem Kranken ein Gefühl der Nähe und Verbundenheit zu vermitteln als viele Worte. Machen Sie notwendige Handlungen pantomimisch vor und geben Sie körperliche Hinweisreize. Das Gefühl eines Menschen von sich selbst beruht im Wesentlichen auf dem Körper, auf leiblichen Gefühlen und Funktionen. Körperkontakt und Lächeln verbinden schon das Neugeborene sprachlos mit der Umwelt. Auf dieser „Frequenz" ist auch der an Demenz erkrankte Mensch noch zu erreichen.

Mit Gesten sprechen

Gesten nutzen die Erfahrungen, die viele an Demenz erkrankte Menschen in ihrer Kindheit mit Stummfilmen gemacht haben. Außerdem laden sie zur Nachahmung ein und fördern den Wunsch mitzumachen.

Gleichzeitig über mehrere Sinneskanäle kommunizieren

Es ist hilfreich, eine Information über möglichst viele Sinnesorgane gleichzeitig zu transportieren. Statt nur an den Toilettengang zu erinnern, kann man dem Patienten zusätzlich die WC-Tür öffnen, sodass er die Toilette sieht und riecht, und ihn beim Öffnen der Kleidung unterstützen. Vermutlich versteht der Betreffende dann eher, was man von ihm erwartet. Aus diesem Grund fördern Gebärden das Verständnis des Gesprochenen.

Handlungen vormachen

Manche an Demenz erkrankte Menschen sind nicht mehr in der Lage, auf Aufforderungen in sprachlicher Form angemessen zu reagieren. Einige von ihnen können aber noch sehr gut selbst komplizierte Bewegungen nachahmen. Scheuen Sie sich als nicht, das gewünschte Verhalten (Essen, Waschen usw.) beispielhaft vorzumachen.

Inhalte verständlich gestalten

Behutsam durch das Gespräch führen

Beginnen Sie Erläuterungen immer mit dem Einfachsten und sparen Sie sich Ausnahmen und Besonderheiten für später auf. Teilen Sie dem Kranken vor allem Dinge mit, die für ihn bedeutsam sind. Warten Sie auf Stichworte des Patienten und drücken Sie sich möglichst anschaulich aus. Scheuen Sie sich nicht, Gesprächsinhalte zu wiederholen. Lassen Sie sich das, was Sie erklärt haben, möglichst direkt vom Kranken vormachen. Weisen Sie den Patienten ausdrücklich darauf hin, sobald Sie das Thema wechseln wollen. Wenn Sie im Beisein des Kranken etwas unternehmen, sollten Sie ihm immer erläutern, was Sie als Nächstes tun werden („Ich gehe jetzt ins Badezimmer. Dort hole ich ein Handtuch. Dann komme ich wieder zurück.").

Konkret reden

Wiederholen Sie lieber den Satz des an Demenz erkrankten Menschen als bloß mit einem (zu vieldeutigen) „Mhhhh" oder „oh, oh, oh" zu antworten. Verzichten Sie auf unbestimmte Fürwörter wie „es" oder „sie". Sprechen Sie von „dem Kissen" (nicht von „ihm") oder von „Angelika" (statt von „ihr"). Vermeiden Sie „bedeutungsschwangere" Bilder oder Jargon, wenn Sie etwas beschreiben oder erfragen („Brennen die Schmerzen wie Feuer?"), da Sie damit den Kranken intellektuell möglicherweise überfordern.

Nur über Sichtbares sprechen

Dasjenige, worüber man mit dem an Demenz erkrankten Menschen spricht, sollte während der ganzen Unterhaltung immer sinnlich wahrnehmbar bleiben („Sehen Sie die weiße Wolke da oben?" und nicht: „Haben Sie vorhin die Wolke gesehen?").

Auch der Betreuer sollte möglichst immer im Wahrnehmungsfeld bleiben und beispielsweise dem von hinten geschobenen Rollstuhlfahrer eine Hand auf die Schulter legen und ihn wiederholt darauf hinweisen, dass man hinter ihm hergeht.

Eindeutig kommunizieren
Sprechen Sie von sich selbst klar mit „ich" und weichen Sie nicht in das allgemeine „man" aus („Man muss ..."). Verzichten Sie auf das verwirrende und meist unehrliche „wir" („Wir wollen jetzt zur Toilette."). Fragen Sie konkret (wie, was, wo, wann) und nicht mit „warum". Lassen Sie dem Pflegebedürftigen Zeit zur Antwort und geben Sie ihm gegebenenfalls die Möglichkeit, mit „Ja" oder „Nein" zu antworten.

Mitteilungen auf den Punkt bringen
Die eingeschränkte Informationskapazität des an Demenz erkrankten Menschen macht es notwendig, „möglichst viel mit möglichst wenig Worten zu sagen". Meist behält der an Demenz erkrankte Mensch nur die letzten Worte.

Das Wichtigste an den Satzanfang platzieren
Formulieren Sie Sätze so, dass die wichtigste Information (meist ist es das Tätigkeitswort) schon am Satzanfang steht. Dann muss sich der Hörer nicht alles Mögliche merken, um den Sinn der Information am Satzende endlich entschlüsseln zu können. Beispiel: „Wollen Sie heute oder morgen … (eventuell zusätzliche Information) … spazieren gehen?" Besser ist folgende Formulierung: „Wann möchten Sie spazieren gehen, heute oder morgen?"

„Relevant" kommunizieren
Die Information „Es ist Dienstag, 11:30 Uhr." hilft an Demenz erkrankten Menschen oft weniger als der Hinweis „Es dauert noch etwas bis zum Mittagessen.". Achten Sie darauf, dass Ihre Informationen für den an Demenz Erkrankten in seiner jetzigen Situation bedeutsam sind. Versuchen Sie auch umgekehrt, in unverständlich erscheinenden Äußerungen des Patienten eine Bedeutung zu entdecken, auf die Sie dann gezielt reagieren können. Beispiel: Ein an Demenz erkrankter Mensch hörte auf, ständig nach der Uhrzeit zu fragen. Seine Betreuerin hatte herausgefunden, dass der Betreffende befürchtete, zu spät in die Kirche zu kommen. Darauf hatte sie zugesagt, ihm mitzuteilen, wenn es soweit sei.

Wenn die Kommunikation ins Stocken gerät

Sich wiederholt vorstellen
Möglicherweise vergisst der Kranke im Verlauf des Gespräches, wen er vor sich hat. Scheuen Sie sich dann nicht, sich wiederholt vorzustellen.

Mit Namen ansprechen, berühren, in kurzen Sätzen sprechen, pausieren, mehrfach wiederholen, Handlungsanweisungen in Einzelschritte zerlegen, ruhig sprechen, keine „Babysprache" verwenden, Abstraktions- und Merkfähigkeit nicht überfordern
Sprechen Sie den Kranken mit seinem Namen an und legen Sie dann eine kleine Pause ein. Eine körperliche Berührung vermittelt Sicherheit und fördert den Kontakt. Benutzen Sie kurze und einfache Sätze. Machen Sie zwischen zwei Sätzen ausreichend lange Pausen. Packen Sie jeweils nur eine Aussage in einen Satz. Scheuen Sie sich nicht, den gleichen Satz mehrfach wörtlich zu wiederholen und Hinweisreize zu geben. Verzichten Sie auf komplexe Sätze und Anweisungen („Gehen Sie baden."). Gliedern Sie eine Aufforderung lieber in die erforderlichen Einzelschritte („Knöpfen Sie das Hemd auf." „Steigen Sie in die Wanne." „Setzen Sie den linken Fuß zuerst hinein." …). Sprechen Sie möglichst ruhig. Vermeiden Sie jegliche Form von „Babysprache". Verzichten Sie auf Gesprächsinhalte, die Abstraktionsfähigkeit erfordern und Merkfähigkeit voraussetzen.

Äußerungen wiederholen, statt variieren
Wiederholen Sie geduldig und freundlich einen Satz oder eine Frage, wenn ein an Demenz erkrankter Mensch nicht reagiert. Variieren Sie nicht die Formulierung in der Annahme, dass Ihr Gegenüber andere Begriffe oder Beschreibungen besser versteht (so wie es in der Kommunikation mit Ausländern oft vorkommt, wenn verschiedene Vokabeln „ausprobiert" werden). An Demenz erkrankte Menschen verarbeiten Informationen langsamer und brauchen entsprechend mehr Zeit. Das „Nachschieben" neuer Begriffe wird sie eher verwirren, als ihnen helfen. Wenn Sie eine andere Formulierung benutzen wollen, sollte der Inhalt möglichst ähnlich sein.

Herbert Mück (Hrsg.): Demenz-gerecht kommunizieren, abgerufen unter: www.demenz-ratgeber.de/dr_Rubriken/dr_Demenz-gerechte_Kommunikation.htm (umgestellt u. leicht verändert), Zugriff am 23.09.2016

2.20 Migration und kultursensible Altenpflege

Menschen, die nicht in Deutschland aufgewachsen sind, aber dort leben, werden als Personen mit Migrationshintergrund oder als „Migranten" (= Zugewanderte) bezeichnet. Hierzu zählen z. B. Gastarbeiter, Spätaussiedler, Ausländer und Flüchtlinge. Mehr als zehn Prozent der in Deutschland lebenden Mitbürgerinnen und Mitbürger aus anderen Herkunftsländern sind aktuell 55 Jahre und älter (Stand: 2008). Viele von ihnen haben ihren Lebensmittelpunkt hier gefunden und werden voraussichtlich nicht mehr in ihr Herkunftsland zurückkehren. Erlebte psychische und physische Belastungen – etwa durch traumatische frühere Lebenserfahrungen, Anpassungsleistungen an eine fremde Kultur und Sprache oder ungünstige Arbeits- und Lebenssituationen – führen dazu, dass Menschen mit Migrationshintergrund im Alter gesundheitlich stärker beeinträchtigt sind. Nicht immer ist es der Familie möglich, ihre Angehörigen zu Hause selbst zu pflegen. Deshalb ist zu erwarten, dass ältere Migranten in zunehmendem Maße Angebote der Altenpflege ambulant oder stationär in Anspruch nehmen werden.

Es gibt aber eine Anzahl von Faktoren, die es Migranten erschweren, Angebote der Altenhilfe wahrzunehmen. Dazu zählen z. B.

- Informationsdefizite über die verschiedenen Angebote der Betreuung und Pflege,
- Sprachprobleme,
- Vorbehalte, kulturspezifische und religiöse Bedürfnisse in einer stationären Einrichtung nicht leben zu können, z. B. Fastenzeiten, Nahrungstabus, Gebetszeiten,
- Befürchtungen, mit ausländerrechtlichen Bestimmungen in Konflikt zu geraten,
- Angst, nicht ausreichend verstanden und angenommen zu werden und dem „Fremden" ausgeliefert zu sein.

Kultursensible Altenpflege

Die Frage ist, wie Altenpflege den Bedürfnissen älterer Migranten gerecht werden kann. Eine Antwort auf diese neuen Herausforderungen ist die kultursensible Pflege.

In einer Kultur werden Normen, Werte, Einstellungen, tradierte Verhaltensweisen u. Ä. erworben, die den Einzelnen in die Gemeinschaft einbinden und zu seiner Identität beitragen.

Hintergrundwissen um verschiedene Kulturen ist eine wichtige Voraussetzung für das Verständnis von Menschen, die nicht in unserem Land geboren und aufgewachsen sind. Kultursensible Pflege geht aber noch weiter: Erst wenn jeder einzelne pflegebedürftige Mensch als Individuum mit seiner eigenen Geschichte, seinen sozialen Bezügen und Lebenserfahrungen gesehen wird und diese Erkenntnisse in die Planung und Durchführung der Pflege und auch in die Einsatzplanung des Pflegedienstes einfließen, ist eine kultursensible Pflege gewährleistet.

Geleitwort von Malu Dreyer, Ministerin für Arbeit, Soziale Gesundheit, Familie und Frauen des Landes Rheinland-Pfalz, in: Materialien zur Gesundheitsförderung, hrsg. v. Landeszentrale für Gesundheitsförderung in Rheinland-Pfalz, LZG-Schriftenreihe Nr. 122, 2006, S. 1

Kultursensible Pflege bedeutet eine individuelle Pflege vor dem Hintergrund der kulturspezifischen Normen, Werte, Einstellungen und Erfahrungen.

Im Erstgespräch mit älteren Migranten und ihrer Familie kommt es darauf an, den Kontakt so zu gestalten, dass er Grundlage einer vertrauensvollen Beziehung werden kann (vgl. Martina Peter: Mehr als Tee und Baklava ..., in: Materialien zur Gesundheitsförderung, LZG-Schriftenreihe Nr. 122, 2006, S. 5 f.). Dazu gehört es, kulturell übliche Höflichkeitsformen zu beachten, Einfühlung und Wertschätzung zu zeigen, z. B. Namen korrekt auszusprechen, nicht sofort das Anliegen vorzubringen, sondern sich beispielsweise nach dem Befinden des Gegenübers zu erkundigen, bei Hausbesuchen vor dem Betreten der Wohnung eventuell auch die Schuhe auszuziehen. Es kann angemessen sein, eine persönlichere Form des Kontakts herzustellen, z. B. auch eine Einladung zum Tee oder Essen anzunehmen, um es der Familie zu erleichtern, Außenstehende in die Versorgung ihrer Angehörigen einzubeziehen. Es ist hilfreich, sich bereits vorher über Besonderheiten des jeweiligen Kulturkreises zu informieren und die sprachliche Verständigung sicherzustellen, etwa über Angehörige, Dolmetscher, Mimik, Gestik, mehrsprachige Informationen usw.

In einem **Musterfragebogen** von Monika Paillon (vgl. Monika Paillon: Kultursensible Altenpflege, München, Ernst Reinhardt Verlag, 2010, S. 199 ff.) werden ergänzend zum Erstgespräch wichtige Informationen aus verschiedenen Bereichen erhoben wie beispielsweise:

- Ansprechpartner (z. B. Familienoberhaupt), soziales Netzwerk,
- kulturspezifische oder religiöse Besonderheiten bei der Pflege (z. B. rituelle Waschungen, Schamgrenzen, Tabus usw.),
- durch Kultur oder Religion bestimmte Vorgaben zur Ernährung,
- Angaben zur Versorgung durch gleichgeschlechtliches Personal,
- kulturell oder religiös bestimmte Vorschriften bei der medizinischen Versorgung,
- Bekleidungsvorschriften,
- Räumlichkeiten und besondere Gegenstände zur Religionsausübung,
- kulturelle und religiöse Feiertage und deren Gestaltung,
- Kontakte zur Religionsgemeinschaft,
- Besonderheiten zu Sterbebegleitung und Sterberitualen.

Welche religiösen Vorschriften oder kulturellen Besonderheiten kennen Sie aus:
a) dem Christentum?
b) dem Islam?
c) der jüdischen Religion?

Nach dem **Pflegemodell AEDL** (= Aktivitäten und existenzielle Erfahrungen des Lebens) von Monika Krohwinkel wurde die kultursensible Pflege auf die Besonderheiten für ältere Migranten abgestimmt (vgl. Martina Peter: Mehr als Tee und Baklava ..., in: Materialien zur Gesundheitsförderung, LZG-Schriftenreihe Nr. 122, 2006, S. 14):

- **Kommunizieren können**
  Die Verständigung sicherstellen und fördern, verbal (verständliche Sprache, Schlüsselwörter, Dolmetscher, mehrsprachige Pflegekräfte oder Bewohner, Angehörige, mehrsprachige Informationen u. Ä.) und nonverbal (Mimik, Gestik, Bilder, Symbole usw.).

- **Sich bewegen können**
  Erklären, warum Bewegung wichtig ist, wenn kulturbedingt erwartet wird, dass Ältere nicht gefordert werden.

- **Vitale Funktionen des Lebens aufrechterhalten können**
  Mit Aufklärung die Bereitschaft des Bewohners fördern, für seine Gesundheit Mitverantwortung zu übernehmen (Hintergrund: kulturbedingt andere Konzepte von Krankheit und Behandlung).

- **Sich pflegen können**
  Angehörige einbeziehen, wenn dies bevorzugt wird und möglich ist. Weitere Beispiele: Religiöse Vorschriften wie Reinigung mit der rechten Hand, unter fließendem Wasser bei muslimischen Glaubensanhängern respektieren.

- **Essen und Trinken können**
  Beachten von Ernährungsgewohnheiten und religiösen Vorgaben (z. B. Nahrungstabus, Fastenzeiten).

- **Ausscheiden können**
  Unterschiedliche Schamgrenzen im Kontakt und Umgang mit dem anderen Geschlecht berücksichtigen und gegebenenfalls gleichgeschlechtliche Pflegekräfte einsetzen.

- **Sich kleiden können**
  Kulturelle und religiöse Vorgaben zu Bekleidung oder Bedeckung beachten.

- **Ruhen, schlafen und sich entspannen können**
  Sich darauf einstellen, dass entsprechend der kulturellen Tradition in der Familie eventuell mehrere Personen in einem Raum oder einem Bett schlafen.

- **Sich beschäftigen lernen und sich entwickeln können**
  Sinn gebende und tagesstrukturierende Aktivitäten ermöglichen, z. B. auch über Angehörige und Mitbewohner des gleichen Kulturkreises. Pflegende sollten auch in Betracht ziehen, dass die in unserem Kulturkreis üblichen Freizeitangebote bei älteren Migranten auf Ablehnung stoßen können.

- **Sich als Mann oder Frau fühlen und verhalten können**
  Vorsichtig in Erfahrung bringen, in welcher Form Berührungen in der Pflege innerhalb der Intimgrenzen der jeweiligen Kultur dennoch respektiert werden können.

- **Für eine sichere und fördernde Umgebung sorgen**
  Muttersprachliche Kommunikation ermöglichen über Angehörige, soziale Netzwerke oder auch über Medien (z. B. TV, DVDs, Hörspiele). Gemeinschaftsräume werden mehrsprachig beschildert oder sind an Bildern oder Symbolen erkennbar.

- **Soziale Bereiche des Lebens sichern und Beziehungen gestalten können**
  Informationen über Hilfsangebote sollen verständlich und zugänglich sein. Besuche von Angehörigen und Freunden, Kontakte zu Vereinen und Sozialkontakte innerhalb der Religionsgemeinschaft sind zu unterstützen.

- **Mit existenziellen Erfahrungen des Lebens umgehen können**
  Kultur- und religionsspezifische Traditionen des Trauerns zulassen. Religiöse Bedürfnisse sollen gelebt werden können (z. B. Gebetszeiten im Tagesablauf berücksichtigen).

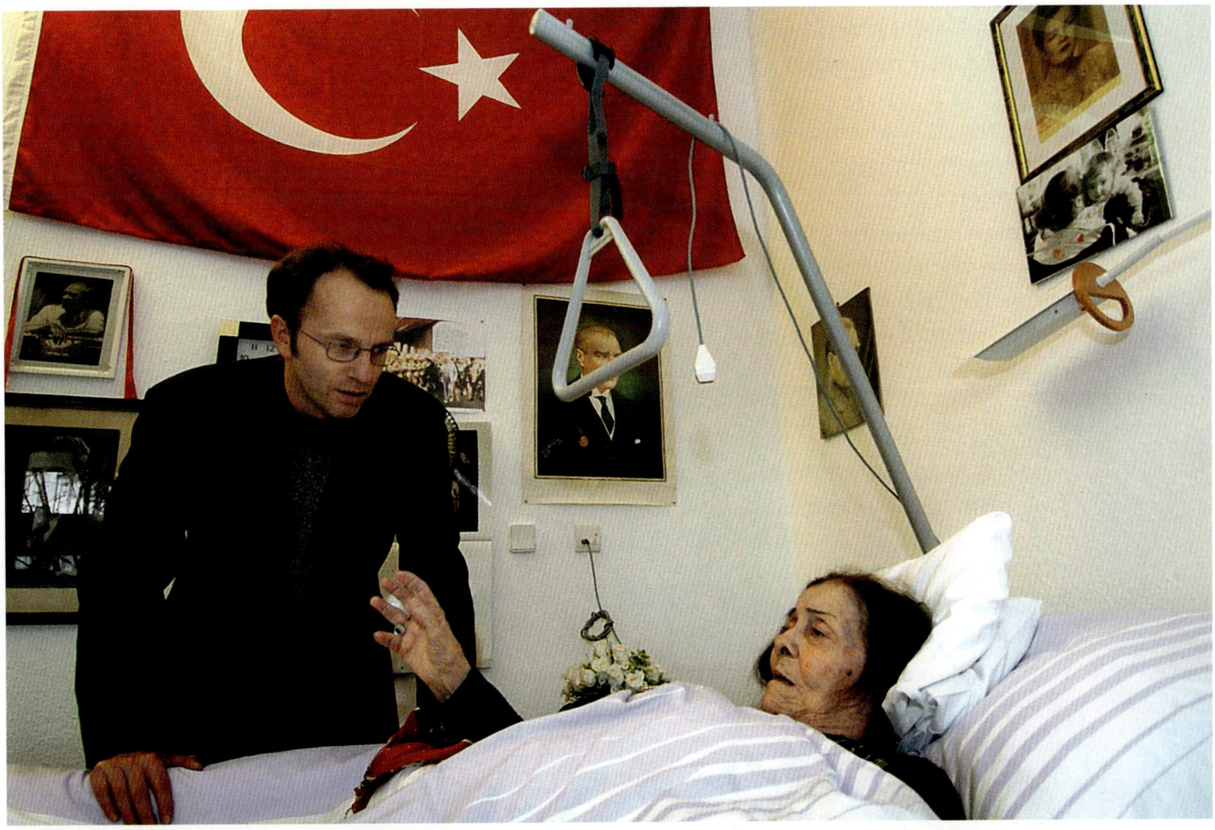

Multikulturelles Pflegeheim (Pflegesituation mit türkischer Seniorin)

Nicht immer wird jede stationäre Einrichtung kultursensible Altenpflege in vollem Umfang realisieren können. Inzwischen gibt es an verschiedenen Orten auch spezialisierte Einrichtungen für ältere Migranten aus unterschiedlichen Kulturkreisen, z. B. ein jüdisches Altenheim in Frankfurt oder multikulturelle Pflegeheime in Frankfurt und Duisburg.

Für eine kultursensible Pflege sind **interkulturelle Kompetenzen der Pflegenden** unerlässlich (vgl. Martina Peter: Mehr als Tee und Baklava ..., in: Materialien zur Gesundheitsförderung, LZG-Schriftenreihe Nr. 122, 2006, S. 3). Hintergrundwissen zu verschiedenen kulturellen und religiösen Vorstellungen erleichtert es, die richtigen Fragen zu stellen und Verhalten von Migranten besser nachvollziehen zu können. Genauso wichtig ist es:

- die eigenen kulturgebundenen Werte, Normen und Vorstellungen zu reflektieren,
- mit Offenheit, Interesse und Wertschätzung die Welt mit den Augen des anderen sehen zu können,
- sich auf neue Erfahrungen einzulassen, ohne vorschnell zu bewerten und
- konstruktiv mit Unsicherheiten, Frustration und Konflikten umzugehen.

In der alltäglichen Kommunikation lassen sich dennoch Missverständnisse und Konflikte nicht immer ausschließen. Als hilfreich für eine interkulturelle Kommunikation wird folgender „Dreischritt" empfohlen (vgl. Arbeitskreis Charta für eine kultursensible Altenpflege (Hrsg.): Für eine kultursensible Altenpflege. Eine Handreichung, Köln, 2002, S. 142 f.):

1. **Beobachtungen beschreiben** (Was nehme ich wahr?),
2. **Interpretieren** (Welche Gedanken löst das Wahrgenommene bei mir aus?),
3. **Bewerten** (Was fühle ich dabei?).

Diese drei Schritte sollen das Bewusstsein schärfen, Verhalten nicht voreilig unreflektiert zu interpretieren.

Beispiel:
1. Bewohner rülpst laut am Esstisch und bedeckt dann seinen Mund mit der Hand.
2. In seiner Kultur ist dies nach dem Essen ein Zeichen für Sättigung.
3. Mich befremdet das Rülpsen, aber mir gefällt, dass der Bewohner höflich sein will.

Interkulturell erfolgreich zu kommunizieren setzt neben den persönlichen interkulturellen Kompetenzen voraus, dass die Pflegenden

- Grundregeln und Modelle der Kommunikation anwenden (z.B. Sender- Empfänger-Modell, „vier Seiten einer Nachricht", Formen nonverbaler Kommunikation),
- mit unterschiedlichen kulturell geprägten Kommunikationsstilen umgehen können, z.B. mit Unterschieden im Ausdruck von Emotionen, im Wahrnehmen und Äußern von Schmerzen,
- Sprache als Instrument handhaben, z.B. Schlüsselbegriffe, Bildersprache, Sprichwörter nutzen; nonverbal kommunizieren,
- wertschätzend mit „fremden" Bildern und Vorstellungen umgehen.

1. *Mehmet Erdogan, ein türkischer Migrant, ist seit Längerem an Demenz erkrankt und wurde zur Kurzeitpflege stationär aufgenommen. Altenpflegerin Tanja möchte ihn waschen, da er sich eingekotet hat. Er verweigert jedoch, sich von der Altenpflegerin waschen zu lassen.*
   Was kann die Pflegende tun?
2. Erläutern Sie die drei Schritte der interkulturellen Kommunikation anhand eines Beispiels aus Ihrer Praxis.
3. Umschreiben Sie folgende Begriffe:
   a) Heimweh,
   b) Unsicherheit,
   c) Zufriedenheit,
   d) Gelassenheit.
4. Finden Sie Bilder für die unter Aufgabe 3 genannten Begriffe.
5. Eine türkische Bewohnerin mit einer Diabeteserkrankung wird von ihrer Tochter bei jedem Besuch mit Süßigkeiten verwöhnt. Beide sprechen kaum Deutsch. Wie verhalten Sie sich als Pflegende?

Interkulturelle Teams

Zunehmend multikulturell ist in Pflegeeinrichtungen nicht nur die Zusammensetzung der Bewohner, sondern auch die der Pflegenden; in diesem Zusammenhang wird von einem „interkulturellen Team" gesprochen (vgl. Jenny Oldenburger: Pflegekräfte mit Migrationshintergrund im interkulturellen Team als Ressource für eine erfolgreiche kultursensible Altenpflege, Hamburg, Diplomatica Verlag, 2010). Pflegende mit Migrationshintergrund tragen dazu bei, dass die Altenpflege die verstärkt auf sie zukommenden Aufgaben der Beratung, Betreuung und Pflege älterer Migranten erfolgreich angehen kann.

Zu den persönlichen Ressourcen der Pflegenden mit Migrationshintergrund gehören neben der Fachkompetenz u.a.

- die Mehrsprachigkeit als Hilfe bei sprachlicher Verständigung mit älteren Migranten,
- ihre Migrationsbiografie mit Erfahrungen wie z.B. Kriegswirren, Verlust, Flucht, Isolierung, die sie zum Ansprechpartner für Pflegende und Bewohner mit Migrationshintergrund machen können,
- ihr Wissen über eine fremde Kultur,
- ihre Möglichkeiten bei eigener gelungener Integration, Offenheit, Toleranz und Empathie im Team und in der Einrichtung zu fördern.

Bei der Zusammenarbeit in multikulturellen Teams können u.a. folgende Schwierigkeiten auftreten:

- Pflegenden mit Migrationshintergrund fällt es meist schwerer, mündliche und schriftliche Dokumentationsaufgaben wahrzunehmen, besonders unter Zeitdruck. Dies kann auch zu Konflikten mit Kollegen führen, die dann diese Arbeiten mit übernehmen müssen.
- Manchmal werden Pflegenden mit Migrationshintergrund wegen der Sprachprobleme weniger verantwortliche Tätigkeiten übertragen.

- Missverständnisse können entstehen, z. B. aus unterschiedlichen Vorerfahrungen in der Pflege und Pflegetechniken.
- „Einheimische" Bewohner verweigern, sich von ausländischen Mitarbeitern pflegen zu lassen, was einer Diskriminierung von Pflegenden mit Migrationshintergrund gleichkommt.

Die Kommunikation in einem interkulturellen Team kann durch folgende Maßnahmen verbessert werden:

- Die sprachliche Verständigung im Team kann u. a. gefördert werden durch aufmerksames Zuhören, verständliches Reden der Kollegen bis hin zur Entwicklung einer gemeinsamen Sprachkultur.
- Es sollte darauf geachtet werden, dass die ausländischen Pflegenden innerhalb des Teams auch bei der schriftlichen Dokumentation einbezogen und unterstützt werden.
- Ihre besonderen Kompetenzen sollen genutzt und anerkannt werden.
- Regelmäßige Supervision kann dazu beitragen, angemessene Konfliktlösungsmuster in der Teamkultur zu verankern.

Multikulturelles Pflegeteam bei Dienstbesprechung

6. *Die Pflegende Ludmilla bringt sich im Team selten ein. Sie hat den Eindruck, dass es die Kollegen nervt, wenn sie nach Worten suchen muss und manche Sachverhalte sehr umständlich beschreibt. Manchmal traut sie sich nicht nachzufragen, auch wenn sie eine Anforderung nicht ganz verstanden hat. Sie befürchtet, dass die Kollegen ihr wenig zutrauen.*
   Beschreiben Sie, wie Sie im Team darauf reagieren.

2.21 Gespräche mit Angehörigen

Welche Erfahrungen haben Sie mit Angehörigen von Heimbewohnern und zu Pflegenden gemacht?

Untersuchungen zur Angehörigenarbeit in Heimeinrichtungen zeigen:

Die Angehörigen sind für die Bewohner im Heim der wichtigste Außenkontakt.

Besuchskontakte zwischen Bewohnern und Angehörigen bestehen in der Regel, engagierte Angehörige sind jedoch eher seltener.

Pflegende halten Angehörigenarbeit für sehr wichtig,
- um mehr über die Vorgeschichte (Biografie) des/der zu Pflegenden zu erfahren,
- damit sich Bewohner in der Einrichtung gut einleben und sich dort wohlfühlen,
- damit zu Pflegende Kontakte zur Außenwelt haben,
- um alte Menschen in der Sterbephase begleiten zu können.

Aber: Angehörigenarbeit spielt in der Praxis noch eine geringere Rolle, als ihrer Bedeutung zukommt.

Typische Situationen, in denen Pflegende mit Angehörigen kommunizieren

- **Pflegende Mitarbeiter beraten Angehörige: Beratungs- und Informationsgespräch**
  Hierzu zählen z.B. Informationsveranstaltungen über die Einrichtung vor der Aufnahme, Einzelberatung (häufig vor und nach Besuchen), Informationen und Absprachen in der Eingewöhnungsphase im Heim usw.
  In der ambulanten Pflege werden Angehörige beraten und angeleitet, z.B. bei Überforderung, über Ausstattung, Hilfsmittel oder wie pflegende Angehörige einen Ausgleich zur anstrengenden Pflege finden.
- **Pflegende unterstützen Angehörige begleitend: helfende Gespräche, aktives Zuhören**
  Viele Angehörige erleben die Heimübersiedlung als Versagen ihrer eigenen pflegerischen Bemühungen. Auch Schuldgefühle gegenüber dem alten Menschen, das Gefühl, ihn abgeschoben zu haben, sind nicht selten. Pflegende unterstützen Angehörige durch helfende Gespräche (aktives Zuhören) in belastenden Situationen (Krisen/Sorgen).
- **Pflegende nehmen die Sorgen und Kritik der Angehörigen ernst und suchen bei Konflikten das offene Gespräch: Konfliktgespräche**
- **Pflegende und Angehörige stimmen ihre Hilfen für den Bewohner gemeinsam ab: Absprachen, Austausch von Informationen**
  Pflegende und Angehörige unterstützen sich gegenseitig in Absprachen im Interesse des Bewohners, z.B. bei der Einhaltung von Diätvorschriften, im Umgang mit verwirrten alten Menschen u.Ä.
- **Angehörige übernehmen aktiv im Heim Aufgaben**
  Angehörige helfen mit bei Festen, Veranstaltungen, Ausflügen und bei pflegerischen Betreuungsaufgaben.

Die vertrauensvolle Beziehung ist Grundlage einer gelungenen Angehörigenarbeit. Hierzu gehört auch, die Pflegefertigkeiten der Angehörigen anzuerkennen.

1. *Frau Seidel (74) hat seit vier Jahren die Pflege ihres Mannes übernommen. Herr Seidel (85) ist schwerhörig und leidet an den Folgen einer Demenzerkrankung. Während er anfangs noch gut orientiert war, findet er sich heute auch in der vertrauten Umgebung der Wohnung nicht mehr zurecht. Seine Frau muss ihn fast vollständig versorgen, ihm beim Waschen und Anziehen helfen und ihn zum Essen anhalten. Ein Mitarbeiter der Sozialstation – der Altenpfleger Martin Zöllner – übernimmt seit einem halben Jahr zu ihrer Entlastung die tägliche Grundpflege bei Herrn Seidel. Es ist Frau Seidel nicht leichtgefallen, sich einzugestehen, dass sie diese Unterstützung braucht. Erst als sie selbst wegen eines Krankenhausaufenthaltes akute Hilfe brauchte, hat sie Kontakt zur Sozialstation aufgenommen. Sie möchte auch weiterhin hauptsächlich die Pflege ihres Mannes übernehmen, da er auch durch seine Schwerhörigkeit fremden Menschen gegenüber sehr misstrauisch ist. Zum Pflegenden Martin Zöllner haben beide mittlerweile Vertrauen gefasst. „Martin kommt ja auch jeden Tag vorbei und nimmt sich immer Zeit für uns. So hat er uns gesagt, wo wir Hilfsmittel beantragen können und was es da alles gibt", erzählt Frau Seidel. „Und er hat mir auch klargemacht, dass ich meinem Mann nicht alles abnehmen darf, sondern ihn das machen lasse, was er noch kann. Und manchmal muss er auch vermitteln zwischen uns altem Ehepaar", erzählt sie mit einem verlegenen Lachen. „Manchmal habe ich gedacht, dass mein Mann mich absichtlich ärgern will, wenn er einfach nichts mehr verstanden hat." Der Pflegende habe sie über die Erkrankung und deren Auswirkungen im alltäglichen Leben informiert und ihr erklärt, wie sie damit umgehen könne.*

   a) Erläutern Sie, welche besonderen Aufgaben sich für den Pflegenden Martin Zöllner im Kontakt mit den Angehörigen ergeben.
   b) Welche Arten von Gesprächen setzt der Pflegende ein?

2. *„Seit Frau Gauss (76) im Pflegeheim ist, hat sie ziemlich abgebaut", meint Frau Reiser, eine ehemalige Nachbarin, die Frau Gauss im Heim ab und zu besucht. „Das ist auch kein Wunder, denn die Pflegenden kümmern sich kaum um die alten Leute. Dem Pflegepersonal ist nur die Kaffeepause wichtig."*

   a) Welche Erwartungen hat Frau Reiser an die Pflegenden?
   b) Führen Sie ein Gespräch mit Frau Reiser. (Rollenspiel)

3. *„Die Angehörigen von Frau Geppert (82) kommen höchstens mal an Weihnachten vorbei", berichtet ein Altenpfleger. „Und dann bleiben sie auch nur kurz, geben ihre Geschenke ab und weg sind sie wieder. Wir müssen dann die arme alte Frau trösten."*

   a) Welche Erwartungen hat der Altenpfleger an die Angehörigen von Frau Geppert?
   b) Bewerten Sie diese Erwartungshaltung.
   c) Führen Sie ein Gespräch mit den Angehörigen. (Rollenspiel)

4. Diskutieren Sie folgende Äußerung von Pflegenden:

   „Aus unserer Sicht haben die Angehörigen mit der Heimunterbringung ‚ihrer Alten' einen Offenbarungseid geleistet und nach unserer Meinung das Recht verwirkt, sich weiter in die Lebens- und Pflegekonzepte der jetzt in unserer Obhut befindlichen Alten einzumischen."
   (Rogan et al 1990 in: Ulrike Pflomm: Angehörigenarbeit in der Tagespflege, Stuttgart, 1993, S. 20)

5. *Frau Eder sorgt sich, weil sich der Gesundheitszustand ihrer Mutter (89) seit der Aufnahme im Pflegeheim zunehmend verschlechtert hat. Sie isst nicht mehr und scheint alle Lebenskraft verloren zu haben. Frau Eder möchte von den Pflegenden Rat, was zu machen sei.*

   Führen Sie ein Beratungsgespräch mit Frau Eder. (Rollenspiel)

6. *Die Schwägerin von Herrn Brunner beschwert sich bei der Pflegenden Kim, dass Herr Brunner (94) immer noch nicht gewaschen sei, obwohl es bereits Mittagszeit ist.*

   Führen Sie ein Konfliktgespräch mit Herrn Brunners Schwägerin. (Rollenspiel)

2.22 Teamgespräch

TEAM – „TOLL, EINER ARBEITET MIT"

1. Welche positiven Erfahrungen haben Sie mit der Arbeit im Team gemacht?
2. Welche Probleme haben Sie im Teamgespräch und in der Teamarbeit erfahren?

Teamarbeit in der Altenpflege bedeutet,
- dass gleichberechtigte Mitarbeiter eines Bereiches
- entsprechend ihren besonderen Kenntnissen (Altenpflege, Ergotherapie, Medizin, Hauswirtschaft usw.)
- die Arbeitsplanung selbstständig durchführen und
- gemeinsam Entscheidungen treffen.
- Die Bereichsleitung koordiniert die Zusammenarbeit der Mitarbeiter (demokratisch-partnerschaftliche Führung).
- Die Kommunikationsstruktur nähert sich der Kreisform, bei der jeder mit jedem kommuniziert.

Zum Gelingen der Teamarbeit tragen zusätzlich bei:
- Supervision (geleitete Reflexion beruflichen Handelns),
- Angebote zur internen/externen Fortbildung,
- gemeinsame Aktivitäten wie z. B. Betriebsausflug,
- Einhalten von Kommunikationsregeln u. Ä.

Für die Gruppenarbeit in Mitarbeiterteams hat Ruth Cohn[1] folgende Regeln der themenzentrierten Interaktion zusammengestellt:

Themenzentrierte Interaktionsregeln
- Gruppenmitglieder übernehmen Verantwortung, z. B. für ihre Anliegen, für das, was sie ansprechen wollen.
- Störungen werden vorrangig beachtet und angesprochen, z. B. um zu erreichen, dass die Gruppenmitglieder nicht anderweitig beschäftigt und abgelenkt sind.
- „Ich" statt „wir" oder „man" sagen. Die Gruppenmitglieder sollen sich und ihre Anliegen persönlich vertreten.
- Fragen begründen, d. h. mitteilen, was dem Fragenden dabei wichtig ist.
- Verantwortlich sprechen und handeln, d. h. persönlich bewusst entscheiden, was angesprochen wird.
- Interpretationen vermeiden. Eine Äußerung zu interpretieren kann bedeuten, anderen etwas fälschlich zu unterstellen.
- Seitengespräche einbeziehen. Nebengespräche sind Beiträge zum Gruppengespräch. Wenn es sich hierbei um private Äußerungen außerhalb des Themas handelt, machen sie deutlich, dass die sich unterhaltenden Personen zu diesem Zeitpunkt abgelenkt sind.

Diese Gesprächsregeln sollen sicherstellen, dass in einer Gruppe
- das Thema,
- die Bedürfnisse einzelner Gruppenmitglieder,
- die Bedürfnisse der Gesamtgruppe und
- das Umfeld, in dem das Gespräch stattfindet,

gleichermaßen berücksichtigt werden.

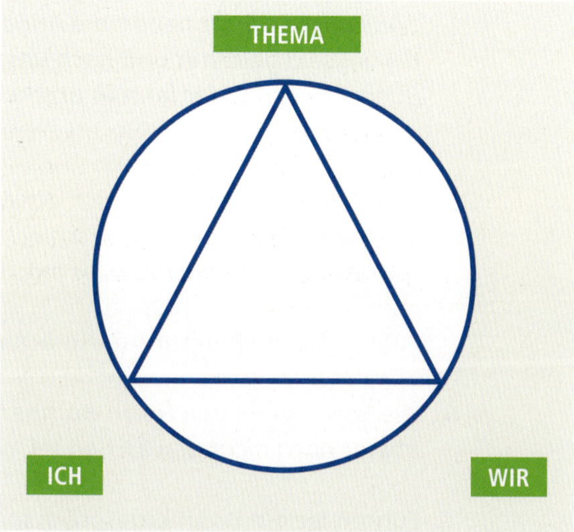

[1] vgl. Ruth C. Cohn: Von der Psychoanalyse zur themenzentrierten Interaktion, Stuttgart, Klett-Cotta, 1975

1. *Die Mitarbeiter einer Sozialstation sehen sich nur selten außerhalb der Teambesprechung. Für die leitende Mitarbeiterin Frau Schell ist es daher nicht immer leicht, eine disziplinierte Teamsitzung durchzuführen. Manchmal muss sie erst energisch werden, damit die Privatgespräche zurückgestellt werden und die eigentliche Besprechung beginnen kann. Das kostet viel Zeit. „Sollten wir nicht daran interessiert sein, dass unsere Besprechungen disziplinierter ablaufen", fragt sie in die Runde. Als daraufhin etwas Ruhe einkehrt, kann endlich angefangen werden. Die Pflegende Kim Nickels spricht ein Problem mit einer von ihr betreuten Patientin an. Sie fühle sich bedrängt, weil die Patientin Frau Stadel so neugierig sei und wissen wolle, wer noch von der Pflegenden betreut werde, was die anderen Patienten für Probleme hätten usw. Die Pflegende Astrid Proll kann das nicht verstehen. Kim Nickels solle der alten Dame doch höflich sagen, dass sie das eben nichts angehe. Das sei doch kein Problem. Kim solle doch nicht alles dramatisieren. Von dieser Bemerkung ist Kim Nickels verletzt und schweigt daraufhin bis zum Ende der Besprechung. Das Teamgespräch läuft weiter. Jetzt geht es um die Vorstellung von neuen Patienten ...*

   a) Zeigen Sie auf, welche themenzentrierten Interaktionsregeln im Teamgespräch verletzt worden sind.
   b) Beschreiben Sie, welche Folgen dies für das Teamgespräch hat.

Wohnbereich A:
Frau Brucker leitet einen Bereich in einer stationären Einrichtung. Sie kümmert sich um alles, weiß über alles auf ihrem Wohnbereich Bescheid. In den oft kurzen Besprechungen verteilt sie die Aufgaben und erfragt von den Mitarbeitern wichtige Vorkommnisse. Die Mitarbeiter wenden sich mit allen wichtigen Fragen an sie. Wenn ein Problem auftaucht, trifft sie die notwendigen Entscheidungen und kontrolliert auch, ob ihre Anweisungen ordnungsgemäß ausgeführt werden. Sie lobt die Mitarbeiter, wenn ihr etwas gut gefällt, hält aber auch mit Tadel nicht zurück. Frau Brucker sorgt dafür, dass die Arbeit innerhalb des Wohnbereiches läuft und keiner aus der Reihe tanzt.

Wohnbereich B:
Die Bereichsleitung Frau Stöckle legt großen Wert darauf, dass die Mitarbeiter möglichst selbstständig arbeiten. Da das Konzept der Bereichspflege eingeführt wurde, ist der zuständige Mitarbeiter am besten über seine ihm anvertrauten Bewohner informiert. Die Aufgaben auf der Station werden in der gemeinsamen Besprechung aufgeteilt, allgemeine Aufgaben wie z. B. die Dienstplanerstellung werden im Wechsel von den Mitarbeitern wahrgenommen. Die Besprechungen finden regelmäßig einmal in der Woche statt und dauern ca. eineinhalb Stunden. Bei der Besprechung sollen möglichst alle Mitarbeiter anwesend sein: die Pflegekräfte, die Ergotherapeuten, auch die Altenpflegeschüler, die Praktikanten und die Zivildienstleistenden. Neben den üblichen Aufgaben der Dienstbesprechung steht heute noch die Planung des jährlichen Betriebsausfluges und der Fortbildungen auf der Tagesordnung. Die wichtigsten Ergebnisse aus der Besprechung werden im Protokoll festgehalten. Frau Stöckle achtet darauf, dass auch die Beiträge der Schüler, Praktikanten und Zivildienstleistenden ernst genommen werden und keiner übergangen wird. Entscheidungen werden möglichst in Übereinstimmung mit den Mitarbeitern getroffen, nur wenn in der Gruppe keine Übereinstimmung erzielt werden kann, entscheidet die Bereichsleitung.

2. Zeigen Sie auf, wie
   a) die beiden Wohnbereiche geleitet werden,
   b) Informationen ausgetauscht werden, Absprachen erfolgen und Entscheidungen getroffen werden.
3. Erläutern Sie, wie sich die Kommunikationsstruktur der beiden Bereiche auswirkt im Hinblick auf
   a) Arbeitsleistung,
   b) Zeit (zur Erbringung der Arbeitsleistungen),
   c) Zufriedenheit der Mitarbeiter und Bewohner.

2.23 Übergabegespräch

Gespräch mit der Altenpflegerin Svenja

Interviewer: *„Also Sie wären mehr für eine Stationsbesprechung."*

Svenja: *„Auch gerade wegen der Krankheiten. Da kommen die Leute, und da weiß der, der gerade da ist, der z. B. Frühdienst hat, der weiß, was derjenige hat, und der kommt Mittag und dann heißt es, so die Frau ist jetzt da, und die haben wir da und da reingelegt und das ist dann meist alles, bis man dann wieder erfährt, also die hat fei das, und das kriegt sie und so, also ich finde, da gehört sich zusammengesetzt und gesagt, die hat das, und das darf sie kriegen."*

Interviewer: *„Also, man ist auch nicht so informiert über die verschiedenen Sachen. Das ist mehr oder weniger Zufall, ob man das erfährt."*

Svenja: *„Oftmals schon. Vor allem, wenn man Mittagsdienst hat, da erfährt man fast überhaupt nicht, was früh los war. Oder es gehört zusammengesetzt, wie man den Tagesablauf gestaltet oder so, oder wen man badet. So kommen wir früh, dann müssen wir erst mal Zettel suchen, wo zufällig steht, wer gebadet wird, damit man weiß, ob der jetzt zu waschen ist oder nicht."*

Interviewer: *„Und wer schreibt denn die Zettel, die Schwester Lioba?"*

Svenja: *„Die Schwester Lioba, und die liegen dann auch auf dem Schreibtisch für die Nachtwache oder so, oder der sagt sie es meistens, und da weiß man auch nicht, da muss man praktisch suchen und dann schauen, was die Nachtwache geschrieben hat, was es da gegeben hat. Da gehört früh zusammengesetzt und gerade darüber gesprochen, auch was die Einzelnen haben, und ob der jetzt rauszutun ist und was der für Salbe kriegt und so, und so muss man dann, weiß man als nicht, muss man immer rumrennen, weißt du, was der für Salbe da und da draufkriegt und wie oft das verbunden wird, und so, da muss man rumrennen, muss selber fragen."*

Ausschnitt aus einem Interview von Cornelia Knobling: Konfliktsituationen im Altenheim, 5. Auflage, Freiburg, Lambertus-Verlag, 1999, S. 74 f.

1. Welche Aufgaben eines Übergabegesprächs werden von der Altenpflegerin Svenja im Interview angesprochen?
2. Was kann die Mitarbeiter daran hindern, Übergabegespräche regelmäßig durchzuführen?

Im Übergabegespräch vermitteln Altenpflegerinnen und Altenpfleger notwendige Informationen an die nachfolgende Schicht.

Äußerer Rahmen der Dienstübergabe:
Zeit und Dauer der Übergabe festlegen (30–60 Min.) — Übergabe = Dienstzeit

Wichtige Inhalte einer Dienstübergabe:
- Veränderungen und Auffälligkeiten bei den Bewohnern (körperlich, psychisch, sozial) — Dokumentation
- Weiterleitung von Arbeitsaufgaben und Folgehandlungen aus den Informationen der Übergabe — Regelmäßigkeit
- besondere Ereignisse, organisatorische Absprachen — Datenschutz

Bereitschaftsdienst während der Übergabe — Schichtüberlappung

1. Stellen Sie fiktive Informationen über Ereignisse und Beobachtungen während einer Nachtschicht zusammen.
2. Gestalten Sie (im Rollenspiel) auf der Grundlage dieser Informationen ein Übergabegespräch für die Frühschicht. Beachten Sie dabei die Inhalte und den äußeren Rahmen von Übergabegesprächen.

2.24 Teamberatung – Supervision

Das Bereichsteam trifft sich zur monatlichen Supervisionssitzung für zwei Stunden in der Praxis des Supervisors. Der Supervisor Herr Frank ist Diplom-Psychologe mit einer zusätzlichen Supervisionsausbildung und er kann aus seiner praktischen klinischen Arbeit in der Gerontopsychiatrie den Pflegenden auch in schwierigen Fällen oft weiterhelfen.

Zu Beginn des Treffens informieren die Gruppenmitglieder darüber, wie es ihnen geht und welche aktuellen Themen sie zurzeit beschäftigen. Das Thema der Altenpflegerin Julia Rau interessiert viele Mitarbeiter: Julia hat vor Kurzem ihre Ausbildung beendet. Sie beschreibt, wie unsicher sie sich neulich gefühlt habe, als sie die Angehörigen vom Tod einer Bewohnerin informieren musste. Sie möchte gern wissen, wie die erfahrenen Mitarbeiter mit solchen Situationen umgehen. In Rollenspielen kann der Erfahrungsaustausch der Mitarbeiter noch vertieft werden, indem das Gespräch aus Sicht von Angehörigen und Pflegenden einfühlend nacherlebt wird.

Im weiteren Verlauf der Supervisionssitzung wird herausgearbeitet, welche unterschiedlichen Möglichkeiten Mitarbeiter haben, sich mit Tod und Sterben von Bewohnern auseinanderzusetzen, wie sie diese belastende Situation zu bewältigen suchen und wie sich Mitarbeiter gegenseitig dabei unterstützen können. Dabei werden auch persönliche Ängste der Mitarbeiter angesprochen, die mit dem Thema Tod verbunden sind.

Die Pflegende Catharina Voss äußert in der Abschlussrunde, dass sie es gut finde hier in der Gruppe über ein solch heikles Thema zu sprechen und auch zu erfahren, dass viele Mitarbeiter ähnlich denken und fühlen. In der Alltagssituation habe sie den Eindruck, alle anderen kämen damit locker klar, nur ihr würde es schwerfallen. Auch weitere Gruppenmitglieder zeigen sich zufrieden mit dem heutigen Arbeitsergebnis. Die Pflegende Natalie Ollinger stimmt dem grundsätzlich zu, bedauert aber, dass keine Zeit mehr blieb, die Schwierigkeiten, die bei der Bewohnerin Frau Seiter aufgetreten seien, zu besprechen. Das müsse dann bis zum nächsten Mal warten.

Bevor die Gruppe auseinandergeht, erinnert Herr Frank die Teilnehmer daran, dass die vertraglich vereinbarten zehn Supervisionssitzungen mit dem nächsten Supervisionstermin erreicht sind. Die Gruppenmitglieder sollen sich überlegen, wie sie die gemeinsame Arbeit bisher einschätzen, ob und mit welchen Zielsetzungen sie die Supervision weiterführen wollen.

1. Erläutern Sie mit eigenen Worten, was unter „Supervision" zu verstehen ist.
2. Unter welchen äußeren Rahmenbedingungen findet die Supervision statt (Ort, Zeit, Leitung)?
3. Welche Themen und Probleme werden angesprochen?
4. Auf welche Art und Weise werden die Probleme erarbeitet?
5. Wie erklären Sie sich, dass die Gruppenmitglieder zufrieden mit dem Arbeitsergebnis sind?
6. Welche Ziele werden mit der Supervision angestrebt?
7. Welche Probleme könnten mit Supervision in Einrichtungen verbunden sein?

Supervision (= Überschauen/Überblick) bezeichnet eine geleitete Reflexion über berufliches Denken, Fühlen und Handeln von Personen.

Formen von Supervision

Einzelsupervision, z. B. bei der Übernahme von Leitungspositionen	**Teamsupervision,** z. B. um die Zusammenarbeit untereinander zu verbessern und Arbeitsbelastungen zu bewältigen	**Gruppensupervision,** z. B. Austausch zwischen pflegenden Mitarbeitern verschiedener sozialer Einrichtungen

1. Sammeln Sie Themen für eine Supervisionssitzung. Ordnen Sie den Themen die entsprechende Form der Supervision zu.
2. Setzen Sie im Rahmen Ihres Unterrichtes zur Gesprächsführung Videokamera und/oder Tonband ein. Beobachten Sie sich bzw. Ihr Sprachverhalten.

Handlungsimpulse

PROJEKTAUFGABE A: Ein Kartenspiel gestalten

Sprichwörter und Redewendungen können Fähigkeiten und Fertigkeiten in der Kommunikation älterer Menschen fördern. Sammeln Sie Sprichwörter und Redewendungen, die ältere Menschen kennen.
Erstellen Sie ein Kartenspiel, indem Sie die Sprichwörter und Redewendungen „halbieren" und auf zwei Karten notieren.

Sich regen …

… bringt Segen.

Spielregel: Zusammengehörige Paare werden abgelegt. Neue Karten erhält man durch Aufnehmen vom Kartenstapel.

PROJEKTAUFGABE B: Das Taubstummenalphabet erlernen

Prägen Sie sich die Handzeichen des Taubstummen-alphabetes ein.

Versuchen Sie mithilfe der Taubstummen-Gebärden Wörter zu bilden.

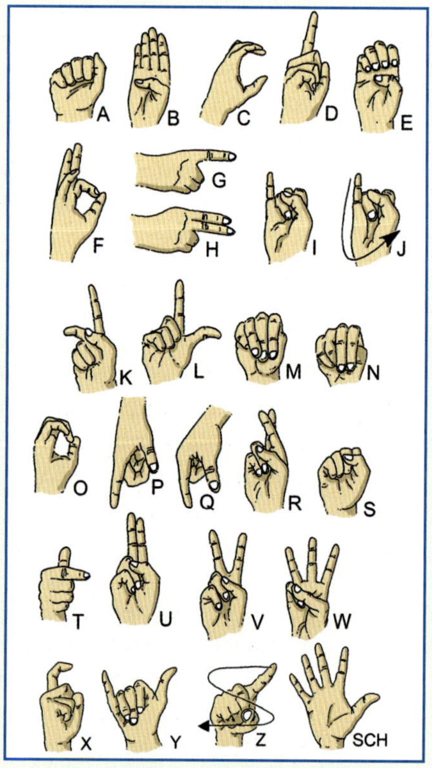

PROJEKTAUFGABE C: Einen Fragebogen erstellen

Erstellen Sie einen Fragebogen über die Angehörigenarbeit.
Schwerpunkte sollen sein:

- die Erwartungen an die Einrichtung,
- die Erwartungen an die Pflegenden,
- die Vorstellungen eigener Mitarbeit.

Die Befragung setzt das Einverständnis Ihrer Einrichtung voraus.

PROJEKTAUFGABE D: Ein Glossar mit „Wörtern aus der guten alten Zeit" zusammenstellen

Ältere Menschen kennen noch interessante Ausdrücke und Begriffe, die längst aus der Mode gekommen sind.
Sammeln Sie solche Ausdrücke „aus der guten alten Zeit" und umschreiben Sie deren Bedeutung und den historischen Kontext. Erstellen Sie ein Glossar mit diesen Begriffen.
Beispiel:
„Eintänzer" = Bei den sogenannten „Tanztees" gab es angestellte Tänzer, die in den Tanzlokalen für alleinstehende Damen als Tanzpartner zur Verfügung standen.

Lernsituation

Altenpflegeschülerin Michaela Rau hat in ihrem Wohnbereich die Erfahrung gemacht, dass es bei Bewohnerinnen und Bewohnern, die an Demenz erkrankt sind, sehr schwierig ist, Gespräche zu führen. Im Internet ist die Schülerin auf der Seite www.alzheimerforum.de auf folgende interessante Information gestoßen:

Schwere Demenz

„Gedächtnisbücher" ermöglichen Gespräche

Dr. Dr. Herbert Mück, Köln

USA. Je ausgeprägter eine Demenz ist, umso schwerer fällt es, mit der betreffenden Person bedeutsam zu kommunizieren. Wie eine Studie von M. Andrews-Salvia und Kollegen an vier extrem dementen Patienten aufzeigt, können „Gedächtnisbücher" die Gesprächsqualität mitunter erfreulich steigern. Das Autorenteam hatte mit den vier Studienteilnehmern zuerst Basisgespräche zu drei Themen geführt („Meine Familie", „Mein Leben" und „Mein Alltag"). Anschließend legten sie für jeden Patienten ein „Gedächtnisbuch" mit zwei Kapiteln an („Meine Familie", „Mein Leben"). Jedes Kapitel beinhaltete einfache und persönlich bedeutsame Tatsachenbeschreibungen (ein bis zwei Sätze), die möglichst mit persönlichen Bildern illustriert waren. Vor den nächsten Gesprächen erhielten die Teilnehmer die Gelegenheit, in ihrem Gedächtnisbuch zu lesen, bevor sie ausdrücklich zum Gespräch eingeladen wurden („Erzählen Sie mir von Ihrer Familie/Ihrem Leben"). Nach Einführung der Gedächtnisbücher nahmen thematisch zutreffende Aussagen sprunghaft und eindrucksvoll zu. Passten pro Gespräch anfänglich maximal null bis fünf Redebeiträge zum Thema, waren es nach Nutzung des Gedächtnisbuches mitunter bis zu siebenmal so viele (27/28). Die Autoren betonen, dass sich mithilfe von Gedächtnisbüchern selbst mit schwer dementen Patienten noch sinnvolle Gespräche führen lassen. Ein solches Vorgehen fördert die verbliebenen kommunikativen Fähigkeiten, ermöglicht sinnvolle Interaktionen mit anderen und verringert den Anteil „unproduktiv" wirkender kommunikativer Verhaltensweisen. Gedächtnisbücher sind einfach zu erstellen und ihr Einsatz bedarf keiner sonderlichen Vorbereitung oder Schulung.

M. Andrews-Salvia u.a.: Evaluating the effects of memory books for individuals with severe dementia. Journal of Medical Speech-Language Pathology 2003 (11), S. 51–59, übersetzt von Herbert Mück, abgerufen unter: www.alzheimerforum.de/2/3/1/Gedaechtnisbuecher.html, Zugriff am 23.09.2016

Michaela möchte die Methode des Gedächtnisbuches in ihrem Wohnbereich anwenden und berichtet darüber ihrer Praxisanleiterin und ihrer Wohnbereichsleiterin. Diese stimmen dem Vorhaben der Schülerin zu und wollen es wohlwollend begleiten. Michaela möchte das Gedächtnisbuch bei zwei an Demenz erkrankten Bewohnerinnen erstellen.

Mein Mann Josef und ich haben am 17. Mai 1956 in Köln geheiratet.

Das war der 5. Geburtstag unserer Tochter Monika

1. Wie soll Michaela vorgehen?
2. Welche rechtlichen Aspekte sind zu beachten?
3. Legen Sie personenbezogen zwei Kapitel für das Gedächtnisbuch fest.
4. Strukturieren Sie ein Basisgespräch.
5. Führen Sie das Basisgespräch mit zwei Bewohnern oder Bewohnerinnen in Ihrer Ausbildungseinrichtung.
6. Fertigen Sie das Gedächtnisbuch an. Benutzen Sie dazu ein ca. 28 × 21 cm großes Fotoalbum.
7. Lassen Sie die Bewohner vor ihrem nächsten Gespräch im Gedächtnisbuch lesen.
8. Überprüfen Sie, ob die Gedächtnisbücher die Kommunikations- und Gesprächsqualität verbessern.

3 Schreiben im beruflichen Alltag

3.1 Mitschrift

Altenpflegerin Sonja Wolf besucht im Rahmen der Altenpflege-Messe einen Fachvortrag zum Thema „Ambulante Pflege im Wandel“. Um möglichst viele Informationen „mit nach Hause“ nehmen zu können, hat Sonja Wolf ihre Notizblätter wie folgt vorbereitet:

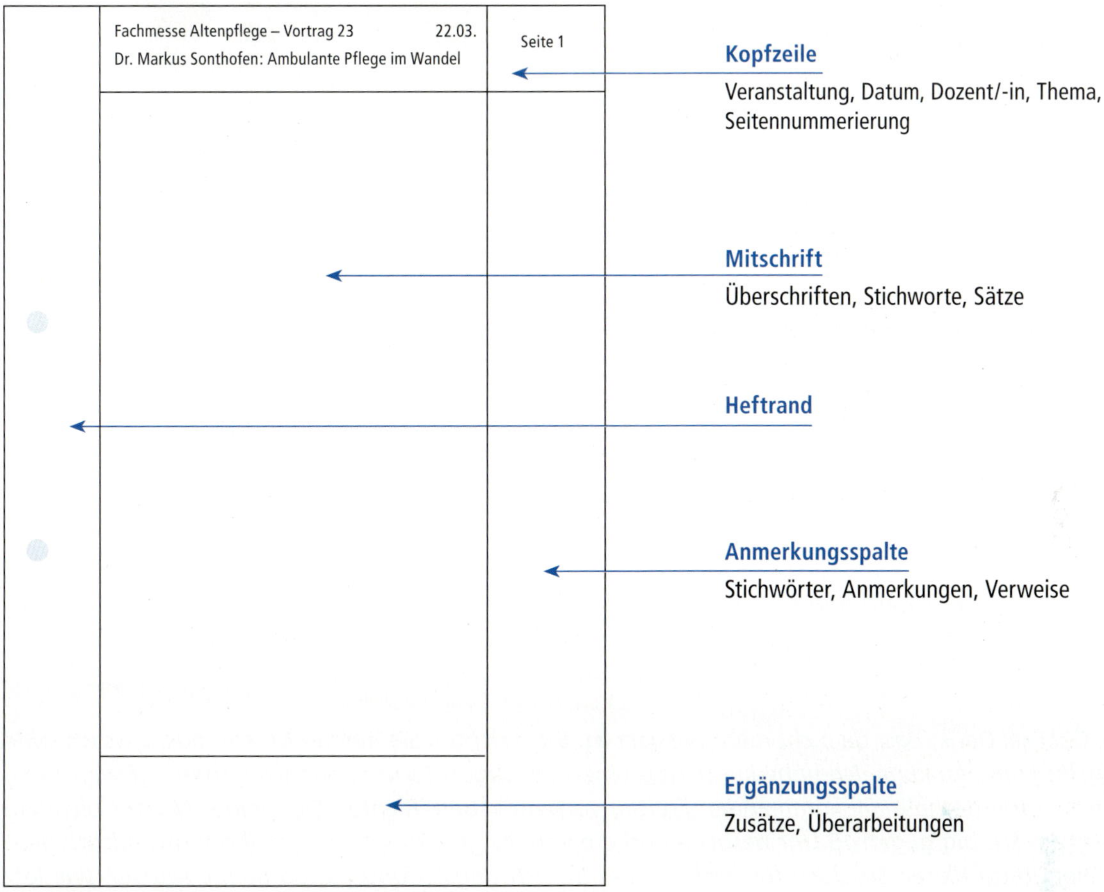

1. Wie hat Sonja Wolf ihre Mitschrift-Blätter vorbereitet? Erläutern Sie den Aufbau und dessen Funktion.
2. Welche Vorteile hat es, Vorträge, Vorlesungen oder Unterrichtsinhalte mitzuschreiben?
3. Welche Fähigkeiten sind für ein effektives Mitschreiben wichtig?

Mitschreiben bedeutet nicht „Mitstenografieren“. Vielmehr kommt es darauf an, das Wesentliche festzuhalten. Die Definitionen und wichtigen Passagen sollten allerdings möglichst wörtlich mitgeschrieben werden. Es hat sich als zweckmäßig erwiesen, lose DIN-A4-Blätter zu verwenden und diese nur einseitig zu beschriften. Notizen sollten am besten unter dem noch frischen Eindruck des Vortrages ergänzt werden. Hierbei ist es sehr hilfreich, mit anderen Teilnehmern die Aufzeichnungen zu vergleichen, zu ergänzen und zu diskutieren.

Vorteile des Mitschreibens:
- Zwang zur Konzentration,
- schnelles Erfassen von Kernaussagen, Struktur und Aufbau eines Stoffgebietes,
- Lernstoffaneignung bereits während des Vortrags,
- schnelle und leichte Aufarbeitung und Wiederholung des Stoffgebietes.

Üben Sie das Mitschreiben im Unterricht, indem Sie
a) Ihre Blätter wie oben vorbereiten,
b) in Gruppen die Mitschriften vergleichen und ergänzen,
c) mithilfe Ihrer Mitschrift die wesentlichen Inhalte referieren.

3.2 Gesprächsnotizen

Altenpflegerin Olga Wolf

und Herr Müller beim Telefonieren

„Seniorenheim Sonnenschein, Bad Keilingen, Wohnbereich 2, Olga Wolf. Guten Morgen. Was kann ich für Sie tun?"

„Klaus Müller. Guten Morgen, Frau Wolf. Könnte ich bitte meine Mutter Gisela Müller sprechen?"

„Tut mir leid, Herr Müller, aber Ihre Mutter ist mit der Wohngruppe in den Stadtpark. Sie wird in etwa einer halben Stunde wieder zurück sein. Aber vielleicht kann ich Ihnen weiterhelfen?"

„Ja, ich wollte mich erkundigen, was mit dem Sturz meiner Mutter ist. Hat die ärztliche Untersuchung was Neues ergeben?"

„Da kann ich Sie ganz beruhigen. Frau Dr. Solow war vor zwei Stunden da und hat Ihre Mutter untersucht. Sie hat aber keinerlei Verletzungen feststellen können. Der Schwindel könnte von einem Medikament kommen. Das Mittel ist jetzt abgesetzt worden."

„Gott sei Dank, dass da nicht mehr passiert ist. Bitte richten Sie meiner Mutter aus, dass ich leider morgen nicht kommen kann. Ich habe kurzfristig einen wichtigen Termin, den ich unbedingt wahrnehmen muss. Ich werde deshalb am kommenden Freitag vorbeischauen. Richten Sie meiner Mutter bitte aus, dass ich sie am Freitag gegen 15 Uhr besuche und die von ihr gewünschten Salbeibonbons mitbringe. Schwester Olga, bitte klären Sie doch für mich bei der Einrichtungsleitung ab, ob meine Mutter, wie letzten Mittwoch besprochen, in das Appartement im Erdgeschoss zum 1. des nächsten Monats umziehen kann. Ich würde ganz gerne im Laufe des Freitagnachmittags diesbezüglich um einen Gesprächstermin mit Frau Arnold bitten."

„Gut, Herr Müller. Ich werde Ihrer Mutter Bescheid geben und unsere Einrichtungsleiterin, Frau Arnold, informieren. Ihre Mutter wird sicher enttäuscht darüber sein, dass sie morgen nicht kommen können. Wie kann ich Sie denn erreichen, falls der Termin mit Frau Arnold nicht machbar wäre?"

„Am besten über mein Mobiltelefon. Die Nummer lautet: 01717883441. Sie können aber auch ein Fax an die Firma senden: 0681938895 oder eine E-Mail senden. Meine E-Mail-Adresse haben Sie ja in den Unterlagen."

„Gut, Herr Müller. Sie hören von uns, wenn der Freitagtermin nicht frei ist."

„Ja, vielen Dank, Schwester Olga. Auf Wiederhören."

„Auf Wiederhören, Herr Müller."

1. Sie wollen Frau Müller sowie Frau Arnold über das Telefongespräch informieren. Welche Angaben über das Gespräch sind wichtig?
2. Fertigen Sie eine Gesprächsnotiz an. Orientieren Sie sich dazu an dem auf der nächsten Seite abgebildeten Formular.

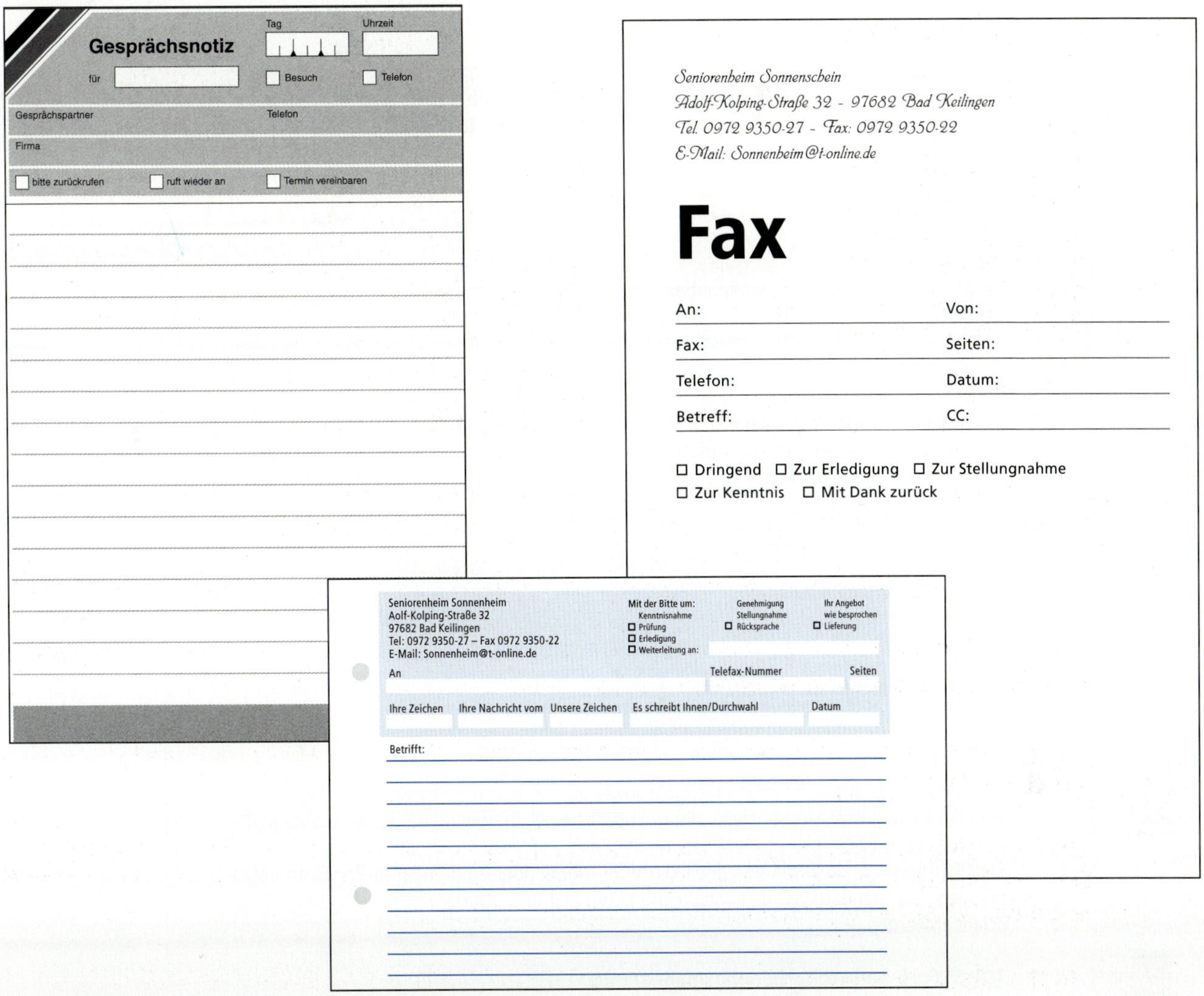

Wichtige Sachverhalte und Vorgänge sollten in Form einer Notiz festgehalten werden. Dies gilt insbesondere für wichtige berufliche Mitteilungen und Informationen. Notizen sind eine gute Gedächtnisstütze und können z. B. gegenüber Vorgesetzten als Nachweis dienen.

Eine Notiz sollte folgende Angaben enthalten:

- Datum und Uhrzeit des Gespräches,
- Name des Gesprächspartners/der Gesprächspartnerin und dessen bzw. deren Funktion und Position,
- Adressat des Gespräches,
- Inhalt der Mitteilung in Stichworten oder kurzen Sätzen,
- vorgeschlagene bzw. ergriffene Maßnahmen,
- Unterschrift des Gesprächsempfängers.

Olga Wolf hat die Einrichtungsleiterin, Frau Arnold, über das Telefonat mit Herrn Müller informiert. Frau Arnold hat sie beauftragt, Herrn Müller mitzuteilen, dass der Termin am Freitag nicht möglich sei, da sie an einer Fortbildung teilnehme. Sie bittet daher, Herrn Müller einen anderen Gesprächstermin vorzuschlagen, z. B. den 28. März nachmittags. Auch sei der Umzug in das Erdgeschoss noch nicht zum 1. April möglich.

1. Olga Wolf kann Herrn Müller nicht erreichen. Es meldet sich die Mailbox. Formulieren Sie eine Nachricht für die Mailbox.
2. Die Nachricht könnte auch per Fax oder per E-Mail übermittelt werden.
   a) Schreiben Sie eine Fax-Nachricht an Herrn Müller. Sie können sich dabei an dem oben abgebildeten Fax-Vordruck orientieren.
   b) Formulieren Sie die Mitteilung als E-Mail.
   Benutzen Sie dazu die E-Mail-Masken verschiedener Internetprovider.

3.3 Protokoll

Bei regelmäßigen Teamgesprächen wechseln sich die Teilnehmerinnen und Teilnehmer mit der Protokollführung ab. Diesmal ist Altenpflegerin Olga Wolf an der Reihe. Über die Teamsitzung fertigt sie folgendes Protokoll an:

Protokoll

über:	Teamsitzung Wohnbereich 2
Datum:	07.03.2017
Ort:	Besprechungsraum 1. OG
Beginn:	15:00 Uhr
Ende:	16:15 Uhr
Anwesend:	Backes, Dummer, Flos, Meier, Maurer, Sauer, Wolf
Abwesend:	Lauer (Urlaub), Toll (krank)
Leitung:	Sabine Dummer
Protokoll:	Olga Wolf

Protokollkopf

Ergebnisse:

Ergebnisse bzw. Verlauf

TOP 1: Protokoll vom 10. Februar
Das Protokoll wird ohne Änderungen angenommen.

TOP 2: Pflegestandards
Frau Dummer erläutert nochmals die Ziele sowie die Struktur der Pflegestandards.
Frau Große und Herr Maurer stellen ihren Entwurf eines Pflegestandards „Übergabeprofil" vor (vgl. Anlage 1).
Frau Flos regt an, auch die Vorgänge mit den Angehörigen und anderen Personen aufzunehmen. Der Standard soll dementsprechend ergänzt und auf der nächsten Sitzung verabschiedet werden.

TOP 3: Fort- und Weiterbildungsmaßnahmen
Frau Dummer gibt bekannt, dass am 12. August eine Fortbildungsveranstaltung im Hause zum Thema „Wundversorgung" stattfindet. Wer daran teilnehmen möchte, soll sich bis zum 24. Juli in die ausgelegte Liste eintragen.

TOP 4: Verschiedenes
Änderung Einsatzplan: Frau Sauer übernimmt die Krankheitsvertretung von Frau Toll.
Frau Flos will den Lesekreis wiederbeleben. Alle begrüßen dies.
Nächste Sitzung: 14.04.2017, 15:00 Uhr, Besprechungsraum 1. OG.

Bad Keilingen, 07.03.2017

Protokoll-schluss

Olga Wolf
Protokollführerin

Sabine Dummer
Leitende

1. Wie ist das Protokoll aufgebaut?
2. Warum ist es wichtig, TOP 1 im Protokoll aufzuführen?
3. Neben Frau Wolf hat auch die Leitende das Protokoll unterschrieben. Welche Gründe gibt es hierfür?
4. Die Abwesenden wollen sich mithilfe des Protokolls über die Teamsitzung informieren. Wie beurteilen Sie den Informationsgehalt des Protokolls?
5. Welche Zeitform hat die Protokollantin verwendet?

Protokolle dienen vor allem
- der **Dokumentation**: Sie sind Dokumente und haben Beweiskraft.
- der **Information**: Abwesende können sich über Vorgänge und Entscheidungen informieren.
- der **Kontrolle**: Mithilfe von Protokollen ist überprüfbar, ob Beschlüsse auch umgesetzt werden.

Um die Zielsetzungen des Protokollierens zu erfüllen, muss bei der sprachlichen Gestaltung auf folgende Punkte geachtet werden:
- objektive Darstellung (keine wertenden Adjektive und Verben),
- klare zeitliche oder systematische Gliederung,
- treffende, kurze Ausdrucksweise,
- wichtige Äußerungen in Form von Zitaten oder in der indirekten Rede,
- Zeitform der Gegenwart (die Zeitform der Vergangenheit ist auch möglich).

Es lassen sich zwei Arten von Protokollen unterscheiden, das **Ergebnis-** und das **Verlaufsprotokoll**:

Das Ergebnisprotokoll beschränkt sich auf Beschlüsse und Ergebnisse einer Sitzung oder Diskussion. Äußerungen einzelner Sprecher werden nur dann in die Niederschrift aufgenommen, wenn dies ausdrücklich gewünscht wird oder inhaltlich von Bedeutung ist.

Das Verlaufsprotokoll hält neben den Ergebnissen und Beschlüssen auch den Gang der Diskussion oder den Verlauf einer Sitzung fest. Dazu müssen alle wichtigen Äußerungen, Anträge, Argumente und Einwände wiedergegeben werden.

Für das Protokollieren empfiehlt es sich, wie bei der Mitschrift (vgl. Seite 95) vorzugehen.

1. a) Nennen Sie Situationen und Veranstaltungen, bei denen ein Protokoll geführt wird.
   b) Begründen Sie, weshalb dies erfolgt.
2. Erläutern Sie, was an den folgenden Protokollauszügen falsch ist:
   a) Die Mehrheit stimmt leider gegen den Antrag, nicht zuletzt aufgrund der Argumentation von Frau Söllner, worauf viele Anwesende ihre Meinung änderten.
   b) Nachdem die Tagesordnung geändert wurde, wird Punkt 2 aufgerufen. Zuvor hat Herr Baumann alle Anwesenden herzlich willkommen geheißen.
   c) Das Protokoll der letzten Sitzung wird in einigen Punkten geändert.
3. Üben Sie das Protokollieren, indem Sie über Ihren Unterricht ein Unterrichtsprotokoll erstellen. Gehen Sie dabei wie folgt vor:
   - Bereiten Sie den Protokollkopf bereits vor dem Unterricht vor.
   - Notieren Sie das Thema. Wenn möglich, machen Sie sich bereits vor dem Unterricht mit dem Thema vertraut.
   - Achten Sie auf Schlüsselwörter, die als Gliederungspunkte verwendet werden können.
   - Medien (Informationsmaterial, Arbeitsblätter ...) sollten als Anhang dem Protokoll beigefügt sein.
   - Kontrollieren Sie sich selbst: Kann ein abwesender Mitschüler mithilfe des Protokolls die wesentlichen Inhalte des Unterrichtes nachvollziehen?

3.4 Pflegedokumentation

Mit der Pflegeversicherung wurde die Pflicht zur Pflegeplanung und Pflegedokumentation im SGB XI (Sozialgesetzbuch, Elftes Buch, Soziale Pflegeversicherung) verbindlich festgelegt. Dabei werden an eine gute Dokumentation verschiedene Anforderungen gestellt. Die Inhalte der Dokumentation müssen systematisch, kontinuierlich, aussagefähig, übersichtlich, von allen Beteiligten fortlaufend geführt, nachvollziehbar und zielgerichtet sein. Außerdem werden Datum, Uhrzeit und Handzeichen bzw. EDV-Kürzel sowie die Inhalte der Pflege und Betreuung gefordert. Hieraus ergeben sich folgende Kriterien für eine gute Dokumentation:

- **Schreibdisziplin**: Lesbarkeit und Dokumentenechtheit (Urkunde),
- **Strukturdisziplin**: geeignetes Dokumentationssystem (Mappe und/oder EDV) und chronologischer Aufbau,
- **Sprachdisziplin**: gleiche Sprachebene und Begrifflichkeit, Sachlichkeit und wertfreie Formulierungen
- **Dokumentationswahrheit**,
- **Dokumentationsklarheit.**

In den Einrichtungen der Altenhilfe werden unterschiedliche Dokumentationssysteme verwendet, die sich an den Bedürfnissen und der Organisationsstruktur der Einrichtung orientieren. Die Dokumentation mithilfe der EDV gewinnt dabei immer mehr an Bedeutung. Das Strukturmodell der entbürokratisierten Pflegedokumentation besteht aus vier Elementen: der strukturierten Informationssammlung, der individuellen Maßnahmenplanung, dem Berichteblatt sowie der Evaluation.

Beispiel für eine Pflegedokumentation:

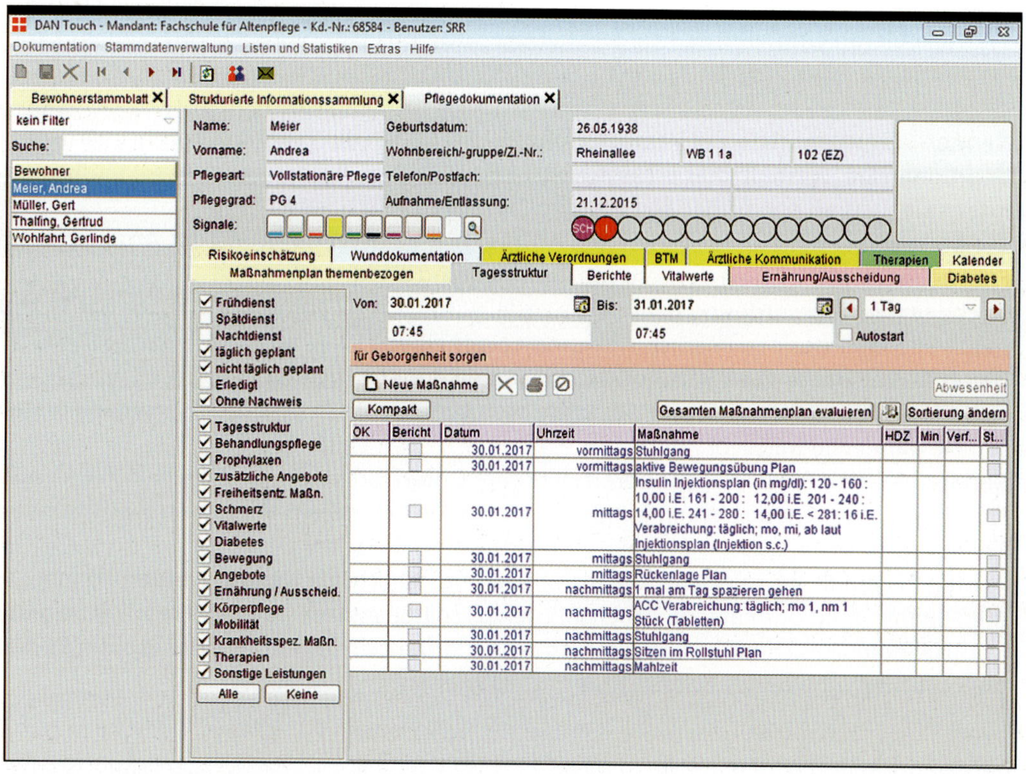

Achtung!
Für die Dokumentation von personenbezogenen Daten gelten die Bestimmungen des Datenschutzes. Daten von zu Pflegenden dürfen nur zur Erfüllung dienstlicher, pflegebezogener Aufgaben und mit Einwilligung der zu Pflegenden gespeichert werden. Die Daten sind vertraulich zu behandeln, sie dürfen nur mit Einwilligung der zu Pflegenden an Dritte weitergegeben werden.

1. Listen Sie aus dem Dokumentationsblatt die Bestandteile einer Pflegedokumentation auf und erläutern Sie diese.
2. Das Sozialamt möchte telefonisch von der Pflegenden Martina Schröder eine Auskunft über eine Bewohnerin erhalten, da im Altenheim die Daten ja präsent seien. Wie soll sich die Pflegende verhalten?

3.5 Biografie

Die Lebensgeschichte von zu Pflegenden ist eine wichtige Grundlage für eine individuelle und bedürfnisorientierte Pflege. Die Biografie ist zwar Ausdruck des Individuellen, spiegelt aber auch soziale, kulturelle, politische und historische Ereignisse wider. Biografische Daten lassen sich im Gespräch, durch Angaben von Angehörigen, aber auch durch punktuelle Beobachtungen erfassen und ergänzen.

Anders als bei einem Lebenslauf, wie er z. B. bei einer Bewerbung gefordert wird, geht es bei der Biografieerarbeitung nicht um eine reine Faktensammlung über den persönlichen und beruflichen Werdegang. Vielmehr ist die Bewertung und Einordnung von Lebensereignissen aus der Sicht des zu Pflegenden von entscheidender Bedeutung. Von der Bewohnerin Andrea Maier sind u. a. folgende biografische Daten bekannt:

Frau Andrea Maier, geb. Ziegler, wurde am 26. Mai 1938 in Neustadt geboren. Sie wuchs als jüngstes von drei Geschwistern (Bruder Rolf und Schwester Hildegard) in einer sehr behüteten und angesehenen Familie auf. Ihre Mutter war Hausfrau und ihr Vater Besitzer eines Weingutes. Das Gut war seit drei Generationen im Familienbesitz und lag mitten in den Weinbergen. Die Großeltern sind früh verstorben. Frau Maier kann sich noch sehr gut an die Fremdarbeiter während des Zweiten Weltkrieges erinnern, die auf dem Weingut arbeiten mussten. Frau Maier besuchte die Volksschule und danach die Handelsschule. Sie selbst sagt von sich: „Ich war eine fleißige und gelehrige Schülerin."

Nach dem Schulabschluss arbeitete Frau Maier im elterlichen Weingut. Sie half bei der Arbeit in den Weinbergen und erledigte für ihren Vater die im Büro anfallenden Arbeiten: „Bestellungen entgegennehmen, Rechnungen schreiben, Kundendateien führen ... Es hat mir sehr viel Spaß gemacht. Es war eine wichtige und verantwortungsvolle Tätigkeit."

Mit 23 Jahren heiratete Frau Maier den Winzer Eduard Maier. Aus der Ehe gingen zwei Kinder hervor: Marie und Franz. Frau Maier und ihr Mann übernahmen Ende der 1960er Jahre das Weingut der Eltern und bauten es weiter aus. Das Ehepaar konnte den Kindern eine gute Ausbildung ermöglichen. Tochter und Sohn studierten. Im Jahre 2003 haben die Maiers das Weingut an ihren Neffen übergeben. Sie zogen in eine Stadtwohnung.

Frau Maier reiste sehr gern. Sie weiß von vielen Urlaubsreisen mit ihrem Mann zu berichten. 2005 verstarb ihr Ehemann. „Mein Mann fehlt mir sehr. Wir wollten doch noch gemeinsam neue Länder entdecken. Aber der liebe Gott hat es nicht so gewollt." Frau Maier wohnte seit 2005 alleine in ihrer Wohnung. Nach einem Sturz zog sie 2011 zu ihrer Tochter, wo sie bis 2015 blieb, ehe sie in die Seniorenresidenz einzog. Frau Maier ist dieser Umzug sehr schwer gefallen. Sie macht ihrer Tochter Vorwürfe: „Marie hat alles von mir bekommen, und nun schiebt sie mich ab."

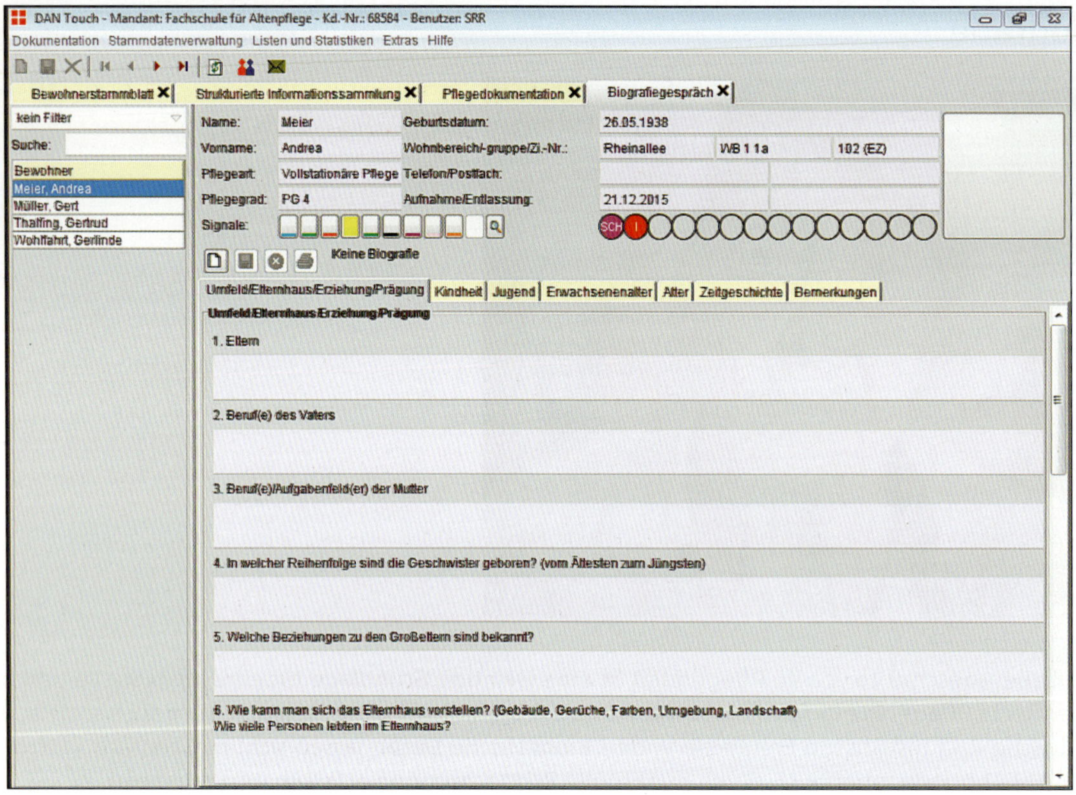

1. In der abgebildeten Pflegedokumentation ist das Biografiegespräch in verschiedene Punkte untergliedert. Führen Sie Gründe für diesen Menüaufbau an.
2. Beantworten Sie die hinterlegten Fragen 1 bis 6 zur Kindheit von Frau Andrea Maier.
3. Die Biografie soll die Bewertung von Lebensereignissen dokumentieren:
   a) Welche „einschneidenden Ereignisse" weist Frau Maiers Biografie auf?
   b) Wie werden diese von Frau Maier bewertet?
4. Sogenannte „biografische Botschaften" sind wichtige Signale für die Lebensgeschichte. Bewerten Sie die folgenden Botschaften von Frau Maier:
   a) „Penetranzgeschichten": Frau Maier erzählt immer wieder von früher, als ihre Eltern noch Bedienstete auf ihrem Gut beschäftigt hatten.
   b) „Gedankensprünge": In einem Gespräch über die Kindheit berichtet Frau Maier über ihre Schwester und beginnt dann über deren Mann, schließlich über die negativen Auswirkungen von Alkohol zu reden.
   c) „Schweigen": Frau Maier redet nicht gerne über die Zeit des Zweiten Weltkrieges, in dem ihr Bruder gefallen ist: „Ach, da war nichts Besonderes!"
5. Als Pflegeperson sollte man sich auch mit der eigenen Biografie auseinandersetzen.
   a) Schreiben Sie ihre eigene Biografie im Stile der Biografiearbeit auf. Sie können aber auch wechselseitig die Biografie eines Mitschülers oder einer Mitschülerin erfragen und notieren.
   b) Reflektieren Sie Ihre Lebensgeschichte.
   c) Formulieren Sie auch eigene Bedürfnisse, Ziele und Wünsche für die Zukunft.
6. Eine Biografie spiegelt auch immer soziale, kulturelle, politische und historische Ereignisse. Zeichnen Sie ein Bild eines/einer heute 80-Jährigen, indem Sie wichtige historische Ereignisse der letzten 80 Jahre in einer Zeitleiste dokumentieren. Sie können die Zeitleiste auch durch Zeitungsausschnitte, Dokumente oder Fotos anschaulicher machen.
7. Personen zu beschreiben ist nicht einfach, zumal die Beschreibung nicht nur Äußerlichkeiten wiedergeben soll, sondern neben Geschlecht, Alter, Größe, Gestalt, Bekleidung, Gesicht, Körperhaltung auch Mimik, Gestik, Sprachvermögen und Stimme, Angewohnheiten, Vorlieben und Charaktereigenschaften darstellen will. Beschreiben Sie die Frau auf dem Foto auf S. 101. Äußeren Sie dabei auch eigene Empfindungen.

3.6 Pflegebericht

1. Auf welche Fragen muss ein Bericht Antworten geben?
2. Welche Probleme haben Sie beim Abfassen eines Pflegeberichtes?

Datum	Uhrzeit	Eintrag	Namenskürzel
14.03.	08:45	Habe ihr die Waschschüssel ans Bett gebracht und sie bei der Körperpflege (Rücken waschen und Intimpflege) unterstützt. Essen wurde ans Bett gebracht. Trotz Zusprache hat Frau Müller nur die Getränke zu sich genommen.	FL
14.03.	07:55	Frau Müller will im Bett bleiben, sie verweigert die Nahrungsaufnahme, hat schlechte Gesichtsfarbe.	FL
14.03.	07:15	Frau Müller ist in einer depressiven Stimmung. Sie ist traurig darüber, dass sie ihr Sohn diese Woche nicht besuchen kann.	FL
13.03.	18:05	Sohn hat angerufen, dass er morgen seine Mutter nicht besuchen kann. Frau Müller hat diese Nachricht enttäuscht. Sie hat leise vor sich hin geweint.	OW
13.03.	16:20	Frau Müller freut sich, dass ihr Sohn sie morgen besuchen kommt. Sie erzählt mir, dass sie stolz auf ihn ist, und hat mir Familienfotos gezeigt. Über ihre Tochter spricht sie nur negativ. Sie habe es nur auf ihr Geld abgesehen, sie könne aber jetzt nicht mehr darüber sagen.	GR
13.03.	14:45	Dr. Solow hat Frau Müller untersucht. Nach seinen Aussagen hat Frau Müller keine Verletzungen. Noctamid-1 absetzen, da der Schwindel hierher kommen könne (vgl. Medikamenten-Karte).	GR
13.03.	08:10	Frau Müller hat sich beim Duschen den Kopf gestoßen. Sie hat nach eigenen Angaben Schwindelgefühle gehabt. Es sind keine äußeren Verletzungen sichtbar. Ich habe Dr. Solow informiert.	FL
13.03.	06:54	Frau Müller hat die Nacht ohne Probleme durchgeschlafen, will sich heute selbst waschen und ankleiden.	TK
12.03.	22:10	Frau Müller hat mehrmals geläutet. Sie klagt darüber, dass sie nicht einschlafen könne. Sie könne nicht erklären, woran dies liege. Sie bittet um ein Schlafmittel: Noctamid-1.	TK
12.03.	09:10	Frau Müller ist wieder einmal schlecht gelaunt.	BS
10.03.	11:10	Dr. Solow war zur Visite.	BS
09.03.	15:20	Frau Müller klagt über Schmerzen in den Oberschenkeln, jedoch keine Schwellung oder Rötung ersichtlich. Weiter beobachten.	LA
09.03.	10:45	Das Verhalten von Frau Müller ist aggressiv. Ich glaube, sie wird zunehmend verwirrter.	BS
08.03.	15:06	Frau Müller will unbedingt ihren Sohn sprechen. Habe Sohn telefonisch nicht erreicht.	PS
08.03.	12:06	Keine besonderen Vorkommnisse!	BS
07.03.	18:06	Frau Müller fühlt sich nicht wohl, sie nimmt deshalb das Abendbrot im Zimmer zu sich.	LA
07.03.	06:11	Frau Müller ist nass geschwitzt. Es könnte sein, dass sie Angstzustände hat. Habe sie umgezogen.	BS

1. Beschreiben Sie den Aufbau des Pflegebericht-Blattes.
2. Worüber gibt der Pflegebericht Auskunft?
3. Beurteilen Sie die einzelnen Eintragungen.
   a) Welche Eintragungen entsprechen in Inhalt und Sprache der Intention eines Pflegeberichtes?
   b) Welche Formulierungen sind wenig aussagefähig und nicht pflegerelevant?
   c) Wo finden sich unzulässige Wertungen?
4. Welcher Pflegeperson sollte man eine Unterweisung oder Schulung über das Schreiben des Pflegeberichtes zukommen lassen? Begründen Sie Ihre Meinung.

Der Pflegebericht gibt wie jeder Bericht Antwort auf die sogenannten **W-Fragen:**
Wer? Was? Wann? Wie? Weiteres Vorgehen?

In sachlicher und knapper Form gibt er Auskunft über Verlauf und Wirkung der Pflege sowie Besonderheiten:

- allgemeines Befinden des zu Pflegenden,
- Veränderungen der körperlichen, seelischen, geistigen und sozialen Situation des zu Pflegenden,
- Wirkung von Pflegemaßnahmen,
- verbale und nonverbale pflegerelevante Äußerungen des zu Pflegenden,
- Besuch von Arzt, Therapeut, Pastor, Angehörigen … ,
- besondere Vorkommnisse.

Zu vermeiden sind:

- Wertungen,
- wenig aussagefähige Begriffe und Formulierungen,
- Beobachtungen, die für die Pflege nicht relevant sind.

Formulierungsbeispiele

schlecht	gut
Herr Schmitt ist heute Vormittag ausgerutscht; keine Besonderheiten.	Herr Schmitt wollte heute unbedingt alleine duschen. Dabei ist er um 7:10 Uhr in der Duschkabine ausgerutscht und hat sich den Kopf an der Kabine angeschlagen. Nach eigenen Angaben habe er aber keine Beschwerden. Äußerlich sind keine Verletzungen erkennbar. Weiter beobachten.
Frau Bauer ist depressiv.	Frau Bauer ist depressiv. Sie weint leise vor sich hin und lässt sich nicht ansprechen.
Herr Maurer ist verwirrt.	Herr Maurer erkennt die Tochter beim Besuch nicht wieder. Er schrie laut um Hilfe und bat mich, die fremde Frau wegzuschicken.
Frau Flemming ist aggressiv.	Frau Flemming biss mir in den Unterarm und schlug nach mir, als ich sie zu Bett bringen wollte. Sie schrie mich an und beschimpfte mich.

1. Verbessern Sie die folgenden Formulierungen:
   a) *Frau Zöllner ist wenig kooperativ. Sie verweigert die Diclac-Zäpfchen.*
   b) *Herr Müller hat sich den Arm verletzt.*
   c) *Frau Kreiner ist desorientiert.*
   d) *Die Haut von Herrn Holm zeigt Rötungen auf.*
   e) *Dr. Klein hat Akatinol verschrieben.*
2. Frau Müller ist Bewohnerin in Ihrem Pflegebereich (vgl. Pflegebericht, S. 104). Sie haben am 14. März Mittagsschicht. Die Übergabe ist aufgrund eines Notfalls nur sehr kurz ausgefallen. Deshalb lesen Sie die letzten Eintragungen im Pflegebericht.
   Worauf müssen Sie bei der Bewohnerin Frau Müller während Ihres Dienstes achten?

In der neuen entbürokratisierten Pflegedokumentation werden im Berichteblatt nur noch Abweichungen von der Maßnahmenplanung, aktuelle Ereignisse sowie weitere Beteiligte (z. B. Arzt) notiert.

Die folgenden Auszüge aus der Pflegedokumenation beziehen sich auf die Bewohnerin Frau Andrea Maier auf Seite 101.

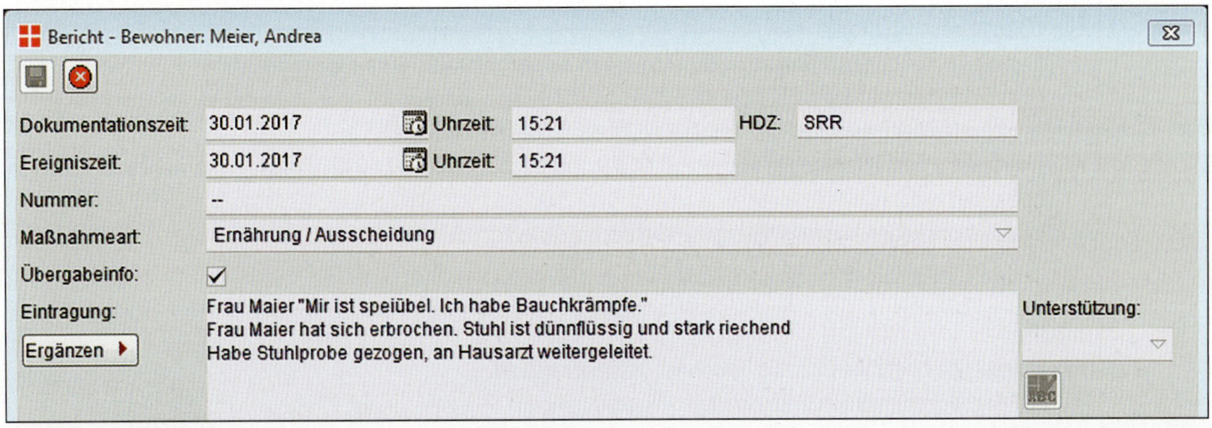
Bericht - Bewohner: Meier, Andrea

Dokumentationszeit: 30.01.2017 Uhrzeit: 15:21 HDZ: SRR

Ereigniszeit: 30.01.2017 Uhrzeit: 15:21

Nummer: --

Maßnahmeart: Ernährung / Ausscheidung

Übergabeinfo: ✓

Eintragung: Frau Maier "Mir ist speiübel. Ich habe Bauchkrämpfe."
Frau Maier hat sich erbrochen. Stuhl ist dünnflüssig und stark riechend
Habe Stuhlprobe gezogen, an Hausarzt weitergeleitet.

Ergänzen

Unterstützung:

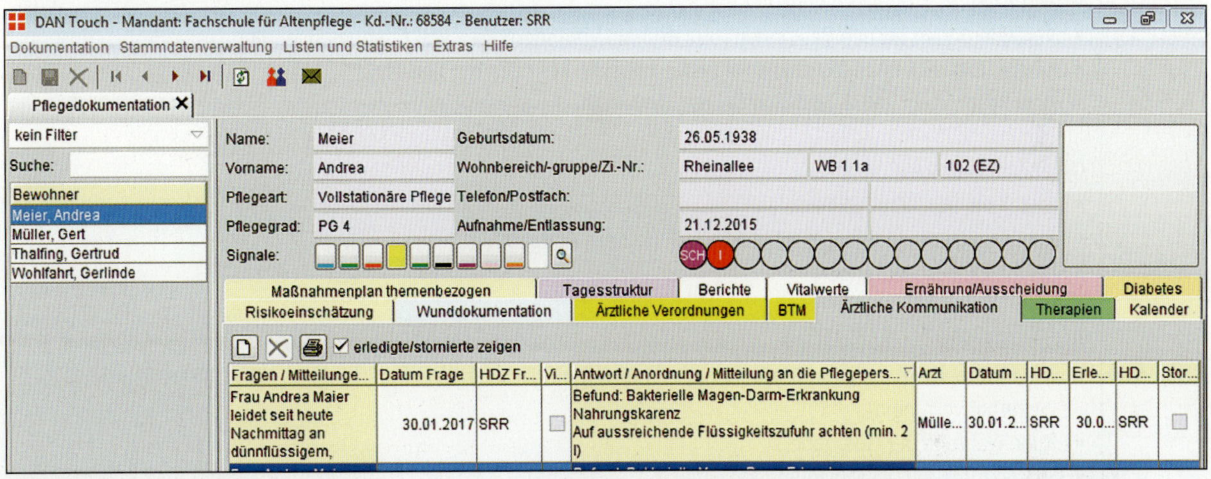
DAN Touch - Mandant: Fachschule für Altenpflege - Kd.-Nr.: 68584 - Benutzer: SRR

Dokumentation Stammdatenverwaltung Listen und Statistiken Extras Hilfe

Pflegedokumentation

kein Filter
Suche:
Bewohner
Meier, Andrea
Müller, Gert
Thalfing, Gertrud
Wohlfahrt, Gerlinde

Name: Meier Geburtsdatum: 26.05.1938
Vorname: Andrea Wohnbereich/-gruppe/Zi.-Nr.: Rheinallee WB 1 1a 102 (EZ)
Pflegeart: Vollstationäre Pflege Telefon/Postfach:
Pflegegrad: PG 4 Aufnahme/Entlassung: 21.12.2015
Signale: SCH I

Maßnahmenplan themenbezogen | Tagesstruktur | Berichte | Vitalwerte | Ernährung/Ausscheidung | Diabetes
Risikoeinschätzung | Wunddokumentation | Ärztliche Verordnungen | BTM | Ärztliche Kommunikation | Therapien | Kalender

erledigte/stornierte zeigen

Fragen / Mitteilunge...	Datum Frage	HDZ Fr...	Vi...	Antwort / Anordnung / Mitteilung an die Pflegepers...	Arzt	Datum ...	HD...	Erle...	HD...	Stor...
Frau Andrea Maier leidet seit heute Nachmittag an dünnflüssigem,	30.01.2017	SRR	☐	Befund: Bakterielle Magen-Darm-Erkrankung Nahrungskarenz Auf aussreichende Flüssigkeitszufuhr achten (min. 2 l)	Mülle...	30.01.2...	SRR	30.0...	SRR	☐

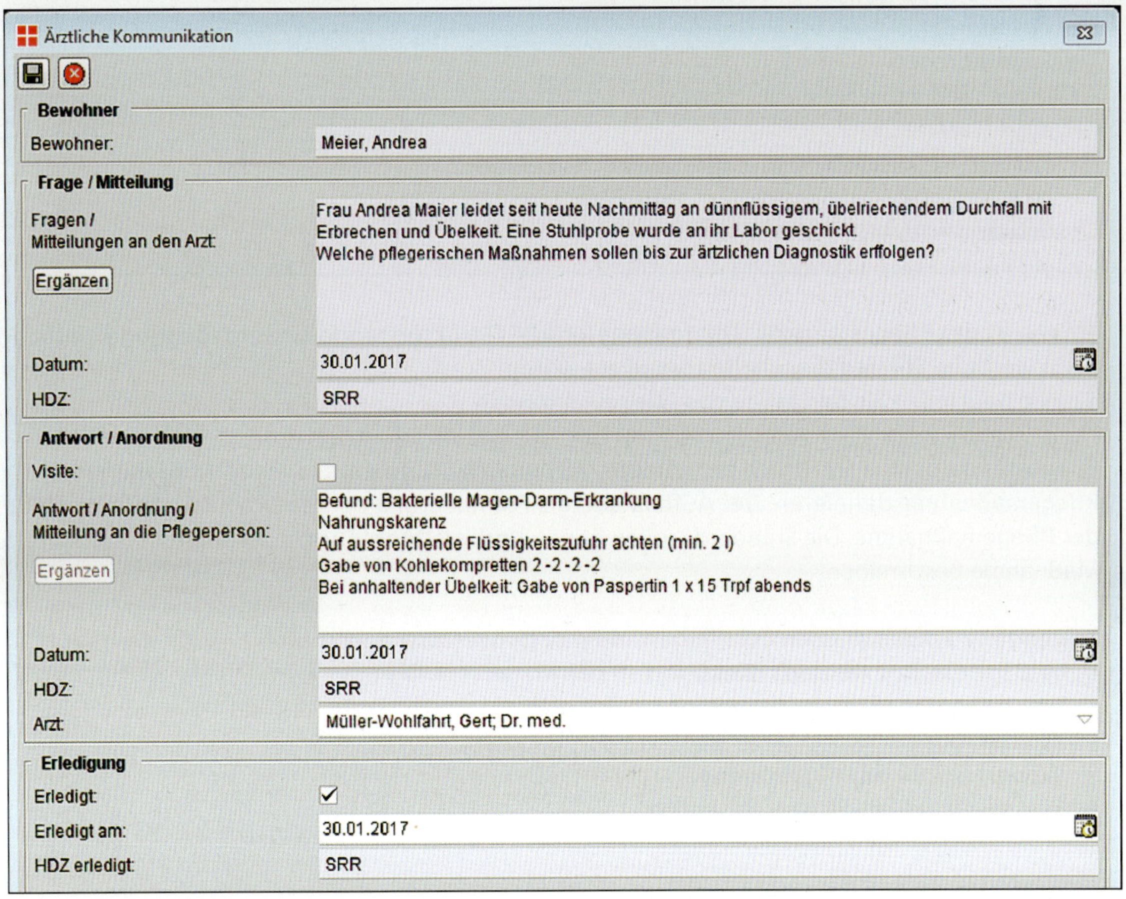
Ärztliche Kommunikation

Bewohner

Bewohner: Meier, Andrea

Frage / Mitteilung

Fragen / Mitteilungen an den Arzt: Frau Andrea Maier leidet seit heute Nachmittag an dünnflüssigem, übelriechendem Durchfall mit Erbrechen und Übelkeit. Eine Stuhlprobe wurde an ihr Labor geschickt.
Welche pflegerischen Maßnahmen sollen bis zur ärztlichen Diagnostik erfolgen?

Ergänzen

Datum: 30.01.2017

HDZ: SRR

Antwort / Anordnung

Visite: ☐

Antwort / Anordnung / Mitteilung an die Pflegeperson: Befund: Bakterielle Magen-Darm-Erkrankung
Nahrungskarenz
Auf aussreichende Flüssigkeitszufuhr achten (min. 2 l)
Gabe von Kohlekompretten 2-2-2-2
Bei anhaltender Übelkeit: Gabe von Paspertin 1 x 15 Trpf abends

Ergänzen

Datum: 30.01.2017

HDZ: SRR

Arzt: Müller-Wohlfahrt, Gert; Dr. med.

Erledigung

Erledigt: ✓

Erledigt am: 30.01.2017

HDZ erledigt: SRR

3.7 Pflegestandards

Im Seniorenheim Bad Keilingen werden im Zuge der Qualitätssicherung wichtige Pflege- und Arbeitsroutinen standardisiert. Für das Übergabegespräch ist folgender Pflegestandard formuliert worden:

Ziele

Das Übergabegespräch soll:

- einen gleichbleibenden Informationsfluss zwischen den einzelnen Schichten gewährleisten,
- umfassende Informationen über die Bewohner gewährleisten (pflegerisch und medizinisch),
- das Einstufen der Bewohner in angemessene Pflegegrade gewährleisten,
- sicherstellen, dass Erfahrungen ausgetauscht werden, Beobachtungen und Kenntnisse hinterfragt und richtig angewandt werden,
- Organisationsfragen klären (Weitergabe von noch zu erledigenden Arbeiten etc.),
- die Zusammenarbeit fördern.

Inhalte

Die umfassende Übergabe über die Bewohner orientiert sich an:

- der Pflegedokumentation (insbesondere Pflegestammblatt, Pflegebiografie, Pflegebericht, Pflegedaten),
- ärztlichen Anordnungen und Therapie,
- Veränderungen bei den Bewohnern und deshalb Veränderungen von Pflegemaßnahmen,
- einem Überblick über das physische und psychische Befinden der Bewohner,
- dem Besprechen von Grenzfällen bei der Einstufung der Bewohner.

Organisationsfragen:

- Einteilung der Arbeitsbereiche,
- Zuordnung von qualifizierten Mitarbeitern (je nach Pflegeintensität),
- Dienstplanbesprechungen.

Ablauf/Regeln

- alle Mitarbeiterinnen und Mitarbeiter sind – soweit möglich – anwesend (dringliche Bewohnerversorgung ist weiterhin vorrangig),
- Ruhe während der Übergabe,
- Störfaktoren auf ein Minimum reduzieren,
- Türe schließen,
- Schild anbringen,
- konsequente, disziplinierte Vorgehensweise,
- aktives Zuhören,
- informierende Mitarbeiterinnen und Mitarbeiter ausreden lassen,
- bei Bereichspflege berichtet jeder über seinen Bereich,
- Dokumentation wird mit berücksichtigt.

1. Wie ist der Pflegestandard „Übergabegespräch" (Strukturstandard) aufgebaut und gegliedert?
2. In welchem Stil sind die Inhalte formuliert worden?
3. Wie beurteilen Sie den Inhalt des Pflegestandards?

Pflegestandards sind schriftlich festgelegte, verbindliche Normen, die einen Aufgabenbereich oder eine Pflegemaßnahme definieren. Der Aufbau und die Formulierung richten sich nach der Art und dem Ablauf der Pflegemaßnahme. Die Standards sollen genau Vorbereitung, Durchführung und Nachbereitung einer Maßnahme beschreiben.

Folgende W-Fragen müssen bei Pflegestandards (Prozessstandards) beantwortet werden:

- Was soll erreicht werden? (Ziele)
- Was soll getan werden? (Handlungsanweisung)
- Welche Hilfsmittel und Materialien werden benötigt?
- Worauf ist zu achten? (Hinweise)
- Welche Qualifikation ist erforderlich?

1. Die Pflegefachkraft Gerda Flos regt beim Teamgespräch an, in den Pflegestandard „Übergabegespräch" auch die Vorgänge mit den Angehörigen und anderen Partnern aufzunehmen. Formulieren Sie dazu eine Anweisung und ergänzen Sie den Standard des Seniorenheims Bad Keilingen.

2. *„Die Entwicklung und Formulierung von Standards in der Pflege macht uns sprachfähiger und wird zu einem neuen Selbstverständnis der Pflege, und damit auch zu einem größeren Selbstbewusstsein und Selbstverständnis der Pflegenden führen. Wir müssen lernen, unsere Arbeit zu beschreiben, und damit unsere Qualität deutlich machen. Gemeinsam festgelegte Standards, die sehr genau beschreiben, wie, warum und mit welchem Ziel etwas getan wird, helfen uns, sprachfähiger zu werden, und ermöglichen, dass professionelle Altenpflege klarer, bewusster und transparenter wird."*

   Annegret Thierhoff, in: Pflegestandards. Eine Dokumentation des Fachtags Pflegestandards in der Reihe „Pflegekultur" des Württembergischen Evangelischen Fachverbands für Altenhilfe und des Diakonissen Werks Württemberg, Stuttgart, o. J.

   a) Welche Vorteile von formulierten Standards werden angeführt?
   b) Wie müssen Standards festgelegt und beschrieben werden?

3. Die Standardisierung wird auch immer wieder kritisiert.
   a) Führen Sie Kritikpunkte an.
   b) Diskutieren Sie über den Einwand, dass sich die wichtige Pflegebeziehung nicht standardisieren lässt.
4. Für die Ausarbeitung von Pflegestandards ist es notwendig, den Vorgang einer Tätigkeit zu beschreiben.
   a) Verfassen Sie zu den folgenden Abbildungen Vorgangsbeschreibungen.
   b) Erweitern Sie Ihre Vorgangsbeschreibungen in Anlehnung an die W-Fragen der vorhergehenden Seite zu einem Pflegestandard.

Flachlagerung in der Rückenlage

Arbeiten mit Hebelifter

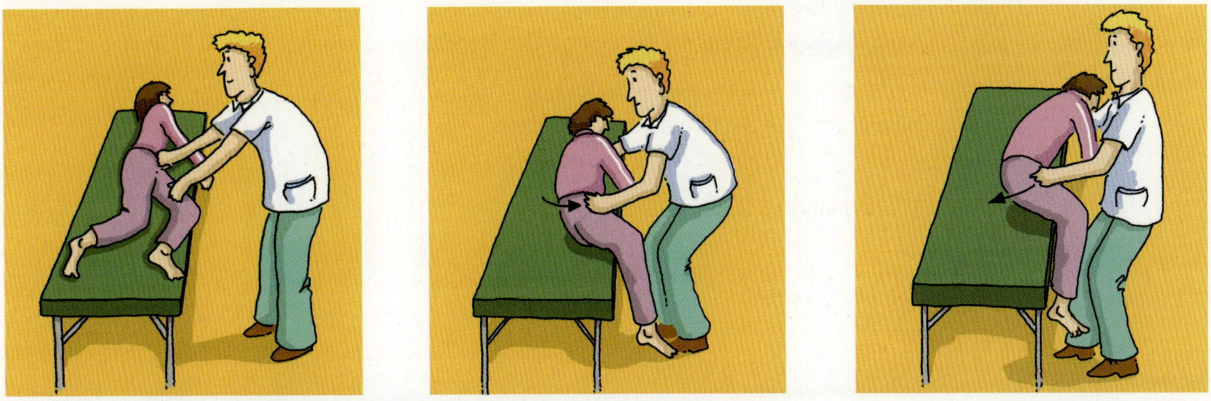

Anleiten und Einüben einer Aufstehtechnik

5. Erstellen und formulieren Sie in Gruppenarbeit einen Standard über
   a) Pflegedokumentation,
   b) Mundpflege,
   c) Dekubitusprophylaxe,
   d) freiheitsentziehende Maßnahmen.

3.8 Geschäftliche Briefe

Die Bewohnerin des Altenpflegeheimes „Abendsonne", Frau Mathilde Kretschmer, hat am 23. Februar von der Firma Orbi GmbH, Beethovenallee 9, 51240 Köln, eine Warensendung im Wert von 356,50 EUR erhalten. Den Rechnungsbetrag hat Frau Kretschmer am 26. Februar überwiesen. Gestern, am 11. März, erhielt Frau Kretschmer eine Mahnung der Firma Orbi GmbH über den noch ausstehenden Rechnungsbetrag.
Frau Kretschmer ist völlig ratlos. Sie bittet die Altenpflegerin Martina Sauer um Hilfe. Frau Sauer setzt daraufhin für die Bewohnerin folgendes Schreiben an die Firma Orbi auf.

Mathilde Kretschmer 1

Seniorenheim Abendsonne
Schillerstraße 25 | 66125 Saarbrücken
Tel.: 0621 935218
E-Mail: kretschmer@web.de

2 Orbi GmbH
Rechnungswesen
Beethovenallee 9
51240 Köln

4 5 **Rg-Nr. 3341.59** 12.03.2017 3
Ihre Mahnung vom 11. März 2017

6 Sehr geehrte Damen und Herren,

7 am 23. Februar dieses Jahres habe ich von Ihnen eine Warensendung im Wert von 356,50 EUR erhalten. Gestern erhielt ich eine Mahnung über den angeblich noch ausstehenden Rechnungsbetrag.

Ich habe jedoch bereits am 26. Februar den Rechnungsbetrag über 356,50 EUR an Sie überwiesen.

Bitte überprüfen Sie Ihre Zahlungseingänge.

8 Mit freundlichen Grüßen

9 Mathilde Kretschmer

10 **Anlage**
Kopie des Überweisungsauftrages

Privater Geschäftsbrief

Altenpflegerin Martina Sauer hat das Schreiben als geschäftlichen Brief in Anlehnung an die DIN-Vorschrift 5008 abgefasst. Bei geschäftlichen Angelegenheiten und bei Schreiben an Behörden, Ämter, Versicherungen usw. sollte man sich an diesem Aufbau orientieren, auch wenn man den Brief von Hand schreibt.

1. Nennen Sie die einzelnen Bestandteile eines geschäftlichen Schreibens, indem Sie die Nr. im Brief erläutern.
2. Aus welchem Grund muss der Absender mit Anschrift nicht nur auf dem Umschlag, sondern auch im Brief selbst ausgeführt werden?
3. Warum sind die Angaben gerade in dieser Reihenfolge und mit festgelegten Zeilenabständen angeordnet?
4. Weshalb ist beim Geschäftsbrief links ein Rand zu lassen?

In einem Geschäftsbrief müssen alle Angaben enthalten sein, die für den Empfänger zur Bearbeitung notwendig sind.

Wichtig ist, dass die Angaben

- vollständig und sachlich richtig,
- übersichtlich angeordnet,
- einfach, knapp, klar und höflich formuliert sind.

In einen Geschäftsbrief sind in der Regel die folgenden Punkte aufzunehmen:

Bezugnahme
In der Bezugszeichenzeile wird auf vorangegangene Schreiben verwiesen, um den Geschäftsvorgang einzuordnen.

Darstellung des Sachverhaltes
Der Sachverhalt und die Vorgänge werden kurz dargestellt, um zwischen Absender und Empfänger einen gemeinsamen Informationsstand zu gewährleisten.

Stellungnahme
Der Sachverhalt wird aus Sicht des Absenders bewertet und kommentiert.

Aufforderung
Der Empfänger wird aufgefordert, bestimmte Maßnahmen in die Wege zu leiten.

1. Überprüfen Sie, ob der Brief auf der vorhergehenden Seite die vier Punkte der inhaltlichen Gestaltung enthält.
2. Formulieren Sie jeweils die Betreffzeile. Achten Sie auf Fachbegriffe.
   a) Die gelieferte Ware ist zwar vollständig, aber mit Mängeln versehen.
   b) Die bestellte Ware ist nicht zum vereinbarten Liefertermin geliefert worden.
   c) Sie wollen eine Illustrierte im Abonnement nicht weiter beziehen.
   d) Eine Bewohnerin will der Haftpflichtversicherung einen Schaden melden.
   e) Ein Bewohner ist nicht einverstanden mit dem Entscheid der Wohngeldstelle.
3. Verbessern Sie den Stil der folgenden Briefauszüge, indem Sie den gleichen Sachverhalt knapp, klar und höflich formulieren:
   a) Die von Ihnen geforderte Nachzahlung in Höhe von 240,00 EUR, die Sie mir in Ihrem Schreiben vom 6. Mai mitgeteilt haben, ist eine Unverschämtheit, da Sie mir bis heute keine Belege über die zusätzlichen Kosten vorgelegt haben.
   b) Sie mahnen mich, den Rechnungsbetrag zu überweisen. Das ist nicht wahr, da ich die Rechnung bereits bezahlt habe, und ich fordere Sie auf, mich nicht mehr zu belästigen.

4. Schreiben Sie zu den folgenden Fällen einen formgerechten privaten Geschäftsbrief (in Anlehnung an die DIN 5008):
   a) Die Bewohnerin Ihres Altenpflegeheimes, Frau Elisabeth Pirrung, hat vor sechs Wochen bei der örtlichen Wohngeldstelle einen Antrag auf Wohngeld gestellt. Heute ist ein ablehnender Bescheid erfolgt (Aktenzeichen: WG-135-2). Frau Pirrung bittet Sie, den Bescheid zu prüfen. Sie stellen fest, dass die Behörde offensichtlich falsche Daten als Grundlage benutzt hat: So sind die Wohnkosten (Miete und Nebenkosten) um 50,00 EUR zu niedrig angesetzt worden. Außerdem erscheint Ihnen die Bemessungsgröße „Ausstattung und Alter der Wohnung" als zu hoch angesetzt. Auf Bitte von Frau Pirrung wollen Sie die Angelegenheit mit der Behörde klären. Zunächst wollen Sie im Namen von Frau Pirrung Widerspruch gegen den ergangenen Bescheid einlegen und die Gründe hierfür kurz darlegen.
   b) Der Bewohner Ihres Heimes, Herr Michael Hollermann, ist vor einer Woche auf der Straße angesprochen worden, Mitglied in einem Bücherbund zu werden. Er hat einen Mitgliedsantrag unterschrieben. Mittlerweile hat Herr Hollermann erkannt, dass das Angebot des Bücherbundes doch nicht seinen Vorstellungen entspricht und dass die angebotenen Bücher zu teuer sind. Sie erläutern Herrn Hollermann, dass er seine Mitgliedschaft innerhalb von 10 Tagen beim Bücherbund „Bücherwurm", Am Brennenden Berg 15, 66119 Saarbrücken, widerrufen kann.
   c) Sie suchen nach Informationen über Literaturvorschläge für die Altenpflege, z. B. Texte über Feste und Feiern, aber auch für Senioren-Gesprächskreise und zur Unterhaltung. Nach langem Suchen sind Sie auf die folgende Institution aufmerksam geworden: Kuratorium Deutsche Altershilfe, Wilhelm-Lübke-Stiftung e. V., An der Pauluskirche 3, 50677 Köln. Hier wollen Sie als Mitarbeiter/-in Ihrer Pflegeeinrichtung anfragen.
5. Neben geschäftlichen Vorgängen sind auch persönliche Briefe in der Altenpflege von Bedeutung. Das Brief- und Postgeheimnis gilt natürlich auch hier. Wenn Sie aber um eine Gefälligkeit gebeten werden, ist es Ihre Aufgabe, die zu Pflegenden zu unterstützen. Helfen Sie auf Bitten der älteren Menschen, einen persönlichen Brief zu den folgenden Anlässen zu schreiben.
   a) Frau Gerda Müller vermisst schon seit Längerem jedes Lebenszeichen Ihres Sohnes Thomas. Thomas hat sie früher regelmäßig besucht. Doch seit drei Monaten hat sie nichts mehr von ihm gehört. Frau Müller macht sich Sorgen: Ist er etwa krank? Hatte er vielleicht einen Unfall? Warum ist er auch telefonisch nicht mehr erreichbar? Ist er ihr etwa „böse", weil sie ihm von der Verbindung zu Frau Neiber abgeraten hat? Frau Müller ist sehr niedergeschlagen und muss immerzu an Thomas denken. Thomas ist ihr einziges Kind.
      Frau Müller will Thomas unbedingt bald sehen und sprechen. Sie will mit ihm auch erbrechtliche Dinge bereden. Deshalb lädt sie ihn für das übernächste Wochenende ins Pflegeheim ein. Die Adresse von Thomas: Thomas Müller, Danziger Straße 34, 74749 Rosenberg.
   b) Herr Josef Kurz hat gestern einen Brief von seiner Tochter Dagmar erhalten. Darin fragt sie u. a.: Wie geht es dir? Schildere doch einmal deinen Alltag. Wie sind die Mitbewohner, wie das Pflegepersonal? Was vermisst du am meisten? Wenn ich dich besuche, was soll ich dir mitbringen? Herr Kurz will mit Ihrer Hilfe den Brief heute noch beantworten. Dagmars Adresse: Dagmar Schreiber, Heinrich-Heine-Platz 17 a, 86179 Augsburg.

In den vorhergehenden Briefen kamen folgende Straßennamen vor:

Schillerstraße – Beethovenstraße – Am Brennenden Berg – An der Pauluskirche – Danziger Straße – Heinrich-Heine-Platz

Ein Straßenname besteht aus zwei Teilen, nämlich aus dem **Grundwort** (Straße, Platz, Berg) und dem **Bestimmungswort** (Schiller, Beethoven, Brennend, Paulus, Danzig, Heinrich-Heine). Für die Schreibweise des Straßennamens (zusammen, getrennt oder mit Bindestrich) ist entscheidend, wie das Bestimmungswort beschaffen ist.

5. Welche drei grundlegenden Schreibweisen von Straßennamen gibt es?
6. Formulieren Sie Regeln für die jeweilige Schreibweise.

3.9 Bewerbung

Es gibt viele Gründe, die Arbeitsstelle zu wechseln: Unzufriedenheit am Arbeitsplatz, der Wunsch nach neuen Perspektiven und Aufstiegsmöglichkeiten oder einfach nur ein Umzug in eine andere Region.

Impulse für Bewerbungen gehen oft von Annoncen in der Tageszeitung oder in Fachzeitschriften aus.

Wir sind eine der größten privaten stationären Einrichtungen der Alten- und Behindertenhilfe in München und suchen zum nächstmöglichen Zeitpunkt für unser Altenpflegeheim und unsere sozialpsychiatrische Langzeiteinrichtung

Altenpfleger/-innen
Gesundheits- und Krankenpfleger/-innen
Heilerziehungspfleger/-innen

Wir wünschen uns

- engagierte und teamfähige Menschen
- Sensibilität und Zugang im Kontakt mit alten, teilweise auch verwirrten sowie psychisch kranken Menschen
- Offenheit für Neuerungen und die Bereitschaft, Verantwortung zu tragen
- Bereitschaft, die Qualität in der psychiatrischen Pflege und Betreuung weiter mitzuentwickeln
- größtmögliche Förderung der Selbstständigkeit und Eigenaktivität unserer Bewohner

Wir bieten

- konstruktive Zusammenarbeit in einem aufgeschlossenen Team
- Mitarbeit nach den erarbeiteten und unter Ihrer Mitwirkung weiter zu entwickelnden Standards
- die Chance, größtmögliche Qualitätsansprüche umzusetzen sowie Konzept und Organisation mitzugestalten
- die Möglichkeit, das Arbeitsfeld nach modernsten Ansichten und Kriterien selbst zu gestalten und sich nach fachspezifischem Wissen einzubringen und zu entfalten
- Fort- und Weiterbildungsmöglichkeiten
- betriebseigenen Kindergarten
- Wohnmöglichkeiten in unserem Personalhaus
- leistungsgerechte Bezahlung

Haben wir Ihr Interesse geweckt?
Dann freuen wir uns auf Ihre aussagefähigen Bewerbungsunterlagen.

Seniorenresidenz Villenviertel
Berner Straße 67 • 81379 München • Tel. 089 844621

Angebote lassen sich auch über Stellengesuche einholen:

Aus familiären Gründen ziehe ich im Frühjahr nach Karlsruhe. Ich bin **Gesundheits- und Krankenpflegerin** (49 J.), kontaktfreudig, flexibel. Zusatzausbildung: Leitung und Unterricht, Erfahrungen im Qualitätsmanagement, in Fortbildungen, im Unterricht sowie Leitungserfahrungen im stationären wie ambulanten Bereich. Zuschriften erbeten unter **AP 8525** an den Verlag.

Altenpflegerin (27) in ungekündigter Stellung mit Zusatzausbildung zur WBL sucht neuen Wirkungskreis als Wohnbereichsleitung in München und Umgebung.

Zuschriften erbeten unter **AP 8526** an den Verlag.

Altenpfleger 25 J., ohne Konfession, Examen 7/d. J., sucht ab 1.8. Vollzeitstelle im bayerischen Alpenraum.

Zuschriften erbeten unter **AP 8527** an den Verlag.

Altenpflegerin 42 J., seit 2001 in der stationären Altenhilfe tätig, in ungekündigter Stellung, sucht auf diesem Weg einen neuen Wirkungsbereich in Krankenhaus, Hospiz, Rehaklinik, Kurbereich oder Ähnlichem, nur kein Altenheim, weil ich mal eine Pause von dem Bereich brauche. Suche die Stelle als Vollzeit im Tag- und/oder Nachtdienst in ganz Deutschland.
Zuschriften erbeten unter **AP 8528** an den Verlag.

Altenpflegerin 31 J., kath., Berufserfahrung in der stationären u. ambulanten Altenpflege, zz. Weiterbildung Pflegedienstleitung (2 Jahre), sucht zum 1.10. im Raum Niederrhein o. Ruhrgebiet eine neue Herausforderung. Erwünscht ist auch eine Tätigkeit in Verwaltung, Beratung, MDK oder Krankenkasse.

Zuschriften erbeten unter **AP 8424** an den Verlag.

Altenpfleger (25) mit 5-jähriger Berufserfahrung, zz. Weiterbildung Pflegemanagement/Pflegedienstleitung, sucht zum 1.6. Vollzeitstelle als PDL im Raum Hessen, Niedersachsen, Schleswig-Holstein.
Zuschriften erbeten unter **AP 8426** an den Verlag.

1. Was erfährt der Bewerber über den möglichen neuen Arbeitgeber?
2. Welche Erwartungen hat die Einrichtung an die Bewerber?
3. Welche Arbeitsstelle erwartet die Bewerber?
4. a) Was bietet die Einrichtung den Bewerbern?
   b) Von welchen Angeboten fühlen Sie sich angesprochen?
5. Was ist mit „aussagefähigen Bewerbungsunterlagen" gemeint?
6. Welche Informationen sind in allen Stellengesuchen anzutreffen?
7. Worin unterscheiden sich die Anzeigentexte?
8. Welche der Anzeigen entspricht am ehesten Ihrem Stil? Begründen Sie Ihre Wahl.
9. Formulieren Sie selbst ein Stellengesuch zu Ihrem Beruf und persönlichen Profil.

Was haben Bewerbung und Hürdenlauf gemeinsam?
Wer einen 110-m-Hürdenlauf anschaut, kann beobachten, dass einige Läufer die Hürden berühren oder sogar umstoßen; dabei gehen oft hundertstel Sekunden verloren. Dagegen fliegen andere Läufer leicht über die Hindernisse hinweg. Das kann mehrere Gründe haben. Vielleicht sind sie gerade besser in Form. Vielleicht haben sie nur intensiver trainiert. Oder die Disziplin liegt ihnen mehr, sie eignen sich einfach besser dafür.

Diese Beobachtungen lassen sich auf die Bewerbung übertragen. Auch bei der Bewerbung sind in der Regel zwei Hürden zu nehmen:
- das Bewerbungsschreiben mit Unterlagen und
- das Bewerbungs- oder Vorstellungsgespräch.

Wie im Sport ist es möglich, durch gründliche Vorbereitung diese Hürden der Bewerbung zu überwinden. Denn nur wer alle Hürden meistert, wird schließlich die Stelle erhalten.

Dem Bewerbungsschreiben sind als Anlage beizufügen:
- Lebenslauf in tabellarischer Form (falls nicht ausdrücklich anders gefordert),
- Lichtbild neueren Datums (nach dem Allgemeinen Gleichbehandlungsgesetz nicht notwendig, aber sinnvoll),
- Zeugnisse (nur in Kopien),
- wichtige Bescheinigungen und Leistungsnachweise (z. B. über Fort- und Weiterbildungsmaßnahmen),
- eventuell Empfehlungs- oder Referenzschreiben. Soll die Bewerbung per E-Mail eingereicht werden, sind alle Dokumente als pdf-Datei anzufügen.

Der erste Eindruck von einem Bewerber ist für den Arbeitgeber oft entscheidend. Hier ist das Bewerbungsschreiben mit den Bewerbungsunterlagen eine Art Visitenkarte. Der Arbeitgeber erhält Hinweise, ob der Bewerber sauber und ordentlich, ernst- und gewissenhaft, sorgfältig und zuverlässig sowie einfallsreich, kreativ und engagiert ist. Deshalb sollten die folgenden Hinweise beachtet werden:
- Sauberes weißes, unliniertes Papier im Format DIN A4 verwenden.
- Nur auf einer Seite beschriften (für das Bewerbungsschreiben sollte eine Seite ausreichen).
- Nicht radieren, verbessern, durchstreichen oder Tipp-Ex verwenden.
- Bewerbungsunterlagen vollständig, zeitlich geordnet (eventuell in Dokumentenhüllen) beifügen, wichtige Dokumente nur als Kopie.
- Das Lichtbild sollte neueren Datums sein (kein billiges Automatenbild).
- Einen festen Umschlag im Format C4 verwenden und ausreichend frankieren.

Viele Bewerbungsschreiben sind im gleichen, eher unpersönlichen Stil abgefasst. Um sein individuelles Profil herauszustellen, ist auf folgende Punkte zu achten:
- Keine Muster-Bewerbungsschreiben oder gar Vordrucke verwenden.
- Auf Angaben und Inhalte der Stellenanzeige Bezug nehmen (z. B. auf die geforderten Kenntnisse und Fähigkeiten eingehen).
- Eigene Vorzüge sachlich und klar darstellen (weder „hoch"- noch „tiefstapeln").
- Alle Angaben müssen der Wahrheit entsprechen (lieber ungünstige Angaben weglassen, als sie schönzufärben).
- Sich an der Form des Geschäftsbriefes (DIN 5008) anlehnen.

Auf die Stellenanzeige der Seniorenresidenz Villenviertel (vgl. S. 111) hat sich Michaela Bauer mit folgendem Anschreiben beworben. Das Bewerbungsschreiben soll lediglich als Anregung, nicht aber als Muster dienen.

Michaela Bauer **1**

Lessingstraße 12 | 76887 Bad Bergzabern
Tel.: 06131 93210 | Mobil: 0151 7837991
E-Mail: Micha-Bauer@t-online.de

2 Seniorenresidenz Villenviertel
Berner Straße 67
81379 München

20.03.2017 **3**

4 **5** **Bewerbung als Altenpflegerin**
Ihre Anzeige in der Rheinpfalz vom 6. März 2017

6 Sehr geehrte Damen und Herren,

7 um die von Ihnen angebotene Stelle als Altenpflegerin bewerbe ich mich. Ich glaube, dass ich Ihrem Anforderungsprofil entspreche und darf mich kurz vorstellen.

Ich bin	26 Jahre alt und verfüge über mehr als sechs Jahre praktische Erfahrung in der Altenhilfe. Zurzeit bin ich noch in Ausbildung zur Altenpflegerin an der Fachschule in Bad Bergzabern. Im Juli dieses Jahres werde ich mein Examen erfolgreich abschließen.
Ich kann	selbstständig und im Team arbeiten sowie freundlich, sensibel und engagiert die Bewohner betreuen und pflegen, um deren Selbstständigkeit und Eigenaktivität zu fördern. Ich bin offen für Neuerungen, insbesondere im Bereich der psychiatrischen Pflege und Betreuung.
Ich erwarte	eine interessante, verantwortungsvolle Tätigkeit mit der Möglichkeit, Standards, Konzepte und Organisation in Ihrem Hause mit zu gestalten.

Ich würde mich freuen, mich bei Ihnen vorstellen zu dürfen.

8 Mit freundlichen Grüßen

9 

10 **Anlagen**

10. In dem oben stehenden Bewerbungsschreiben werden alle formalen Gesichtspunkte des geschäftlichen Briefes beachtet. Nennen Sie diese Punkte, indem Sie die Ziffern 1 bis 10 erläutern.
11. Wo bezieht sich Michaela Bauer auf die Stellenanzeige?
12. Wie hat sie den Briefinhalt gegliedert? Erläutern Sie jeden einzelnen Abschnitt des Brieftextes und notieren Sie sich dazu Stichpunkte.
13. Wie ist es Michaela Bauer gelungen, ihrem Schreiben eine persönliche Note zu geben?

Jedem Bewerbungsschreiben ist ein Lebenslauf beizufügen. Nur wenige Betriebe verlangen einen ausführlichen Lebenslauf; in der Regel – und falls nicht ausdrücklich anders gefordert – genügt der Lebenslauf in tabellarischer Form. Wichtig ist, dass sich im Lebenslauf der persönliche und berufliche Werdegang „lückenlos“ nachvollziehen lässt.

Lebenslauf

Zur Person	Michaela Bauer	
	geb. 17. Mai 1991 in Köln	
	ledig	
	Lessingstraße 12, 76887 Bad Bergzabern	
Schulbildung	1997–2001	Grundschule St. Anton in Köln
	2001–2003	Realschule West II in Köln
	2003–2007	Realschule Kaiserslautern Qualifizierter Sekundarabschluss I
	2007–2010	Berufsbildende Schule II Wirtschaft und Verwaltung Kaiserslautern
	2014	Fachschule für Altenpflege Annweiler
Ausbildung	2007–2010	Ausbildung als Bürokauffrau Textil Wolf GmbH Kaiserslautern
	2011	Kurs Pflegehilfskraft AWO Kaiserslautern
	seit 2014	Ausbildung zur Altenpflegerin Alten- und Altenpflegeheim Sonnenhof, Landau
Berufliche Tätigkeit	2010–2011	Bürokauffrau im Bereich Einkauf Textil Wolf GmbH Kaiserslautern
	2011	Praktikum im Altenpflegeheim SOMA Kaiserslautern
	2012–2014	Pflegehilfskraft im Altenpflegeheim SOMA Kaiserslautern
	seit 2014	Altenpflegeschülerin im Alten- und Altenpflegeheim Sonnenhof Landau
Kenntnisse	Betriebswirtschaft, Standard-Software der Altenhilfe Bobath-Schulung	

Bad Bergzabern, 10. März …

1. Schreiben Sie Ihren Lebenslauf in tabellarischer Form. Dazu können Sie selbstverständlich auch einen anderen Aufbau wählen.
2. Formulieren Sie den tabellarischen Lebenslauf in einen ausführlichen um.

Wenn Sie aufgrund Ihrer schriftlichen Bewerbung zu einem Vorstellungsgespräch eingeladen werden, können Sie davon ausgehen, dass Sie zum engeren Kreis derer gehören, die für die angebotene Stelle infrage kommen. Anders als im bisherigen Bewerbungsverfahren wird der persönliche Eindruck der Bewerberin oder des Bewerbers für die Heimleitung oder die Personalchefin entscheidend sein.

Folgende Punkte sind zu beachten:

- in dezenter und gepflegter Kleidung erscheinen,
- auf ein gepflegtes Äußeres achten,
- unbedingt pünktlich sein, deshalb mögliche Verspätungsgründe (Stau, Parkplatzsuche etc.) einkalkulieren,
- das Einladungsschreiben und Schreibzeug mitnehmen,
- sich vorab über das Haus oder die Einrichtung informieren.

Welche Erfahrungen haben Sie bei Vorstellungsgesprächen gemacht?

Kein Bewerbungsgespräch verläuft wie das andere. In der Regel umfasst es folgende Themen und Abschnitte, wobei die Reihenfolge der Punkte 2 bis 8 ganz unterschiedlich sein kann.

1 Begrüßung und Einleitung des Gespräches
2 Gründe, sich gerade auf die angebotene Stelle und in dieser Einrichtung beworben zu haben
3 Tätigkeiten, Berufserfahrung, Aus- und Weiterbildung, berufliche Ziele
4 persönliche und familiäre Verhältnisse
5 Gesundheit
6 Fragen über allgemeine und berufsbezogene Kenntnisse und Fähigkeiten
7 Informationen über die Einrichtung
8 Fragen der Bewerberin bzw. des Bewerbers
9 Abschluss des Gespräches und Verabschiedung

25 Fragen, die Ihnen beim Bewerbungsgespräch gestellt werden können:

1 Warum wollen Sie die Stelle wechseln?
2 Was wissen Sie über unsere Einrichtung?
3 Was machen Sie in Ihrer Freizeit? Treiben Sie Sport?
4 Sind Sie Mitglied in der Gewerkschaft oder einem Berufsverband?
5 Warum haben Sie sich gerade bei uns beworben?
6 Welches Gehalt erwarten Sie bei uns?
7 Was war in Ihrer Berufstätigkeit Ihr bisher größter Erfolg, was Ihr größter Misserfolg?
8 Sind Sie bereit, Überstunden zu machen?
9 Was erwarten Sie von uns, wie stellen Sie sich Ihre Tätigkeit vor?
10 Sind Sie politisch engagiert? Sind Sie Mitglied einer Partei?
11 Welche Stichworte und Begriffe fallen Ihnen zu Ihrem Beruf oder Berufsfeld ein?
12 Welche Tätigkeiten haben Sie bisher vor allem ausgeführt? Was hat Sie dabei besonders interessiert?
13 Haben Sie sich auch bei anderen Einrichtungen beworben? Mit welchem Erfolg?
14 Sind Sie schwanger?
15 Haben Sie Fort- und Weiterbildungskurse besucht?
16 Wo werden Sie wohnen, wenn Sie bei uns anfangen können?
17 Wir legen großen Wert auf Teamarbeit/Selbstständigkeit/Eigeninitiative. Fühlen Sie sich hierzu in der Lage?
18 Wir arbeiten mit dem Software-Programm X und dem Pflegekonzept Y. Haben Sie damit bereits Erfahrungen?
19 Welche Tätigkeiten im beruflichen Alltag machen Ihnen besonders Spaß, welche weniger?
20 Sie sind noch jung. Welche Ziele haben Sie sich denn noch in Ihrem Beruf und für Ihr Leben gesteckt?
21 Was macht Ihr Ehemann/Ihre Ehefrau beruflich?
22 Welche Krankheiten hatten Sie? Für welche Arbeiten sind Sie nicht tauglich?
23 Sicherlich haben Sie in letzter Zeit die Diskussion über ... verfolgt. Wie denken Sie darüber?
24 Haben Sie noch Fragen?
25 Was darf ich Ihnen zu trinken anbieten?

3. Mit welchen Fragen will die Leitung der Einrichtung etwas erfahren über
   a) die Leistungsbereitschaft?
   b) die beruflichen Pläne und Absichten?
   c) die beruflichen Fähigkeiten und Kenntnisse?
   d) die persönlichen und familiären Verhältnisse?
   e) die Selbsteinschätzung der Bewerberin oder des Bewerbers?
4. Vier Fragen in dem obigen Katalog sind in der Regel unzulässig.
   a) Welche sind dies?
   b) Wie verhalten Sie sich, wenn Ihnen diese Fragen dennoch gestellt werden?
5. Beantworten Sie die Frage 24, indem Sie eigene Fragen formulieren.
6. Trainieren Sie ein Vorstellungsgespräch im Rollenspielen. Sie können dazu den obigen Fragenkatalog zu Hilfe nehmen.

3.10 Normative Texte

1. Wo spielen in Ihrem Alltag und Beruf Rechts-, Gesetzestexte, Verordnungen oder Satzungen eine wichtige Rolle?
2. Welche Erfahrungen und Verständnisprobleme hatten Sie mit solchen Texten? Berichten Sie.

Texte, die Regeln, Verordnungen oder Gesetze (also Normen) zum Inhalt haben, werden als „normative Texte" bezeichnet.
Sie regeln das Verhalten von Menschen untereinander im privaten, im öffentlichen und im betrieblichen Bereich.
Normative Texte sind oft von Juristen verfasst worden und deren Juristendeutsch ist manchmal für den Bürger nicht ganz leicht zu verstehen. Typisch für den Sprachstil normativer Texte sind viele Hauptwörter (Nominalstil), juristische Fachbegriffe und komplizierte Satzgefüge (Haupt- und Nebensätze).

BGB, § 1906 [Genehmigung des Betreuungsgerichts bei der Unterbringung]

(1) Eine Unterbringung des Betreuten durch den Betreuer, die mit Freiheitsentziehung verbunden ist, ist nur zulässig, solange sie zum Wohl des Betreuten erforderlich ist, weil
1. aufgrund einer psychischen Krankheit oder geistigen oder seelischen Behinderung des Betreuten die Gefahr besteht, dass er sich selbst tötet oder erheblichen gesundheitlichen Schaden zufügt, oder
2. eine Untersuchung des Gesundheitszustands, eine Heilbehandlung oder ein ärztlicher Eingriff notwendig ist, ohne die Unterbringung des Betreuten nicht durchgeführt werden kann und der Betreute aufgrund einer psychischen Krankheit oder geistigen oder seelischen Behinderung die Notwendigkeit der Unterbringung nicht erkennen oder nicht nach dieser Einsicht handeln kann.

(2) Die Unterbringung ist nur mit Genehmigung des Betreuungsgerichts zulässig. Ohne die Genehmigung ist die Unterbringung nur zulässig, wenn mit dem Aufschub Gefahr verbunden ist; die Genehmigung ist unverzüglich nachzuholen.

(3) Der Betreuer hat die Unterbringung zu beenden, wenn ihre Voraussetzungen wegfallen. Er hat die Beendigung der Unterbringung dem Betreuungsgericht anzuzeigen. [...]

(4) Die Absätze 1 bis 3 gelten entsprechend, wenn dem Betreuten, der sich in einer Anstalt, einem Heim oder einer sonstigen Einrichtung aufhält, ohne untergebracht zu sein, durch mechanische Vorrichtungen, Medikamente oder auf andere Weise über einen längeren Zeitraum oder regelmäßig die Freiheit entzogen werden soll.

(5) Die Unterbringung durch einen Bevollmächtigten und die Einwilligung eines Bevollmächtigten in Maßnahmen nach den Absätzen 3 und 4 setzen voraus, dass die Vollmacht schriftlich erteilt ist und die in den Absätzen 1, 3 und 4 genannten Maßnahmen ausdrücklich umfasst. Im Übrigen gelten die Absätze 1 bis 4 entsprechend.

1. Wovon handelt der Gesetzestext?
2. Nennen Sie die Fachbegriffe in diesem Gesetzestext und erläutern Sie deren Bedeutung.
3. Für welche Personengruppe gilt dieser Paragraf?
4. Was ist für eine Unterbringung nach Absatz (2) unbedingt nötig?
5. Erläutern Sie den Absatz (4).
   a) Welche unterbringungsähnlichen Maßnahmen sind hier gemeint?
   b) Gelten diese Bestimmungen auch für die eigene Wohnung?
   c) Was bedeutet „über einen längeren Zeitraum oder regelmäßig"?
6. Der Absatz (5) wurde nachträglich (1999) ergänzt. Welche Gegebenheiten für die Unterbringung müssen erfüllt sein, auch wenn eine Vollmacht vorliegt?

3.11 Erörterung

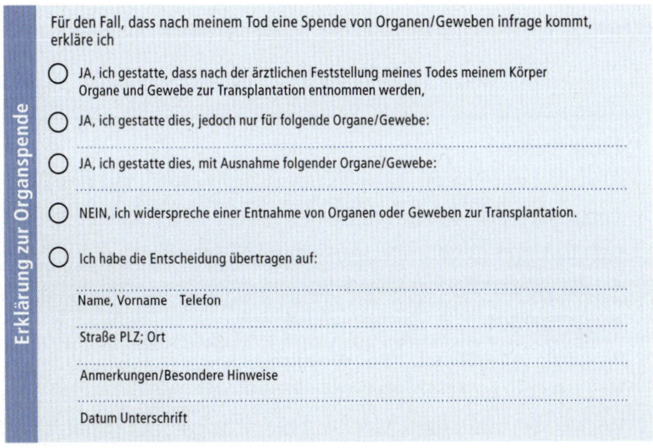
Erklärung zur Organspende

Für den Fall, dass nach meinem Tod eine Spende von Organen/Geweben infrage kommt, erkläre ich

○ JA, ich gestatte, dass nach der ärztlichen Feststellung meines Todes meinem Körper Organe und Gewebe zur Transplantation entnommen werden,

○ JA, ich gestatte dies, jedoch nur für folgende Organe/Gewebe:

○ JA, ich gestatte dies, mit Ausnahme folgender Organe/Gewebe:

○ NEIN, ich widerspreche einer Entnahme von Organen oder Geweben zur Transplantation.

○ Ich habe die Entscheidung übertragen auf:

Name, Vorname Telefon

Straße PLZ; Ort

Anmerkungen/Besondere Hinweise

Datum Unterschrift

Organspende ist ein sehr umstrittenes Thema. Eine Organspende ist nach dem deutschen Transplantationsgesetz dann möglich, wenn der Verstorbene zu Lebzeiten eingewilligt hat oder, falls keine derartige Zustimmung vorliegt, die gesetzlich bestimmten Angehörigen in einer „angemessenen Frist" nach dem mutmaßlichen Willen des Verstorbenen der Organentnahme zustimmen. Ein „Spenderpass" oder eine „Erklärung zur Organspende" sind als Willenserklärung sinnvoll.

1. Wie würden Sie sich entscheiden: pro oder kontra Organspende?
2. Begründen Sie Ihre Entscheidung mit Ihrem Hauptargument.

Probleme und Sachverhalte können oft nur erfasst werden, wenn man sich mit ihnen auseinandersetzt und sie erörtert. Die schriftliche Form dieser Auseinandersetzung wird als **Erörterung** bezeichnet. Es lassen sich zwei Arten der Erörterung unterscheiden: die Sacherörterung (oder Fachaufsatz) sowie die Problemerörterung (dialektische Erörterung). Bei der Erörterung in Schriftform empfehlen sich die gleichen Arbeitsschritte wie bei der Anfertigung von Referaten oder einer Hausarbeit (vgl. S. 24).

Im Mittelpunkt einer stichhaltigen Diskussion stehen Argumente. Der Aufbau einer Argumentation sieht wie folgt aus:

Behauptung
Der Mensch wird zum „Ersatzteillager". Seine Organe werden zur Ware.

Begründung
Jedes Organ hat einen Marktwert.

Beleg, Beweis, Beispiel
Dies wird daran deutlich, dass es weltweit einen Handel mit Organen gibt, der zum Teil auch kriminelle Züge angenommen hat. So wurde erst vor ein paar Wochen aufgedeckt, dass sich Straßenkinder aus Südamerika für wenige Dollars aus sozialer Not eine Niere entnehmen ließen. Gleichzeitig bieten „Organsucher" horrende Summen, um an ihr lebensrettendes Organ zu kommen.

Schlussfolgerung
Hieraus wird deutlich, dass Organe zu einer Ware geworden sind, die den Menschen in den Hintergrund treten lässt.

Ein Argument wirkt dann besonders überzeugend, wenn es
- stichhaltig,
- knapp, verständlich und
- sachbezogen formuliert ist.

1. Formulieren Sie jeweils ein Pro- und ein Kontra-Argument zum Thema „Organspende".
2. Erläutern Sie in der folgenden Stellungnahme den Aufbau der Argumentation:
„Der hirntote Mensch ist ein irreversibel Sterbender. Daher ist eine künstliche Verlängerung dieses Sterbens mit allen technischen Mitteln nicht geboten – es sei denn, der Betreffende hatte den Willen geäußert, dass ihm vor dem Abstellen der Apparate noch Organe entnommen werden sollen. Der Tod als Folge des Hirntods tritt dann verspätet ein. Zu keinem Zeitpunkt wird hier also getötet. Organspende bleibt möglich und kann ein Akt christlicher Nächstenliebe sein."
Joachim Kardinal Meisner (Erzbischof von Köln)

Das Ziel der Problemerörterung besteht darin, eine Entscheidung zu treffen, um das Problem zu lösen. Dabei werden Pro- und Kontra-Argumente diskutiert und schließlich gegeneinander abgewogen. Dieser Vorgehensweise folgt auch das Gliederungsschema einer dialektischen Erörterung:

1 Einleitung
- Aufhänger
- Themafrage

2 Hauptteil: Diskussion

2.1 These
2.1.1 Argument 1
2.1.2 Argument 2
2.1.3 Argument 3
…

2.2 Antithese
2.2.1 Argument 1
2.2.2 Argument 2
2.2.3 Argument 3
…

2.3 Synthese

3 Schluss: Schlussgedanke

Einleitung
Auch bei der Erörterung „fällt man nicht gleich mit der Tür ins Haus". Zunächst muss das Interesse des Lesers geweckt werden. Dies lässt sich u. a. mit folgenden „Aufhängern" erreichen:
- Begriffserklärung (Definition),
- Aktualität (z. B. Zeitungsmeldung),
- Zitat, Sprichwort, Redewendung,
- persönliche Erfahrung oder Beziehung.

Wichtig ist, dass der Leser „auf die richtige Spur gesetzt wird", d. h., die Themafrage muss in der Einleitung klar zum Ausdruck kommen.

These
Die These ist eine Argumentationsseite der Diskussion, z. B. die Pro-Seite:
Es gibt gute Gründe, die für die Zustimmung zu einer Organentnahme sprechen.

Antithese
Die Antithese ist die Gegenseite zur These, z. B. die Kontra-Seite:
Auf der anderen Seite sprechen auch etliche Argumente dagegen, einer Organentnahme zuzustimmen.

Synthese
In der Synthese werden die Pro- und Kontra-Argumente gegeneinander abgewogen und gewichtet. Am Ende steht eine begründete Entscheidung.

Schluss
Wie die Einleitung zum Thema hinführt, so rundet der Schluss die Erörterung ab. „Schlussgedanken" können z. B. sein:
- zentraler Aussagen nochmals herausstellen,
- Anstoß zum Weiterdenken geben,
- ein Zitat, ein Sprichwort, eine Redewendung,
- an die Einleitung anknüpfen.

Bei der schriftlichen Ausarbeitung der Gliederungspunkte kommt es darauf an, dem Leser den gedanklichen Zusammenhang zwischen verschiedenen Aussagen zu verdeutlichen und gute Überleitungen zu formulieren (vgl. S. 25). Eine klare Gliederung durch Absätze verdeutlicht auch optisch den Gedankengang.

3. Schreiben Sie eine Einleitung zum Thema „Organspende".
4. Ersetzen Sie die allgemeine Gliederung durch konkrete Stichwörter (Überschriften) und Kurzsätze zum Thema „Organspende". Ordnen Sie die Argumente dabei nach dem Prinzip der Steigerung: vom weniger gewichtigen zum gewichtigeren Argument.
5. Formulieren Sie einen Schlussgedanken zum Thema „Organspende".
6. Sammeln Sie Themen, über die Sie kontrovers diskutieren können. Erörtern Sie ausgewählte Themen.
7. Üben Sie im Rollenspiel „Ballonfahrt" sachliches Argumentieren: Fünf Personen befinden sich in einem Heißluftballon über dem Meer. Im Ballon fahren folgende Persönlichkeiten mit: ein Politiker, ein Wissenschaftler, ein Pfarrer, ein Arzt und ein Landwirt. Der Ballon sinkt. Um die Höhe zu halten, muss nach und nach ein Ballonfahrer über Bord gehen. Jeder versucht mit überzeugenden Argumenten zu begründen, warum gerade er noch im Ballon bleiben und überleben muss. Die Lerngruppe entscheidet nach jeder Argumentationsrunde, wer die Gondel verlassen muss.

Handlungsimpulse

PROJEKTAUFGABE A: Pflegedokumentationssysteme vergleichen

Stellen Sie das Pflegedokumentationssystem Ihrer Einrichtung vor und vergleichen Sie die unterschiedlichen Systeme.

PROJEKTAUFGABE B: Dokumentationsblätter entwerfen

Entwerfen Sie
a) ein Stammblatt,
b) ein Biografie- und Sozialblatt.

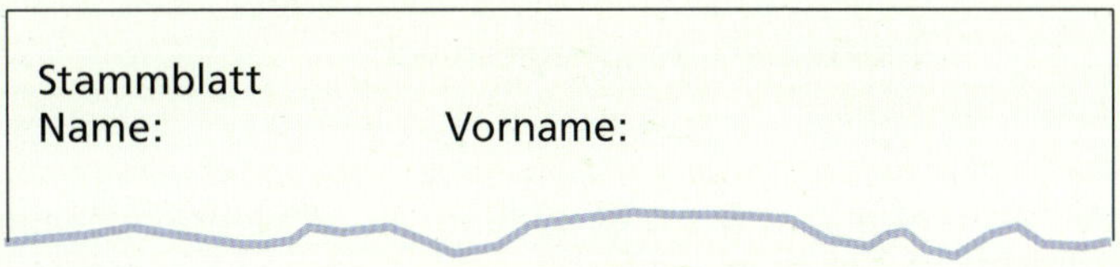

PROJEKTAUFGABE C: Biografiearbeit: Lebenslinie darstellen

Auf einem Strahl wird ein Bogen Papier (DIN A2) längs geteilt. Der Strahl soll die Zeitspanne von der Geburt bis zum jetzigen Zeitpunkt darstellen. Auf diesem Strahl sind wichtige Lebenspunkte einzutragen. Dabei sollen die Punkte über dem Strahl positive, die darunterliegenden Punkte negative Lebensereignisse markieren.

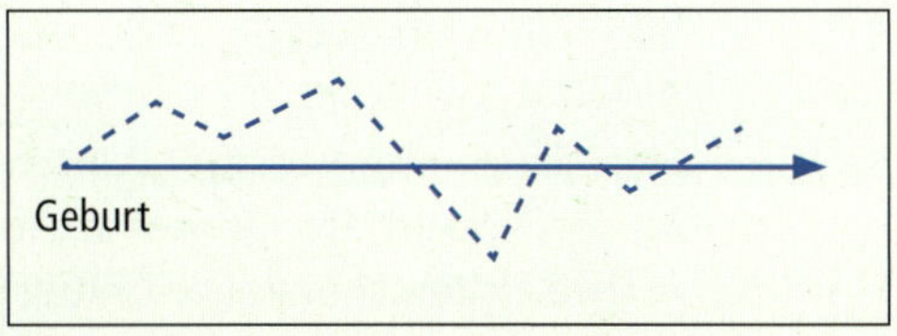

PROJEKTAUFGABE D: Biografiearbeit: Die Schlager aus der Jugendzeit

Schlager und Volkslieder sind vielen älteren Menschen noch gut in Erinnerung. Sie spiegeln ein Stück eigener Biografie wider.
Erkundigen Sie sich bei älteren Menschen nach Schlagern und Liedern aus deren Jugendzeit.
Stellen Sie eine „Hitparade" zusammen. Suchen Sie nach Tondokumenten und Bildern.

PROJEKTAUFGABE E: Faxvorlagen gestalten

Entwerfen Sie für Ihre Einrichtung oder Ihre Schule eine Faxvorlage.

PROJEKTAUFGABE F: Ansagetexte für Anrufbeantworter formulieren

Entwerfen Sie für sich, Ihre Einrichtung oder Ihre Schule einen Ansagetext für den Anrufbeantworter. Die – ggf. mit Musik unterlegten – Texte sollten so gestaltet sein, dass die Anrufer sich motiviert fühlen, ihr Anliegen auf Band zu sprechen.

PROJEKTAUFGABE G: Einen Briefkopf entwerfen

Auch für private Zwecke ist es durchaus von Vorteile, den geschäftlichen Schreiben oder dem Bewerbungsschreiben ein eigenes Profil zu geben. Dies ist z. B. durch die Gestaltung des Briefkopfes möglich. Der Computer macht eine Gestaltung sehr leicht. Außerdem kann eine solche Formatvorlage immer wieder aufgerufen und benutzt werden.
Entwerfen Sie einen persönlichen Briefkopf für Ihre privaten Geschäftsbriefe.

PROJEKTAUFGABE H: Eine „Pro-und-Kontra-Sendung" produzieren

Wählen Sie ein aktuelles Streitthema.
Verteilen Sie die Rollen: Moderator, Pro-Anwalt, Kontra-Anwalt, Experten, Jury.
Bereiten Sie sich in Gruppen auf die Argumentation vor und halten Sie Ihre Argumente auf „Argumenten-Karten" fest.
Führen Sie die Diskussion durch. Dabei soll die Jury die Argumente notieren und in einer Schlussabstimmung gewichten.

Lernsituation

Michaela Rau, Altenpflegeschülerin im 3. Ausbildungsjahr, hat im Rahmen der Bezugspflege in ihrem Wohnbereich den Bewohner Herrn Karl Frisch zu betreuen und zu pflegen. Herr Frisch ist erst vor drei Tagen nach einer Akutbehandlung im neurologischen Krankenhaus ins Seniorenheim „Am Schwanenweiher" in ein Einzelzimmer eingezogen.

Folgende Informationen über die Biografie und über den aktuellen Gesundheitszustand von Herrn Frisch liegen der Altenpflegerin vor:

Herr Karl Frisch ist 85 Jahre alt und lebte mit seiner Ehefrau Sabine im eigenen Reihenhaus am Stadtrand von Grünstadt.

Herr Frisch ist in Ostpreußen auf einen ländlichen Gut geboren. Er hatte noch drei Geschwister, die aber alle schon verstorben sind.

Herr Frisch erlernte auf Wunsch seiner Eltern den Beruf des Metzgers, der ihm aber keine Freude machte. In der Kriegsgefangenschaft in Russland wurde Herrn Frisch aufgrund von schweren Erfrierungen der rechte Unterschenkel amputiert. Er trägt eine Beinprothese. Als er aus der Kriegsgefangenschaft entlassen wurde, ging er in den Westen. Nach etlichen Umwegen kam er nach Grünstadt. Dort lernte er im örtlichen Bläserchor seine Frau Sabine kennen. Sabine spielte Klarinette und er Trompete. Volksmusik ist bis heute eine gemeinsame Leidenschaft. Sie heirateten im Jahre 1950. Herr Frisch absolvierte eine Aus- und Weiterbildung zum Lebensmittelkontrolleur und wurde nach erfolgreichem Abschluss bei der Stadt in der Lebensmittelüberwachung angestellt.

Karl und Sabine Frisch hatten eine harmonische Ehe. Ihre gemeinsamen Hobbys Musizieren, Wandern und Reisen ließen sie viel Zeit miteinander verbringen, aber sie achteten auch darauf, dass jeder seine eigenen Wünsche und Bedürfnisse nicht vernachlässigte. Herr Frisch ging leidenschaftlich gerne zum Fußball und pflegte das Skatspielen mit seinen Nachbarn. Das Glück des Paares wurde mit der Geburt der Tochter Ursula nahezu perfekt.

Die gemeinsame Tochter (heute über 50 Jahre alt) des Ehepaares Frisch lebt in München, ist ledig und kommt nur selten zu Besuch, da sie die ständige Bevormundung durch die Mutter nicht ertragen kann.

Mit der Berentung von Karl Frisch (seine Ehefrau war niemals berufstätig) suchte sich Herr Frisch neue Beschäftigungen, um fit zu bleiben. Sein Hausarzt hat ihm nachdrücklich Bewegung empfohlen, da er unter arterieller Hypertonie und einem nicht insulinpflichtigen Diabetes mellitus Typ 2b leidet.

Jeden Tag beschäftigte er sich mit dem Riesenschnauzer Bella und ging mindestens zwei Stunden spazieren. Ferner traf er sich jeden zweiten Tag mit seinem Nachbarn Josef Kurz, nun ebenfalls Rentner. Gemeinsam kümmerten sie sich um den Teich in der Reihenhaussiedlung und spielten abends im Gasthaus Skat.

Vor fünf Wochen erlitt Herr Karl Frisch morgens einem schweren Schlaganfall, der durch einen Gefäßverschluss im Bereich der Arteria cerebri media bedingt war. Herr Frisch ist rechtsseitig durch eine ausgeprägte Hemiplegie und eine starke Aphasie beeinträchtigt.

Herr Frisch leidet nachts unter Schlafstörungen. Morgens ist er schweißgebadet. Er ist bei der Körperpflege vollständig auf Hilfe angewiesen, liegt meistens im Bett und kommt nur mit Hilfe in den Rollstuhl, da sein rechter Arm und sein rechtes Bein schwer und leblos an ihm herabhängen. Eine beginnende Spastik zeichnet sich ab. Er leidet unter Schluckstörungen; eine Fazialisparese ist der Grund dafür, dass ihm Flüssigkeiten aus dem Mund laufen.

Manchmal weiß Herr Frisch nicht, wozu bestimmte Gegenstände da sind. Er versucht, mit dem linken Fuß in den Jackenärmel zu steigen, reibt sich mit dem Besteck durchs Gesicht, schüttet den Tee ins Essen und nimmt über seine rechte Seite keine Personen wahr. Hin und wieder scheint ihm sein Tun bewusst zu werden, dann weint er.

Er kann sich sprachlich bis auf die Laute „Hews, haws, kelws, foss, hass ..." nicht äußern. Er ist zeitweise urininkontinent und leidet unter starker Obstipation.

Wenn Herr Frisch Besuch bekommt, wendet er sich ab und weint oder schaut zum Fenster hinaus. Er scheint seine Frau oft nicht zu erkennen und auf Erzählungen von daheim reagiert er verständnislos. Seine Ehefrau Sabine ist mit dieser Situation völlig überfordert. Sie weiß nicht, wie es weitergehen soll, spricht aber immer davon, „dass alles wieder gut wird, wenn der Karl erst wieder zu Hause ist".

Altenpflegeschülerin Michaela Rau soll auf Anweisung ihrer Praxisanleiterin eine Pflegeplanung für Herrn Karl Frisch erstellen.

Fertigen Sie eine Pflegeplanung für Herrn Frisch an.
Gehen Sie dazu wie folgt vor:

- Listen Sie aus den Informationen zur Biografie und zum Gesundheitszustand die Ressourcen und Probleme auf.
- Machen Sie sich über die Krankheitsbilder von Herrn Frisch sachkundig.
- Schreiben Sie die Pflegeplanung für alle ATLs bzw. AEDLs nach Vorgabe Ihrer Einrichtung.

Pflegeproblem (P) Ressourcen (P)	Pflegeziele	Pflegemaßnahmen	Evaluation
P: Aphasie nach Schlaganfall R: Vorliebe für Musik	Sich mit der Umwelt verständigen		

4 Literarische Texte

4.1 Literarische Gattungen

1. Was verstehen Sie unter Literatur?
2. Welche Funktionen hat die Literatur?
3. Welche Rolle kann Literatur in der Pflege haben?

Texte lassen sich grob nach Aussageabsicht, sprachlicher Gestaltung und ihrem Bezug zur Wirklichkeit in zwei Textarten einteilen:

1. **Sach- oder Gebrauchstexte (expositorische Texte):** Protokoll, Pflegedokumentation, Tagebuch …
2. **Literarische Texte oder Dichtung (fiktionale Texte):** Roman, Gedicht, Spielfilm …

Literarische Texte lassen sich wie folgt untergliedern:

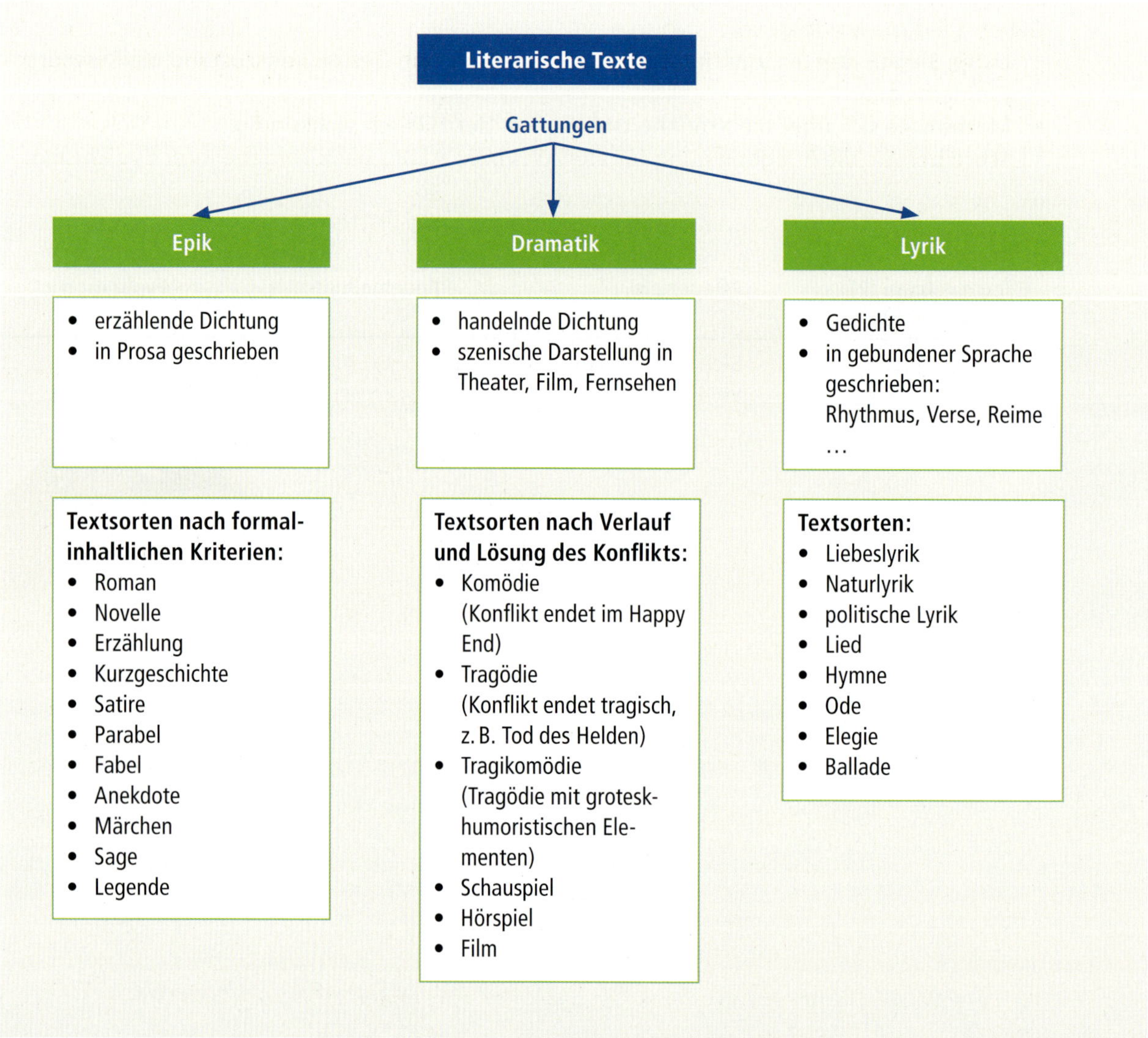

4.2 Elemente des Interpretierens

„Die Wirklichkeit der Literatur hat mich aufmerksam und kritisch für die wirkliche Wirklichkeit gemacht. Sie hat mich aufgeklärt über mich selber und das, was um mich vorging. [...] Ich erwarte von einem literarischen Werk eine Neuigkeit für mich, etwas, das mich, wenn auch geringfügig ändert, etwas, das mir eine noch nicht gedachte, noch nicht bewusste Möglichkeit der Wirklichkeit bewusst macht, eine neue Möglichkeit zu sehen, zu sprechen, zu denken, zu existieren."

Peter Handke: Prosa, Gedichte, Theaterstücke, Hörspiel, Aufsätze, Frankfurt/Main, Suhrkamp Verlag, 1969, S. 26

Literatur als eine Form der Kunst verlangt nach Deutung. Dies wird auch als **Interpretieren** bezeichnet. Dabei gibt es viele Wege, sich dem literarischen Werk zu nähern und sich mit ihm auseinanderzusetzen. Es gibt also nie nur eine mögliche Interpretation, sondern verschiedene Interpretationen. Darüber hinaus kann Literatur den Leser zu kreativem und fantasievollem Handeln anregen.

Die Grundlage einer jeden Interpretation ist der literarische Text. Hier sind es vor allem Inhalt und Form, die sich gegenseitig ergänzen und bedingen. Deshalb ist es sinnvoll, beim Interpretieren Fragen zum Inhalt und zur Form zu stellen und ihre Verknüpfungen aufzuzeigen.

Interpretieren kann aber auch über den literarischen Text hinausgehen. So können die Biografie des Autors, die Entstehungsbedingungen des Textes, der geschichtliche Hintergrund des Textes oder weltanschauliche Einflüsse Hilfestellung bieten für das Textverständnis.

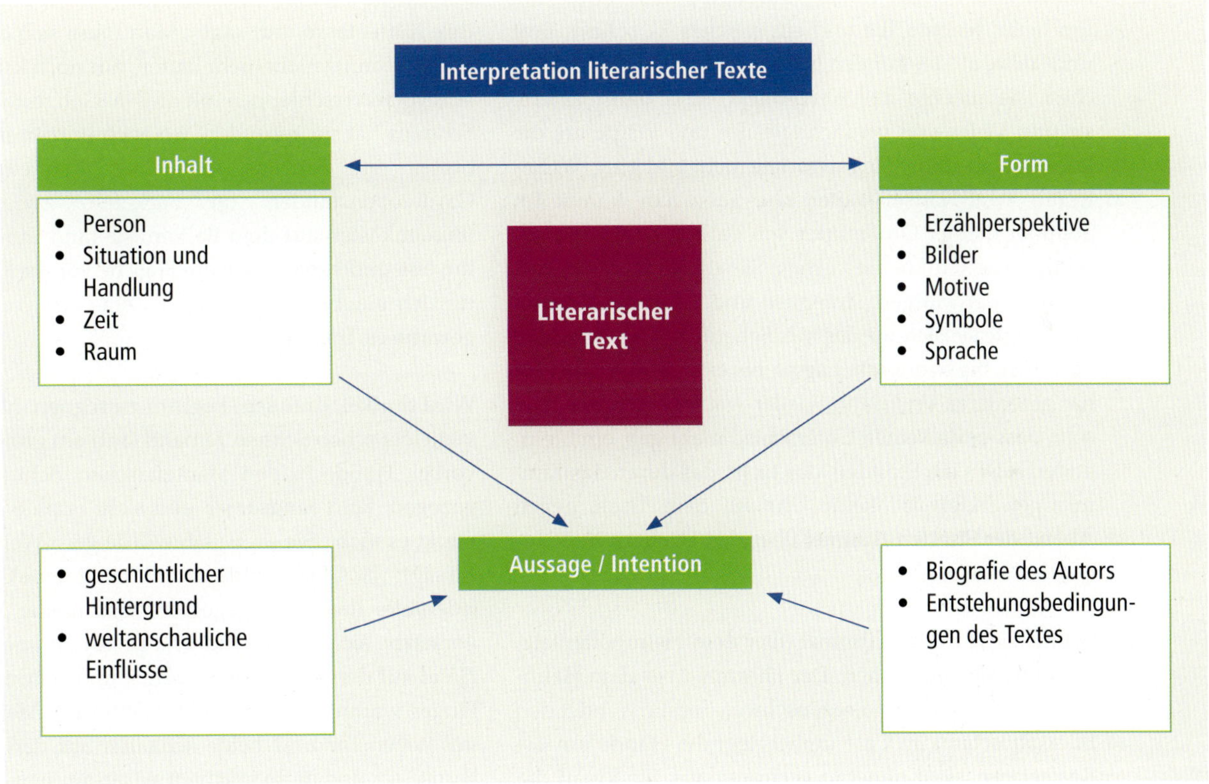

Die schriftliche Interpretation eines literarischen Textes kann z. B. nach folgendem Schema gegliedert sein:

1. **Einleitung:** Autor, Textsorte, Titel, Thema
2. **Hauptteil:**
   - strukturierte Inhaltsangabe
   - eigentliche Interpretation: Verknüpfung von Inhalt, Form und Sprache
   - Aussage
3. **Schluss:** zusammenfassende Bewertung, Ausblick, Aktualitätsbezug

4.3 Epische Texte

Ende von Etwas Judith Hermann

Sophie sagt: „Sie hat im letzten Jahr nur noch im Bett gelegen. Auf der linken Seite des Bettes, die rechte Seite war die Seite meines Großvaters, mein Großvater war fort, auf seiner Seite hat sie nie gelegen. Sie ist aus alter Gewohnheit früh aufgewacht, gegen sechs Uhr am Morgen, über den Dächern ein schmaler Streifen Himmel, Antennen und Schornsteine, auf den Regenrinnen die Tauben. Ich weiß nicht, ob sie das gesehen hat. Sie lag unter schweren Federdecken, den Kopf auf drei Kissen gebettet, an der Zimmerdecke Stuckrosen und die helle Glasschale einer Lampe. Rötliches Glas. Oder grünes. Ich bin nicht mehr sicher."

Sophie sagt: „Entschuldige" und beißt sich auf die Lippen. Sie sieht zum Fenster hinaus, die Fenster des Cafés sind sehr groß, man kann den ganzen Helmholtzplatz überblicken, der ist jetzt leer, buckliges Kopfsteinpflaster, das glänzt vom Regen. Der Wind weht Blätter hoch, um die Ecke streicht ein grauer Hund. Sophie lächelt zum Fenster hinaus. Sie sagt: „Mein Vater kam um neun, machte Tee und ein weiches Ei, schnitt Brot und stellte all das auf den Nachttisch, den Tee aufs Stövchen, sie mochte das Kerzenlicht; und dann zeterte sie und keifte und verdächtigte ihn und klagte an, die Jahre und die Jahre, er antwortete nicht und ging. Wohnte nur zwei Häuser weiter, also ganz nah, konnte im Sommer meiner Großmutter von Balkon zu Balkon zuwinken, sie winkte nie zurück. Sie aß, alleine, über den Dächern der Morgen, Antennen und Schornsteine, und dann legte sie sich wieder hin. Schaute ins Teelicht vom Stövchen, bis es erlosch. Lag so, bis es Abend wurde. Sie hat geschlafen und dann wieder wach gelegen, es mag sein, dass es da keinen Unterschied mehr gab, ein Ineinanderfließen der Stunden, das Licht, das durch das Zimmer gewandert ist, keine Uhr auf dem Tisch, gegen Abend der Streifen Himmel über den Dächern in Graublau, in Schwarz."

Sophie sieht in den Himmel über dem Helmholtzplatz, als wolle sie vergleichen. Der Himmel über dem Helmholtzplatz ist blass und regenschwer. Sophie wendet den Blick ab, schaut im Café umher, legt die Hände um die Kaffeetasse, sieht ohnehin verfroren aus. Sie kneift die Augen zusammen und räuspert sich, ihr Gesichtsausdruck ist eher kühl, distanziert, sie sagt: „Dann kam meine Mutter. Wärmte Essen auf, wusch Wäsche, heizte im Winter den Ofen, machte das Bett. Meine Großmutter zog Strickjacke an, Strümpfe und Pantoffeln und schob sich wie eine Schildkröte mit dem Gehgestell ins Wohnzimmer, sank dort aufs Sofa, schaltete den Fernseher an. Sie bekam eine Schachtel Zigaretten am Tag. Drei Büchsen Bier und drei Schnäpse, und immer versteckte sie die Bierbüchsen unter ihrem Hintern, tat so, als hätte sie noch keine bekommen, wollte einfach mehr Bier und

Judith Hermann, 1970 in Berlin geboren, lebt als Journalistin und freie Schriftstellerin in Berlin. Die Erzählung „Ende von Etwas" ist ihrer ersten literarischen Publikation „Sommerhaus, später" entnommen.

sagte zu meiner Mutter, ihrer Tochter: ‚Du missgönnst mir alles.'

Meine Mutter zerrte die Bierbüchsen wieder unter dem Hintern meiner Großmutter hervor und schwieg. Suchte in der Küche nach einem neuen Versteck für die Schnapsflasche, das meine Großmutter – nachts? Auf allen vieren? Unter Schmerzen, im Morgenlicht, mit zusammengebissenen Zähnen und ächzend? oder triumphierend? – doch immer fand."

Sophie lacht jetzt. Ein bisschen. Sie lacht und schaut in ihre Kaffeetasse und sagt: „Man muss sich das vorstellen. Sie konnte nicht mehr laufen, nur noch kriechen und sich vorwärtsschleppen mit diesem Gehgestell, aber den Schnaps hat sie gefunden, wo auch immer er lag. Ganz hinten im Schrank, in einer Manteltasche am Garderobenständer, im Backofen, zwischen den Blumenkästen auf dem Balkon, sie fand ihn und trank ihn aus und stellte die leere Flasche vor die Wohnungstür. Ich glaube, sie sah das als eine Art von Spiel. Sie gewann es. Immer."

Wird dunkel, draußen, beginnt zu regnen. Nieselregen, vielleicht schon Schnee. Jemand läuft am großen Fenster vorbei, Hände in den Manteltaschen, Schultern hochgezogen, läuft langsamer und sieht Sophie an, Sophie merkt es nicht. Sie sagt: „Ich würde gern Wein trinken", sie sagt: „Ja? Gleich trinken wir Wein. Meine Großmutter jedenfalls hat dann gegessen, was meine Mutter ihr vorsetzte, sie aß seufzend und presste immer die linke Hand auf den Busen, sie war dick und schwer, und ihre Finger waren von der Gicht gekrümmt. Meine Mutter saß neben ihr und beide schauten auf den laufenden Fernseher, und dann rauchten sie zusammen, und meine Großmutter sagte: ‚Blaue Stunde.' Wenn meine Mutter ging, brach meine Großmutter in Tränen aus und wurde kindisch und böse und klammerte sich an sie, drohte und schrie, und meine Mutter setzte sich wieder hin und ging dann doch. Irgendwann in der Nacht, wenn es im gangen waren, schob sie sich mit dem Gehgestell zurück ins Schlafzimmer. Setzte sich auf die Bettkante und starrte ins Dunkel und dachte, ich weiß nicht, was, legte sich hin und schlief dann ein. Tage und Tage. Im Sommer manchmal ein Bier auf dem Balkon, zwischen den Geranien, mit denen sie verschwörerisch flüsterte. Wir wuschen ihr einmal in der Woche die Haare, dann kauerte sie über der Wanne und kicherte und sagte: ‚Es juckt so, das ist schön.' Sie machte ins Bett und lag dann weinend und unglücklich bis zum Abend. Aber manchmal sang sie und zwinkerte mit ihrem linken Auge und lachte über etwas, von dem wir nichts wussten, bis ihr die Tränen kamen. Sie hörte nie Musik. Lag in dieser Stille in ihrem Bett in den Kissen, in dieser Stille, die einmal laut gewesen war, als die zwei Kinder noch da waren und der Mann."

Sophie sieht sich um. In dieser Stunde zwischen dem späten Nachmittag und dem Abend ist das Café ganz leer, auf den Tischen, an denen niemand sitzt, brennen Kerzen, die Kellnerin lehnt am Tresen, raucht eine Zigarette und hat die Augen halb geschlossen. „Hört sie uns zu?" flüstert Sophie, zieht ihren Stuhl näher an den Tisch heran, stützt das Gesicht in beide Hände. Die Kellnerin regt sich nicht. Gegen die Fensterscheiben schlägt der Regen, von draußen kommt das Wintergeräusch eines Automotors, der nicht anspringen will. Sophie sagt entschlossen: „Meine Großmutter verdächtigte in diesem letzten Jahr die ganze Welt. Sah Männer in der Ecke hinter dem Ofen stehen und versteckte ihr Portemonnaie unter der Matratze, im Nachtschrank, im Kissenbezug. ‚Pack aus, was du da eingepackt hast!' schrie sie, wenn meine Mutter in der Küche das Essen warm machte, und dann zählte sie auf, was mein Vater jeden Morgen aus der Wohnung hinausschaffen würde: Pelze und Silber und Schmuck und die Orden der Großväter, Geld und Sparbücher und Töpfe und Kannen. Sie zerrte an der Jacke meiner Mutter herum und sagte: ‚Klaujacke' und keuchte und rief nach der Polizei, und meine Mutter stand vor ihr, guckte nur, sagte nichts. Und meine Großmutter schob sich mit dem Gehgestell in die Küche, überprüfte Schränke und Schubladen, brach dann in Tränen aus und sagte: ‚Ich will nicht mehr.' Aber sie lag den ganzen Tag im Bett und wartete."

„Weißt du", sagt Sophie, „das ist auch nicht leicht. Sich die Erinnerung zurückzuholen, Stück für Stück. Ich vergesse so schnell. Gesichter vor allem, ich vergesse immer Gesichter, ich vergesse sie eigentlich sofort, auch an das Gesicht meiner Großmutter kann ich mich nicht mehr erinnern. Sie fror immer. Trug auch unter den Federdecken Wolljacken, Schals, dicke Strümpfe. Sagte trotzdem: ‚Ich will frische Luft', selbst im Winter mussten im Schlafzimmer alle Fenster offenstehen. Aber im Wohnzimmer standen kleine Heizlüfter um das Sofa herum und pusteten ihr heiße Luft ins Gesicht, und sie sagte: ‚Ich weiß nicht, mir ist noch immer kalt.' Ihre Haare waren weiß. Sie ließ am Morgen das Eigelb über das Brot laufen und trank Tee schwarz, ohne Zucker. Es gab ein Telefon im Wohnzimmer und eines im Schlafzimmer, und manchmal rief der Sohn an und erkundigte sich aus der lichten Ferne seiner Vorstadtvilla nach der Gesundheit und der Schwester. Meine Großmutter lag in ihrem Urin und hatte Schmerzen und holte tief Luft, hielt sich mit leuchtenden Augen den Hörer ans Ohr und sagte ins Zimmer hinein: ‚Gut, alles ist gut.' "

Sophie steht viel zu schnell auf und geht auf die Toilette. Sie ist so dünn, ihre Beine in dicken Wollstrümpfen wie kleine Stöckchen. Sie geht ganz gerade, Schultern hochgezogen, im Rücken steif. Die Kellnerin sieht ihr hinterher und gähnt gelangweilt. Die Kaffeemaschine rauscht, niemand mehr im Raum, der Regen jetzt ein Wolkenbruch, auf dem Tisch verlischt die Kerze im Wachs. Sophie kommt zurück, setzt sich wieder, zündet sich eine Zigarette an, inhaliert tief, schaut dem Rauch hinterher. Sie sieht müde aus. Sie sagt: „Meine Großmutter hat die langen Zigaretten geraucht, lange, leichte Damenzigaretten, nie inhaliert und immer dem Rauch hinterhergeschaut. So wie ich. Oder ich wie sie. Sie hat gegen die Wand geklopft, mit der geballten Faust, wenn meine Mutter ihr zu langsam war. Einmal sich aufgerichtet im Bett und auf ihren Nacken gezeigt, in dem sich über Nacht die weißen Haare zu Locken gekringelt hatten, und gesagt: ‚Dann stirbt man bald.' Manchmal auch, dann immer den Blick in den Himmel über den Dächern, über den Antennen gerichtet: ‚Der liebe Gott will mich nicht.' Sie konnte ganze zwei Geschichten erzählen, oder vielleicht wollten wir auch nur zwei hören, die Kriegsgeschichte, die Russen schon vor Berlin und meine Großmutter mit den Kindern im Zug und auf der Flucht; der Zug hielt plötzlich, da war kein Bahnhof, kein Ort, und der sechsjährige Sohn musste pinkeln, ‚ganz unwahrscheinlich pinkeln' sagte meine Großmutter, wie unbeteiligt. Also ließ sie ihn raus, aufs offene Feld, da soll schon der Raps geblüht haben und der Tag war warm. Meine Großmutter wartete in der Waggontür, und der sechsjährige Sohn lief in den Raps hinein, rief Kindliches und pinkelte; da fuhr der Zug wieder an, viel zu schnell, zu unerwartet, und das Kind blieb im Raps zurück mit aufgerissenem Gesicht, soll einen blauen Matrosenanzug getragen haben. Das Ende dieser Geschichte kenne ich nicht, er ist jedenfalls nicht gestorben. Die Nachkriegsgeschichte, die Zweizimmerwohnung im Sommer, der Mann schon fort und auf dem Balkon die Geranien, meine Großmutter, wie je, in der Küche, die Tochter und der Sohn im Wohnzimmer, die Tochter und der Sohn schossen um sich mit Schleudern und Kieselsteinchen. Meine Großmutter schälte Kartoffeln, schnitt Kohl; ‚Wetten,

Symbole
ein bildhaftes Zeichen, das für einen abstrakten Sachverhalt steht, z. B. Taube als Symbol des Friedens

Motive
- bestimmte immer wiederkehrende Lebenssituationen, z. B. das Motiv des verlorenen Sohnes
- sich im Text wiederholende Worte, Passagen

dass ich dir ein Auge ausschießen kann', sagte im Wohnzimmer die Tochter, meine Mutter, zum Sohn, ‚Wetten, dass nicht', sagte der Sohn, und die Tochter, die Schwester, zielte, schoss und traf. Die Tochter schrie. Der Sohn schrie nicht, die Tochter, meine Mutter, stand in der Küchentür und schlug die Hände vors Gesicht und flüsterte: ‚Ich hab ihn ins Auge getroffen, ins linke', flüsterte das immer und immer wieder, und meine Großmutter stand auf, die Kartoffelschalen fielen zu Boden, die Kohlschnitze, lief ins Wohnzimmer, da stand der Sohn, und das Kieselsteinchen steckte mitten in seinem linken Auge, steckte da so wie ein steinernes Auge, ‚da hab ich's rausgezogen', sagte meine Großmutter, ganz einfach. Der Sohn bekam Glasaugen, fünf kleine, braune Glasaugen zum Austauschen, wenn die Geschwister sich stritten, warf meine Mutter die Glasaugen durchs Zimmer und sagte: ‚Such sie, Krüppel', meine Großmutter kicherte. Warum. Mehr Geschichten gab's nicht."

Sophie sieht erstaunt aus. Nicht traurig, noch nicht. Sie reibt sich mit beiden Händen die Augen, drückt die Daumen auf die Lider, lächelt ansatzweise. Sie schaut die Kellnerin an, bis die sich langsam vom Tresen stemmt und zum Tisch geschlichen kommt, schlafwandlerisch, die Kellnerin streift sich die Hände an der Schürze ab, sagt nichts. Sophie sagt mit einer völlig fremden Stimme: „Ich hätte gern einen trockenen Rotwein", und die Kellnerin schleicht zum Tresen zurück, hat sie das verstanden? „Man wird sehen", sagt Sophie, sagt: „Meine Großmutter hat dann noch einmal die Wohnung verlassen, ein letztes Mal, da wurde die Enkelin, nicht ich, die andere, achtzehn Jahre alt, und der Sohn hatte die Seeterrassen gemietet und einen Leierkastenmann bestellt und ein riesiges Buffet. ‚Von allem etwas', sagte der Sohn ins Telefon, und meine Großmutter lag in ihrem Bett und schaute in den Himmel über den Dächern, den Antennen und sagte: ‚Ja, ich komme gern.' ‚Du brauchst ein Geschenk', sagte meine Mutter, ‚sie wird achtzehn, du musst ihr was schenken, gib mir Geld, und ich kaufe es für dich', und meine Großmutter winkte ab, nachlässig und mit der linken Hand und sagte, sie hätte schon ein Geschenk, keine Sorge. ‚Woher hast du es', fragte meine Mutter, ‚du kannst nichts kaufen, du kannst die Wohnung nicht verlassen', meine Großmutter wollte nicht antworten. Zählte die Tage. Ließ sich die Haare waschen, das blaue Kleid aus dem Schrank holen, das Festtagskleid, sie sagte: ‚So blau wie meine Augen sind.' Zeterte nicht mehr. Sah meinen Vater an, am Morgen, stumm, warf Geld aus dem Bett, Geldscheine aus den Matratzenritzen, den Kissenbezügen, sagte: ‚Nehmt, ich will's nicht mehr.' Wurde am Geburtstag der Enkelin von drei Männern im Rollstuhl aus der Wohnung getragen und in einen Bus verfrachtet, die Männer schwitzten, meine Großmutter saß im Rollstuhl wie eine Königin, hatte einen Korb auf dem Schoß, im Korb das eingepackte Geschenk, ‚Was ist es?', sie schüttelte den Kopf, fast nachsichtig, sagte: ‚Ach wartet doch ab.' Wir fuhren im Auto dem Bus hinterher, und ich konnte sie sehen, ich konnte ihren weißen Kopf sehen, den sie ans Fenster presste, manchmal wischte sie mit der Hand die beschlagene Scheibe ab, sie sah hinaus, die ganze Fahrt über, was hat sie gesehen? ich kann es nicht sagen. In den Seeterrassen schoben sie sie an die Spitze der Tafel, zwischen den Sohn und die Enkelin, alle waren sehr heiter und redeten auf sie ein und stellten Teller voll Essen vor sie hin und Wein, sie trank nicht, aß auch nicht. Gab der Enkelin das Geschenk, die saß neben ihr mit pflichtschuldig andächtigem Gesicht, am Tisch wurde es still, der Sohn lachte, die Großmutter macht der Enkelin ein Geschenk. Die Enkelin zerriss vorsichtig das Papier, tastete, zögerte dann, zog das Papier ganz herunter, hielt einen gelben Topfdeckel in der Hand, an den Rändern schon ein bisschen angeschlagen. ‚Was ist das?' sagte sie, ein Rätsel, ein Symbol, sie war achtzehn Jahre alt und lächelte meine Großmutter an. ‚Der Deckel von dem Topf, den ihr mir gestohlen habt', sagte meine Großmutter, ‚so wie ihr mir alles gestohlen habt.' Und dann hob sie ganz langsam die Hand und legte sie auf ihr linkes Auge und wandte sich zu ihrem Sohn und sah ihn an, mit ihrem rechten Auge, das war wirklich so blau wie ihr Festtagskleid."

Die Kellnerin stellt den Wein auf den Tisch und starrt Sophie an, Sophie starrt nicht zurück. Sie sagt: „Danke" und nimmt einen großen Schluck aus dem Glas, wischt sich den Mund mit dem Handrücken ab. Die Tür geht auf, Wind weht herein, Regengeruch, zwei, drei Gäste in nassen Mänteln und mit roten Gesichtern. Sophie dreht sich nicht um. Friert auch nicht mehr, hat jetzt rote Wangen, und die Müdigkeit um ihre Augen herum ist weg. Sie sagt: „Ich bin gleich fertig. Die Geschichte ist gleich fertig, zu Ende, dauert nicht mehr lang, kannst du noch? Sie haben sie später, in der Nacht, noch einmal im Rollstuhl zum See herunter gefahren. Da saß sie und starrte ins Dunkel, am anderen Ufer so kleine Lichter und das leise Schlagen der Wellen, ‚Was soll das', sagte meine Großmutter, und sie brachten sie mit dem Bus zurück nach Hause. Sie ließ sich ins Bett legen und drehte sich weg und sagte zu meiner Mutter, die stand in der Tür, ‚Gute Nacht'. Am Morgen kam mein Vater, machte Tee und ein weiches Ei, schnitt Brot und stellte all das vor sie hin, den Tee aufs Stövchen, das Eigelb schon aufs Brot; ‚Das Teelicht', sagte meine Großmutter, ‚das Teelicht', mehr nicht. ‚Das ist doch angezündet', sagte mein Vater, ‚schau, es brennt', und meine Großmutter sagte: ‚Ja' und machte die Augen zu. Mein Vater ging. Ging einkaufen, ging dann nach Hause. Hörte das Telefon schon auf der Treppe läuten, es läutete unaufhörlich, und mein Vater schloss die Wohnungstür auf, ließ die Einkaufstüten fallen, nahm den Hörer ab und sagte: ‚Hallo?', bekam keine Antwort. Lauschte in den Hörer hinein, wollte schon wieder auflegen, hörte dann doch etwas, aus sehr weiter Ferne, wirklich weit weg. Ein Weinen? oder Schreien? einen Schmerzenslaut? tatsächlich ein Prasseln, ein Knacken, etwas ganz Unwirkliches, warum wusste er plötzlich, ich weiß es nicht. Er ließ den Hörer fallen und lief aus der Wohnung, die Treppen hinunter und hinaus auf die Straße, es war Februar, so wie jetzt und kalt, mein Vater lief schnell. Zwei Häuser weit. Er rannte. Stieß die Haustür auf, rannte die drei Treppen hoch, er zitterte wohl und hatte auch Angst, die Wohnungstür klemmte, ich glaube, der Schlüssel muss ihm hinuntergefallen sein, drei oder vier Mal. Er stemmte sich gegen die Tür, die Tür ging auf, der Flur so klein, da roch was, die Tür zum Schlafzimmer nur angelehnt und dahinter ein heller Schein. Ich weiß jetzt nicht, sind es vier Schritte oder fünf ins Schlafzimmer hinein, mein Vater stand auf der Schwelle und sah meine Großmutter, die brannte lichterloh. War aus dem Bett gekommen, irgendwie, war in der Mitte des Zimmers, vor dem Bett, das Bett brannte, das Nachthemd meiner Großmutter brannte, ihre Strümpfe, ihr Schal, ihre Haare, ihr Gesicht und ihre blauen Augen; sie brannte lichterloh und schrie nicht mehr, der Himmel über den Dächern, den Antennen, grau und rauchig, sie habe, sagte mein Vater später, er wüsste nicht, aber sie habe, so brennend, tatsächlich getanzt«, sagt Sophie, weint nicht, lächelt verlegen.

Judith Hermann: Sommerhaus, später. Erzählungen, 12. Aufl., Frankfurt/Main, S. Fischer Verlag, 1999, S. 85 ff.

1. Skizzieren Sie die Erzählsituation.
   a) Wer ist der Erzähler?
   b) Wann und wo wird erzählt?
2. Beschreiben Sie die familiären Beziehungen der handelnden Personen.
3. Erstellen Sie eine Biografie der Großmutter.
4. a) Beschreiben Sie die Pflegebedürftigkeit der Großmutter.
   b) Beurteilen Sie die Pflegemaßnahmen.
5. a) Wie erklären Sie sich, dass die Großmutter den Kindern Diebstahl vorwirft?
   b) Erläutern Sie das Verhältnis zwischen der Großmutter und ihren Kindern.
   c) Welche Bedeutung hat die Großmutter für Sophie?
6. a) Die Großmutter schenkt der Enkelin zum 18. Geburtstag einen gelben Topfdeckel. Welche Symbolik liegt in diesem Geschenk?
   b) Suchen Sie weitere Symbole und wiederkehrende Bilder. Deuten Sie diese.
7. Setzen Sie den Titel der Erzählung in Beziehung zu Inhalt und Aussage der Erzählung.
8. Setzen Sie die literarische Realität in Bezug zu Ihrer persönlichen und beruflichen Realität.
9. Führen Sie Merkmale an, die dafür sprechen, den literarischen Text „Das Ende von Etwas" als Erzählung einzustufen.

Die Erzählung hat eine wirkliche oder eine erdachte Begebenheit zum Inhalt. Sie ist in ihrer Form sehr vielseitig und damit schwer abgrenzbar zu anderen epischen Textsorten. Oft ist die Begebenheit eingebettet in eine Erzählsituation. Beim Leser wird durch den lebendigen Stil Spannung erzeugt.

Der alte König in seinem Exil Arno Geiger

Hauptperson des Romans ist August Geiger, der Vater des Autors. August Geiger ist an Alzheimer-Demenz erkrankt.

Arno Geiger, 1968 in Bregenz (Österreich) geboren, lebt als freier Schriftsteller in Wien.

Das gemeinschaftliche Versagen am Anfang lag hinter uns, und die unangenehmen Erinnerungen verloren rasch an Schärfe, denn wir gingen jetzt behutsamer mit dem Vater um, außerdem hielt uns der Alltag mit immer neuen Überraschungen auf Trab. Wir schauten damals wenig zurück und viel nach vorn, denn die Krankheit stellte uns vor ständig neue Herausforderungen. Wir waren Neulinge und versuchten die ohnehin unsichere Herrschaft über unser aller Leben aufrechtzuerhalten - auf der Grundlage von fehlendem Wissen und fehlender Kompetenz.

Der Vater ging viel auf Wanderschaft, meistens zu meinem älteren Bruder Peter, der schräg vis-à-vis wohnt und drei Töchter hat. Doch immer öfter gingen die Ausflüge über den gewohnten Radius hinaus, manchmal mitten in der Nacht, nur unzureichend bekleidet, ängstlicher Blick. Zwischendurch war der Vater nicht auffindbar, weil er sich in eines der Kinderzimmer verirrt und dort in ein Bett gelegt hatte, manchmal stöberte er in den Schränken und wunderte sich, wenn ihm Werners Hosen nicht passten. Irgendwann beschrifteten wir seine Tür mit *August* und sperrten die Zimmer daneben zu.

Oft war sein Schädel blutig oder er kam mit aufgeschlagenen Knien zurück, weil er auf dem Weg hinunter zu seinem Elternhaus über den steilen und stellenweise verwachsenen Bühel gestürzt war. Einmal drang er in sein Elternhaus ein und stand plötzlich bei der Schwägerin im ersten Stock und erkundigte sich nach dem Bruder Erich. Noch in meiner Kindheit war der Riegel an der Tür durch ein Loch im Holz, in das man den Zeigefinger führte, leicht zu öffnen gewesen. Der Vater hatte es bestimmt mehrfach probiert, nicht wissend, dass der Mechanismus nicht mehr griff. Die Vergeblichkeit seiner Versuche muss ihn vollends verunsichert haben, so dass er sich entschloss, die Tür aufzubrechen.

Meine Schwester erinnert sich, dass er ständig Telefonate entgegennahm, eine Minute später aber nicht mehr wusste, wer was gewollt hatte. Und natürlich waren es immer *die anderen*, die etwas weggenommen oder geklaut hatten. Darauf angesprochen, wusste er von nichts und reagierte empört, wenn wir ihn mit dem Verschwinden von etwas in Verbindung brachten. Sein Rasierapparat, den wir verzweifelt gesucht hatten, tauchte in der Mikrowelle wieder auf. Bei seinem Haustürschlüssel, den er in regelmäßigen Abständen verlor, endete es damit, dass meine Mutter ihm den Schlüssel nicht mehr nur an die Hose band, sondern ihn dort annähte. Das war ihm dann auch nicht geheuer, und er zerrte daran herum.

Es tauchten fixe Ideen auf. Am hartnäckigsten beschäftigte ihn eine nahe zum Haus stehende Birke, die der Orkan Lothar in deutlicher Schieflage zurückgelassen hatte. Jeden Tag kam dutzende Male die Frage, ob die Birke dem nächsten Sturm standhalten oder aufs Haus fallen werde, der Vater fragte mit dem Hinweis auf den immer weiter ins Riesenhafte aufschießenden Baum oder mit Blick auf heranziehende Wolken. Ein anderes Thema, das sich beharrlich in seinem Kopf behauptete, war der Zählerkasten, in den er mit manischer Besessenheit hineinschaute. Noch heute habe ich das ständig schnappende Geräusch des Magnetverschlusses beim Öffnen und Schließen im Ohr. Wenn im Winter in der Früh das Haus vor Kälte klirrte, wussten wir, dass der Vater an einem Schalter herumgespielt hatte. Schuld? Natürlich *die anderen*.

Metapher
Ein Wort oder eine Wortgruppe, die bildlich übertragen wird, z. B. *am Fuß* des Berges.

Arno Geiger: Der alte König in seinem Exil, München, Carl Hanser Verlag, 2011, S. 49 – S. 51

10. Welche typischen Verhaltensweisen beschreiben das Krankheitsbild einer Alzheimer-Demenz?
11. Benennen Sie diese Verhaltensweisen mit Fachbegriffen.
12. Was könnte mit der Metapher „Der alte König in seinem Exil" gemeint sein?

Spiegelgeschichte Ilse Aichinger

Ilse Aichinger, 1921–2016, Schriftstellerin, erhielt zahlreiche Literaturpreise, verfasste Romane, Erzählungen, Dramen und Hörspiele. Die „Spiegelgeschichte" wurde 1952 veröffentlicht.

Wenn einer dein Bett aus dem Saal schiebt, wenn du siehst, dass der Himmel grün wird und wenn du dem Vikar die Leichenrede ersparen willst, so ist es Zeit für dich, aufzustehen, leise, wie Kinder aufstehen, wenn am Morgen Licht durch die Laden schimmert, heimlich, dass es die Schwester nicht sieht und schnell!

Aber da hat er schon begonnen, der Vikar, da hörst du seine Stimme, jung und eifrig und unaufhaltsam, da hörst du ihn schon reden. Lass es geschehen! Lass seine guten Worte untertauchen in den blinden Regen. Dein Grab ist offen. Lass seine schnelle Zuversicht erst hilflos werden, dass ihr geholfen wird. Wenn du ihn lässt, wird er am Ende nicht mehr wissen, ob er schon begonnen hat. Und weil er es nicht weiß, gibt er den Trägern das Zeichen. Und die Träger fragen nicht viel und holen deinen Sarg wieder herauf. Und sie nehmen den Kranz vom Deckel und geben ihn dem jungen Mann zurück, der mit gesenktem Kopf am Rand des Grabes steht. Der junge Mann nimmt seinen Kranz und streicht verlegen alle Bänder glatt, er hebt für einen Augenblick die Stirne und da wirft ihm der Regen ein paar Tränen über die Wangen. Dann bewegt sich der Zug die Mauern entlang wieder zurück. Die Kerzen in der kleinen hässlichen Kapelle werden noch einmal angezündet und der Vikar sagt die Totengebete, damit du leben kannst. Er schüttelt dem jungen Mann heftig die Hand und wünscht ihm vor Verlegenheit viel Glück. Es ist sein erstes Begräbnis und er errötet bis zum Hals hinunter. Und ehe er sich verbessern kann, ist auch der junge Mann verschwunden. Was bleibt jetzt zu tun? Wenn einer einem Trauernden viel Glück gewünscht hat, bleibt ihm nichts übrig, als den Toten wieder heimzuschicken.

Gleich darauf fährt der Wagen mit deinem Sarg die lange Straße wieder hinauf. Links und rechts sind Häuser und an allen Fenstern stehen gelbe Narzissen, wie sie ja auch in alle Kränze gewunden sind, dagegen ist nichts zu machen. Kinder pressen ihre Gesichter an die verschlossenen Scheiben, es regnet, aber eins davon wird trotzdem aus der Haustür laufen. Es hängt sich hinten an den Leichenwagen, wird abgeworfen und bleibt zurück. Das Kind legt beide Hände über die Augen und schaut euch böse nach. Wo soll denn eins sich aufschwingen, solang es auf der Friedhofsstraße wohnt? Dein Wagen wartet an der Kreuzung auf das grüne Licht. Es regnet schwächer. Die Tropfen tanzen auf dem Wagendach. Das Heu riecht aus der Ferne. Die Straßen sind frisch getauft und der Himmel legt seine Hand auf alle Dächer. Dein Wagen fährt aus reiner Höflichkeit ein Stück neben der Trambahn her. Zwei kleine Jungen am Straßenrand wetten um ihre Ehre. Aber der auf die Trambahn gesetzt hat, wird verlieren. Du hättest ihn warnen können, aber um dieser Ehre willen ist noch keiner aus dem Sarg gestiegen.
Sei geduldig, es ist ja Frühsommer. Da reicht der Morgen noch lange in die Nacht hinein. Ihr kommt zurecht. Bevor es dunkel wird und alle Kinder von den Straßenrändern verschwunden sind, biegt auch der Wagen schon in den Spitalshof ein, ein Streifen Mond fällt zugleich in die Einfahrt. Gleich kommen die Männer und heben deinen Sarg vom Leichenwagen. Und der Leichenwagen fährt fröhlich nach Hause.

Sie tragen deinen Sarg durch die zweite Einfahrt über den Hof in die Leichenhalle. Dort wartet der leere Sockel schwarz und schief und erhöht und sie setzen den Sarg darauf und öffnen ihn wieder und einer von ihnen flucht, weil die Nägel zu fest eingeschlagen sind. Diese verdammte Gründlichkeit!

Gleich darauf kommt auch der junge Mann und bringt den Kranz zurück, es war schon hohe Zeit. Die Männer ordnen die Schleifen und legen ihn vorne hin, da kannst du ruhig sein, der Kranz liegt gut. Bis morgen sind die welken Blüten frisch und schließen sich die Knospen. Die Nacht über bleibst du allein, das Kreuz zwischen den Händen, und auch den Tag über wirst du viel Ruhe haben. Du wirst es später lange nicht mehr fertigbringen, so still zu liegen.

Am nächsten Tag kommt der junge Mann wieder. Und weil der Regen ihm keine Tränen gibt, starrt er ins Leere und dreht die Mütze zwischen seinen Fingern. Erst bevor sie den Sarg wieder auf das Brett heben, schlägt er die Hände vor das Gesicht. Er weint. Du bleibst nicht länger in der Leichenhalle. Warum weint er? Der Sargdeckel liegt nur mehr lose und es ist heller Morgen. Die Spatzen schreien fröhlich. Sie wissen nicht, dass es verboten ist, die Toten zu erwecken. Der junge Mann geht vor deinem Sarg her, als stünden Gläser zwischen seinen Schritten. Der Wind ist kühl und verspielt, ein unmündiges Kind.

Sie tragen dich ins Haus und die Stiegen hinauf. Du wirst aus dem Sarg gehoben. Dein Bett ist frisch gerichtet. Der junge Mann starrt durch das Fenster in den Hof hinunter, da paaren sich zwei Tauben und gurren laut, angeekelt wendet er sich ab. Und da haben sie dich schon in das Bett zurückgelegt. Und sie haben dir das Tuch wieder um den Mund gebunden und das Tuch macht dich so fremd. Der Mann beginnt zu schreien und wirft sich über dich. Sie führen ihn sachte weg. „Bewahret Ruhe!" steht an allen Wänden, die Krankenhäuser sind zurzeit überfüllt, die Toten dürfen nicht zu früh erwachen.

Vom Hafen heulen die Schiffe. Zur Abfahrt oder zur Ankunft? Wer soll das wissen? Still! Bewahret Ruhe! Erweckt die Toten nicht, bevor es Zeit ist, die Toten haben einen leisen Schlaf. Doch die Schiffe heulen weiter. Und ein wenig später werden sie dir das Tuch vom Kopf nehmen müssen, ob sie es wollen oder nicht. Und sie werden dich waschen und deine Hemden wechseln und einer von ihnen wird sich schnell über dein Herz beugen, schnell, solang du noch tot bist. Es ist nicht mehr viel Zeit und daran sind die Schiffe schuld. Der Morgen wird schon dunkler. Sie öffnen deine Augen und die funkeln weiß. Sie sagen auch jetzt nichts mehr davon, dass du friedlich aussiehst, dem Himmel sei Dank dafür, es erstirbt ihnen im Mund. Warte noch! Gleich sind sie gegangen. Keiner will Zeuge sein, denn dafür wird man heute noch verbrannt. Sie lassen dich allein. So allein lassen sie dich, dass du die Augen aufschlägst und den grünen Himmel siehst, so allein lassen sie dich, dass du zu atmen beginnst, schwer röchelnd und tief, rasselnd wie eine Ankerkette, wenn sie sich löst. Du bäumst dich auf und schreist nach deiner Mutter. Wie grün der Himmel ist!

„Die Fieberträume lassen nach", sagt eine Stimme hinter dir, „der Todeskampf beginnt!"

Ach die! Was wissen die?

Geh jetzt! Jetzt ist der Augenblick! Alle sind weggerufen. Geh, eh sie wiederkommen und eh ihr Flüstern wieder laut wird, geh die Stiegen hinunter, an dem Pförtner vorbei, durch den Morgen, der Nacht wird. Die Vögel schreien in der Finsternis, als hätten deine Schmerzen zu jubeln begonnen. Geh nach Hause. Und leg dich in dein eigenes Bett zurück, auch wenn es in den Fugen kracht und noch zerwühlt ist. Da wirst du schneller gesund! Da tobst du nur drei Tage lang gegen dich und trinkst dich satt am grünen Himmel, da stößt du nur drei Tage lang die Suppe weg, die dir die Frau von oben bringt, am vierten nimmst du sie.

Und am siebenten, der der Tag der Ruhe ist, am siebenten gehst du weg. Die Schmerzen jagen dich, den Weg wirst du ja finden. Erst links, dann rechts und wieder links, quer durch die Hafengassen, die so elend sind, dass sie nicht anders können, als zum Meer zu führen. Wenn nur der junge Mann in deiner Nähe wäre, aber der junge Mann ist nicht bei dir, im Sarg warst du viel schöner. Doch jetzt ist dein Gesicht verzerrt von Schmerzen, die Schmerzen haben zu jubeln aufgehört. Und jetzt steht auch der Schweiß wieder auf deiner Stirne, den ganzen Weg lang, nein, im Sarg, da warst du schöner!

Die Kinder spielen mit den Kugeln am Weg. Du läufst in sie hinein, du läufst, als liefst du mit dem Rücken nach vorn und keines ist dein Kind. Wie soll denn auch eines davon dein Kind sein, wenn du zur Alten gehst, die bei der Kneipe wohnt? Das weiß der ganze Hafen, wovon die Alte ihren Schnaps bezahlt.

Sie steht schon an der Tür. Die Tür ist offen und sie streckt dir ihre Hand entgegen, die ist schmutzig. Alles ist dort schmutzig. Am Kamin stehen die gelben Blumen und das sind dieselben, die sie in die Kränze winden, das sind schon wieder dieselben. Und die Alte ist viel zu freundlich. Und die Treppen knarren auch hier. Und die Schiffe heulen, wohin du immer gehst, die heulen überall. Und die Schmerzen schütteln dich, aber du darfst nicht schreien. Die Schiffe dürfen heulen, aber du darfst nicht schreien. Gib der Alten das Geld für den Schnaps! Wenn du ihr erst das Geld gegeben hast, hält sie dir deinen Mund mit beiden Händen zu. Die ist ganz nüchtern von dem vielen Schnaps, die Alte. Die träumt nicht von den Ungeborenen. Die unschuldigen Kinder wagen's nicht, sie bei den Heiligen zu verklagen und die schuldigen wagen's auch nicht. Aber du. Du wagst es!

„Mach mir mein Kind wieder lebendig!"

Das hat noch keine von der Alten verlangt.

Aber du verlangst es. Der Spiegel gibt dir Kraft. Der blinde Spiegel mit den Fliegenflecken lässt dich verlangen, was noch keine verlangt hat.

„Mach es lebendig, sonst stoß ich deine gelben Blumen um, sonst kratz ich dir die Augen aus, sonst reiß ich deine Fenster auf und schrei über die Gasse, damit sie hören müssen, was sie wissen, ich schrei – " Und da erschrickt die Alte. Und in dem großen Schrecken, in dem blinden Spiegel erfüllt sie deine Bitte. Sie weiß nicht, was sie tut, doch in dem blinden Spiegel gelingt es ihr. Die Angst wird furchtbar und die Schmerzen beginnen endlich wieder zu jubeln. Und eh du schreist, weißt du das Wiegenlied: Schlaf, Kindlein, schlaf! Und eh du schreist, stürzt dich der Spiegel die finsteren Treppen wieder hinab und lässt dich gehen, laufen lässt er dich. Lauf nicht zu schnell!

Heb lieber deinen Blick vom Boden auf, sonst könnt es sein, dass du da drunten an den Planken um den leeren Bauplatz in einen Mann hineinläufst, in einen jungen Mann, der seine Mütze dreht. Daran erkennst du ihn. Das ist derselbe, der zuletzt an deinem Sarg die Mütze gedreht hat, da ist er schon wieder! Da steht er, als wäre er nie weggewesen, da lehnt er an den Planken. Du fällst in seine Arme. Er hat schon wieder keine Tränen, gib ihm von deinen. Und nimm Abschied, eh du dich an seinen Arm hängst. Nimm von ihm Abschied! Du wirst es nicht vergessen, wenn er es auch vergisst: Am Anfang nimmt man Abschied. Ehe man miteinander weitergeht, muss man sich an den Planken um den leeren Bauplatz für immer trennen.

Dann geht ihr weiter. Es gibt da einen Weg, der an den Kohlenlagern vorbei zur See führt. Ihr schweigt. Du wartest auf das erste Wort, du lässt es ihm, damit dir nicht das letzte bleibt. Was wird er sagen? Schnell, eh ihr an der See seid, die unvorsichtig macht! Was wird er sagen? Was ist das erste Wort? Kann es denn so schwer sein, dass es ihn stammeln lässt, dass es ihn zwingt, den Blick zu senken? Oder sind es die Kohlenberge, die über die Planken ragen und ihm Schatten unter die Augen werfen und ihn mit ihrer Schwärze blenden? Das erste Wort jetzt hat er es gesagt: Es ist der Name einer Gasse. So heißt die Gasse, in der die Alte wohnt. Kann denn das sein? Bevor er weiß, dass du das Kind erwartest, nennt er die Alte. Sei ruhig! Er weiß nicht, dass du bei der Alten schon gewesen bist, er kann es auch nicht wissen, er weiß nichts von dem Spiegel. Aber kaum hat er's gesagt, hat er es auch vergessen. Im Spiegel sagt man alles, dass es vergessen sei. Und kaum hast du gesagt, dass du das Kind erwartest, hast du es auch verschwiegen. Der Spiegel spiegelt alles. Die Kohlenberge weichen hinter euch zurück, da seid ihr an der See und seht die weißen Boote wie Fragen an der Grenze eures Blicks, seid still, die See nimmt euch die Antwort aus dem Mund, die See verschlingt, was ihr noch sagen wolltet.

Von da ab geht ihr viele Male den Strand hinauf, als ob ihr ihn hinabgingt, nach Hause, als ob ihr weglieft und weg, als gingt ihr heim.

Was flüstern die in ihren hellen Hauben? „Das ist der Todeskampf!" Die lasst nur reden.

Eines Tages wird der Himmel blass genug sein, so blass, dass seine Blässe glänzen wird. Gibt es denn einen anderen Glanz als den der letzten Blässe?

An diesem Tag spiegelt der blinde Spiegel das verdammte Haus. Verdammt nennen die Leute ein Haus, das abgerissen wird, verdammt nennen sie das, sie wissen es nicht besser. Es soll euch nicht erschrecken. Der Himmel ist jetzt blass genug. Und wie der Himmel in der Blässe erwartet auch das Haus am Ende der Verdammung die Seligkeit. Vom vielen Lachen kommen leicht die Tränen. Du hast genug geweint. Nimm deinen Kranz zurück. Jetzt wirst du auch die Zöpfe bald wieder lösen dürfen. Alles ist im Spiegel. Und hinter allem, was ihr tut, liegt grün die See. Wenn ihr das Haus verlasst, liegt sie vor euch. Wenn ihr durch die eingesunkenen Fenster wieder aussteigt, habt ihr vergessen.

Im Spiegel tut man alles, dass es vergeben sei.

Von da ab drängt er dich, mit ihm hineinzugehen. Aber in dem Eifer entfernt ihr euch davon und biegt vom Strand ab. Ihr wendet euch nicht um. Und das verdammte Haus bleibt hinter euch zurück. Ihr geht den Fluss hinauf und euer eigenes Fieber fließt euch entgegen, es fließt an euch vorbei. Gleich lässt sein Drängen nach. Und in demselben Augenblick bist du nicht mehr bereit, ihr werdet scheuer. Das ist die Ebbe, die die See von allen Küsten wegzieht. Sogar die Flüsse sinken zur Zeit der Ebbe. Und drüben auf der anderen Seite lösen die Wipfel endlich die Krone ab. Weiße Schindeldächer schlafen darunter.

Gib Acht, jetzt beginnt er bald von der Zukunft zu reden, von den vielen Kindern und vom langen Leben und seine Wangen brennen vor Eifer. Sie zünden auch die deinen an. Ihr werdet streiten, ob ihr Söhne oder Töchter wollt und du willst lieber Söhne. Und er wollte sein Dach lieber mit Ziegeln decken und du willst lieber - aber da seid ihr den Fluss schon viel zu weit hinauf gegangen. Der Schrecken packt euch. Die Schindeldächer auf der anderen Seite sind verschwunden, da drüben sind nur mehr Auen und feuchte Wiesen. Und hier? Gebt auf den Weg Acht. Es dämmert so nüchtern, wie es nur am Morgen dämmert. Die Zukunft ist vorbei. Die Zukunft ist ein Weg am Fluss, der in die Auen mündet. Geht zurück!

Was soll jetzt werden?

Drei Tage später wagt er nicht mehr, den Arm um deine Schultern zu legen. Wieder drei Tage später fragt er dich, wie du heißt und du fragst ihn. Nun wisst ihr voneinander nicht einmal mehr die Namen. Und ihr fragt auch nicht mehr. Es ist schöner so. Seid ihr nicht zum Geheimnis geworden?

Jetzt geht ihr endlich wieder schweigsam nebeneinander her. Wenn er dich jetzt noch etwas fragt, so fragt er, ob es regnen wird. Wer kann das wissen? Ihr werdet immer fremder. Von der Zukunft habt ihr schon lange zu reden aufgehört. Ihr seht euch nur mehr selten, aber noch immer seid ihr einander nicht fremd genug. Wartet, seid geduldig. Eines Tages wird es so weit sein. Eines Tages ist er dir so fremd, dass du ihn auf einer finsteren Gasse vor einem offenen Tor zu lieben beginnst. Alles will seine Zeit. Jetzt ist sie da. „Es dauert nicht mehr lang", sagen die hinter dir, „es geht zu Ende!"

Was wissen die? Beginnt jetzt nicht alles?

Ein Tag wird kommen, da siehst du ihn zum ersten Mal. Und er sieht dich. Zum ersten Mal, das heißt: Nie wieder. Aber erschreckt nicht! Ihr müsst nicht voneinander Abschied nehmen, das habt ihr längst getan. Wie gut es ist, dass ihr es schon getan habt!

Es wird ein Herbsttag sein, voller Erwartung darauf, dass alle Früchte wieder Blüten werden, wie er schon ist, der Herbst, mit diesem hellen Rauch und mit den Schatten, die wie Splitter zwischen den Schritten liegen, dass du die Füße daran zerschneiden könntest, dass du darüber fällst, wenn du um Äpfel auf den Markt geschickt bist, du fällst vor Hoffnung und vor Fröhlichkeit. Ein junger Mann kommt dir zu Hilfe. Er hat die Jacke nur lose umgeworfen und lächelt und dreht die Mütze und weiß kein Wort zu sagen. Aber ihr seid sehr fröhlich in diesem Licht. Du dankst ihm und wirfst ein wenig den Kopf zurück und da lösen sich die aufgesteckten Zöpfe und fallen herab. „Ach", sagt er, „gehst du nicht noch zur Schule?" Er dreht sich um und geht und pfeift ein Lied. So trennt ihr euch, ohne einander nur noch einmal anzuschauen, ganz ohne Schmerz und ohne es zu wissen, dass ihr euch trennt. Jetzt darfst du wieder mit den kleinen Brüdern spielen und du darfst mit ihnen den Fluss entlang gehen, den Weg am Fluss unter den Erlen und drüben sind die weißen Schindeldächer wie immer zwischen den Wipfeln. Was bringt die Zukunft? Keine Söhne. Brüder hat sie dir gebracht, Zöpfe, um sie tanzen zu lassen, Bälle, um zu fliegen. Sei ihr nicht böse, es ist das Beste, was sie hat. Die Schule kann beginnen.

Noch bist du zu wenig groß, noch musst du auf dem Schulhof während der Pause in Reihen gehen und flüstern und erröten und durch die Finger lachen. Aber warte noch ein Jahr und du darfst wieder über die Schnüre springen und nach den Zweigen haschen, die über die Mauer hängen. Die fremden Sprachen hast du schon gelernt, doch so leicht bleibt es nicht. Deine eigene Sprache ist viel schwerer. Noch schwerer wird es sein, lesen und schreiben zu lernen, doch am schwersten ist es, alles zu vergessen. Und wenn du bei der ersten Prüfung alles wissen musstest, so darfst du am Ende nichts mehr wissen. Wirst du das bestehen? Wirst du still genug sein? Wenn du genug Furcht hast, um den Mund nicht aufzutun, wird alles gut. Du hängst den blauen Hut, den alle Schulkinder tragen, wieder an den Nagel und verlässt die Schule. Es ist wieder Herbst. Die Blüten sind schon lange zu Knospen geworden, die Knospen zu nichts und nichts wieder zu Früchten. Überall gehen Kinder nach Hause, die ihre Prüfung bestanden haben, wie du. Ihr alle wisst nichts mehr. Du gehst nach Hause, dein Vater erwartet dich und die kleinen Brüder schreien so laut sie können und zerren an deinem Haar. Du bringst sie zur Ruhe und tröstest deinen Vater. Bald kommt der Sommer mit den langen Tagen. Bald stirbt deine Mutter. Du und dein Vater, ihr beide holt sie vom Friedhof ab. Drei Tage liegt sie noch zwischen den knisternden Kerzen, wie damals du. Blast alle Kerzen aus, eh sie erwacht! Aber sie riecht das Wachs und hebt sich auf die Arme und klagt leise über die Verschwendung. Dann steht sie auf und wechselt ihre Kleider.

Es ist gut, dass deine Mutter gestorben ist, denn länger hättest du es mit den kleinen Brüdern nicht machen können. Doch jetzt ist sie da. Jetzt besorgt sie alles und lehrt dich auch das Spielen noch viel besser, man kann es nie genug gut können. Es ist keine leichte Kunst. Aber das Schwerste ist es noch immer nicht.

Das Schwerste bleibt es doch, das Sprechen zu vergessen und das Gehen zu verlernen, hilflos zu stammeln und auf dem Boden zu kriechen, um zuletzt in Windeln gewickelt zu werden. Das Schwerste bleibt es, alle Zärtlichkeiten zu ertragen und nur mehr zu schauen. Sei geduldig! Bald ist alles gut. Gott weiß den Tag, an dem du schwach genug bist.

Es ist der Tag deiner Geburt. Du kommst zur Welt und schlägst die Augen auf und schließt sie wieder vor dem starken Licht. Das Licht wärmt dir die Glieder, du regst dich in der Sonne, du bist da, du lebst. Dein Vater beugt sich über dich.

„Es ist zu Ende –", sagen die hinter dir, „sie ist tot!"
Still! Lass sie reden!

Ilse Aichinger: Spiegelgeschichte, in: Gesammelte Werke: Der Gefesselte: Erzählungen I (1948–1952), Bd. 2, 3. Aufl., Frankfurt a. M., Fischer Verlag, 2002, S. 65 ff.

13. Äußern Sie sich spontan zur Erzählung. Versuchen Sie, von Ihren Äußerungen ausgehend, Fragen an den Text zu stellen.

14. Analysieren Sie den Aufbau und die Erzählperspektive.
a) Mit was beginnt, mit was endet die Geschichte?
b) Aus welcher Perspektive wird erzählt?
c) In welche „Richtung" wird erzählt? Notieren Sie die wichtigsten Stationen des Lebens.

15. Woran stirbt die Frau? Belegen Sie Ihre Meinung.

16. Informieren Sie sich über „Todeserfahrungen" und „Sterbephasen". Zeigen Sie, inwiefern in der Erzählung diese Phänomene verarbeitet werden.

17. „Es ist zu Ende –", sagen die hinter dir, „sie ist tot!" Still! Lass sie reden!
a) Wer sind „die", wer ist das „du", wer das „sie"?
b) Wie ist der Kommentar „Lass sie reden!" zu verstehen?

18. Suchen Sie alle Textstellen, an denen das Motiv des Spiegels vorkommt. Welche Funktion hat dieses Motiv?

19. Formulieren Sie eine Aussage zur „Spiegelgeschichte".

Das Brot Wolfgang Borchert

Plötzlich wachte sie auf. Es war halb drei. Sie überlegte, warum sie aufgewacht war. Ach so! In der Küche hatte jemand gegen einen Stuhl gestoßen. Sie horchte nach der Küche. Es war still. Es war zu still und als sie mit der Hand über das Bett neben sich fuhr, fand sie es leer. Das war es, was es so besonders still gemacht hatte: sein Atem fehlte. Sie stand auf und tappte durch die dunkle Wohnung zur Küche. In der Küche trafen sie sich. Die Uhr war halb drei. Sie sah etwas Weißes am Küchenschrank stehen. Sie machte Licht. Sie standen sich im Hemd gegenüber. Nachts. Um halb drei. In der Küche.

Auf dem Küchentisch stand der Brotteller. Sie sah, dass er sich Brot abgeschnitten hatte. Das Messer lag noch neben dem Teller. Und auf der Decke lagen Brotkrümel. Wenn sie abends zu Bett gingen, machte sie immer das Tischtuch sauber. Jeden Abend. Aber nun lagen Krümel auf dem Tuch. Und das Messer lag da. Sie fühlte, wie die Kälte der Fliesen langsam an ihr hochkroch. Und sie sah von dem Teller weg.

„Ich dachte, hier wär was", sagte er und sah in der Küche umher.
„Ich habe auch was gehört", antwortete sie und dabei fand sie, dass er nachts im Hemd doch schon recht alt aussah. So alt wie er war. Dreiundsechzig. Tagsüber sah er manchmal jünger aus. Sie sieht doch schon alt aus, dachte er, im Hemd sieht sie doch ziemlich alt aus. Aber das liegt vielleicht an den Haaren. Bei den Frauen liegt das nachts immer an den Haaren. Die machen dann auf einmal so alt.

„Du hättest Schuhe anziehen sollen. So barfuß auf den kalten Fliesen. Du erkältest dich noch."
Sie sah ihn nicht an, weil sie nicht ertragen konnte, dass er log. Dass er log, nachdem sie neununddreißig Jahre verheiratet waren.
„Ich dachte, hier wäre was", sagte er noch einmal und sah wieder so sinnlos von einer Ecke in die andere, „ich hörte hier was. Da dachte ich, hier wäre was."
„Ich hab auch was gehört. Aber es war wohl nichts." Sie stellte den Teller vom Tisch und schnippte die Krümel von der Decke.
„Nein, es war wohl nichts", echote er unsicher.
Sie kam ihm zu Hilfe: „Komm man. Das war wohl draußen. Komm man zu Bett. Du erkältest dich noch. Auf den kalten Fliesen." Er sah zum Fenster hin. „Ja, das muss wohl draußen gewesen sein. Ich dachte, es wäre hier."
Sie hob die Hand zum Lichtschalter. Ich muss das Licht jetzt ausmachen, sonst muss ich nach dem Teller sehen, dachte sie. Ich darf doch nicht nach dem Teller sehen. „Komm man", sagte sie und machte das Licht aus, „das war wohl draußen. Die Dachrinne schlägt immer bei Wind gegen die Wand. Es war sicher die Dachrinne. Bei Wind klappert sie immer."

Sie tappten sich beide über den dunklen Korridor zum Schlafzimmer. Ihre nackten Füße platschten auf den Fußboden.
„Wind ist ja", meinte er. „Wind war schon die ganze Nacht." Als sie im Bett lagen, sagte sie: „Ja, Wind war schon die ganze Nacht. Es war wohl die Dachrinne."
„Ja, ich dachte, es wäre in der Küche. Es war wohl die Dachrinne." Er sagte das, als ob er schon halb im Schlaf wäre.
Aber sie merkte, wie unecht seine Stimme klang, wenn er log.
„Es ist kalt", sagte sie und gähnte leise, „ich krieche unter die Decke. Gute Nacht."
„Nacht", antwortete er und noch: „ja, kalt ist es schon ganz schön."
Dann war es still. Nach vielen Minuten hörte sie, dass er leise und vorsichtig kaute. Sie atmete absichtlich tief und gleichmäßig, damit er nicht merken sollte, dass sie noch wach war. Aber sein Kauen war so regelmäßig, dass sie davon langsam einschlief.
Als er am nächsten Abend nach Hause kam, schob sie ihm vier Scheiben Brot hin. Sonst hatte er immer nur drei essen können.
„Du kannst ruhig vier essen", sagte sie und ging von der Lampe weg. „Ich kann dieses Brot nicht so recht vertragen. Iss du man eine mehr. Ich vertrag es nicht so gut."
Sie sah, wie er sich tief über den Teller beugte. Er sah nicht auf. In diesem Augenblick tat er ihr leid.
„Du kannst doch nicht nur zwei Scheiben essen", sagte er auf seinen Teller.
„Doch. Abends vertrag ich das Brot nicht gut. Iss man. Iss man."
Erst nach einer Weile setzte sie sich unter die Lampe an den Tisch.

Wolfgang Borchert: Das Brot, in: „Draußen vor der Tür und Ausgewählte Erzählungen", 32. Aufl., Reinbek, Rowohlt Verlag, 1969, S. 105 f.

Wolfgang Borchert, 1921 in Hamburg geboren, als Soldat zweimal wegen „Wehrkraftzersetzung" verurteilt, kehrte 1945 schwer krank aus dem Krieg zurück, starb 1947 kurz vor der Uraufführung seines Dramas „Draußen vor der Tür", das wie viele seiner Werke die Probleme der Nachkriegszeit zum Thema hat.

20. In welcher Zeit spielt die Kurzgeschichte?
21. Wieso hatte der Mann nur drei Brotscheiben essen können?
22. Erläutern Sie die Reaktion der Frau auf die Lüge ihres Mannes nach neununddreißig Ehejahren.
23. Wie interpretieren Sie den letzten Satz der Geschichte?
24. Weisen Sie diese Merkmale an Wolfgang Borcherts Kurzgeschichte nach.

Die Kurzgeschichte schildert zumeist eine Alltagssituation, die den Leser zum Nachdenken anregt. Dies wird auch dadurch unterstützt, dass sie häufig unvermittelt einsetzt und abbricht (offener Anfang und offener Schluss).

Das Märchen vom Dis Reiner Kunze*

Reiner Kunze, 1933 in Oelsnitz geboren, Schriftsteller, lebte und arbeitete bis 1977 in der DDR, ehe er aufgrund seiner kritischen Lyrik und Haltung aus dem Schriftstellerverband der DDR ausgeschlossen wurde und wegen der Repressalien in die Bundesrepublik übersiedelte.

Eine Großmutter sang ihrer kleinen Enkelin das Abendlied. Der Ton Dis aber stahl sich davon. Auf einen Ton mehr oder weniger kommt's nicht an, dachte er und ging bummeln. Halb Seelenhauch, halb Kehlenhauch schwebte er durch die Luft, über sich die Sterne, unter sich die Lieder der Grillen, Katzen und Frösche. Er suchte sich das Lied einer Grille aus und ließ sich nieder. Doch die Grille verwechselte ihre Beine, als sie den Menschenton hörte in ihrem Gesang, und schwieg. Da suchte er sich das Lied einer Katze aus und ließ sich in ihm nieder. Doch die Katze schlang sich einen Knoten in den Schwanz, als die den Menschenton hörte in ihrem Gesang, und sie schwieg. Da sucht er sich das Lied eines Frosches aus und ließ sich in ihm nieder. Doch der Frosch tauchte weg, als er den Menschenton hörte in seinem Gesang, und beinahe wäre der Ton Dis ertrunken. Er wunderte sich über die Grille, die Katze und den Frosch.

Halb Seelenhauch, halb Kehlenhauch schwebte er in einen Saal, in dem ein Kapellmeister mit seinen Musikern probte, und gesellte sich zu einer lieblichen Flötenmelodie. Doch der Kapellmeister klopfte mit dem Taktstock aufs Pult und sagte: „Was ist das für ein Dis, es kommt von den Flöten und klingt nicht wie ein Flötenton!" Der Ton Dis hörte den Tadel und gesellte sich zu einer zärtlichen Oboenmelodie. Doch der Kapellmeister klopfte mit dem Taktstock aufs Pult und sagte: „Was ist das für ein Dis, es kommt von den Oboen und klingt nicht wie ein Oboenton!" Der Ton Dis hörte den Tadel und gesellte sich zu einer lustigen Klarinettenmelodie. „Himmeldonnerwetter", rief der Kapellmeister, „was ist das für ein Dis, jetzt kommt es von den Klarinetten und klingt nicht wie ein Klarinettenton!" Dabei schlug er so sehr aufs Pult, daß es zu weinen begann und sagte: „Liebes Dis, geh fort, denn ich bekomme deinetwegen Schläge."

Der Ton Dis wunderte sich, daß das Pult seinetwegen Schläge bekam, und war traurig.

Halb Seelenhauch, halb Kehlenhauch schwebte er in die Oper. Auf der Bühne sang eine Sängerin ein Lied, das so traurig war wie er, und ihn ergriff eine große Sehnsucht, in diesem Lied zu sein. Kaum aber war er in ihm erklungen, begann das Publikum zu lachen, die Sängerin fiel in Ohnmacht, der Vorhang ging nieder, und der Operndirektor kam auf die Bühne gelaufen und raufte sich die Haare. „Ein Dis, das überhaupt nicht hineingehört! Und wie von einer Großmutter gesungen! Alles ist verdorben!" Der Ton Dis war verzweifelt.

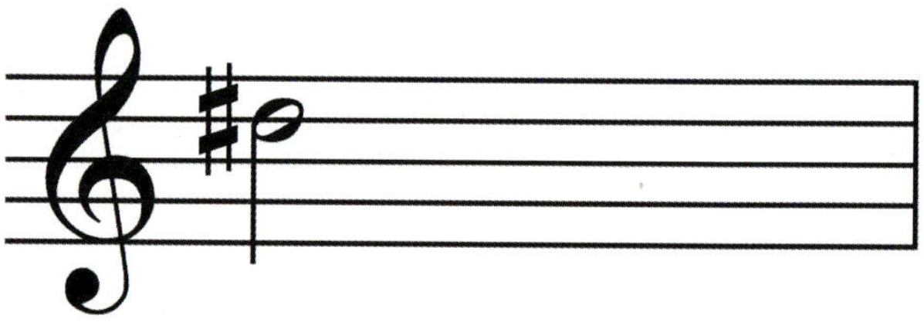

Halb Seelenhauch, halb Kehlenhauch schwebte er durch die Nacht und wusste nicht, wohin. Am Morgen hörte er ein kleines Mädchen ein Lied summen. Auf einmal hielt es inne, horchte in sich hinein und begann von vorn. Doch schien ihm in der Erinnerung ein Ton zu fehlen, denn es unterbrach sich von neuem. Da erkannte der Ton Dis das Abendlied, aus dem er sich davongestohlen hatte, und schwebte in die Erinnerung des Mädchens. Nun konnte es in sich das Abendlied hören, wie die Großmutter es gesungen hatte, und freute sich sehr darüber. Der Ton Dis aber war glücklich, denn er hatte den Platz wiedergefunden, an dem er gebraucht wurde und Freude bereitete.

Er begriff: Auf jeden Ton kommt es an ... Und besonders in der Erinnerung eines Kindes.

Reiner Kunze: Das Märchen vom Dis, in: Der Löwe Leopold, Fast Märchen, fast Geschichte, 3. Aufl., Frankfurt a. M., Fischer Verlag, 2003, S. 104

25. „Auf einen Ton mehr oder weniger kommt's nicht an." – „Auf jeden Ton kommt es an." Schildern Sie den Weg des Tons Dis bis zu dieser Erkenntnis.

26. Formulieren Sie die zentrale Aussage des Märchens in eigenen Worten.

27. a) Schlagen Sie in einem Wörterbuch Begriffe nach, die mit der Vorsilbe „Dis-" beginnen.
b) Lesen Sie das Märchen nochmals vor dem Hintergrund dieser Begriffe.
c) Interpretieren Sie den Text, indem Sie ihn mit dem System der DDR und der Biografie des Schriftstellers in Verbindung setzen.

* Der Autor lehnt die Schreibweise nach der Rechtschreibreform für seine Texte ab.

Die Stachelschweine Arthur Schopenhauer

Arthur Schopenhauer, 1788–1860, einer der einflussreichsten deutschen Philosophen der Neuzeit

Eine Gesellschaft Stachelschweine drängte sich an einem kalten Wintertag recht nahe zusammen, um durch die gegenseitige Wärme sich vor dem Erfrieren zu schützen. Jedoch bald empfanden sie die gegenseitigen Stacheln, welches sie dann wieder voneinander entfernte. Wann nun das Bedürfnis der Erwärmung sie wieder näher zusammen brachte, wiederholte sich jenes zweite Übel, so dass sie zwischen beiden Leiden hin und her geworfen wurden, bis sie eine mäßige Entfernung voneinander herausgefunden hatten, in der sie es am besten aushalten konnten.

Arthur Schopenhauer: Die Stachelschweine, in: Sämtliche Werke, Bd. 5, 9. Auflage, Frankfurt/Main, Suhrkamp Verlag, 1986, S. 765

28. Übertragen Sie die Bilder der Parabel auf das Verhältnis der Individuen in einer Gesellschaft.
29. Diskutieren Sie, ob Schopenhauers Ansichten in unserer postmodernen Gesellschaft noch zutreffen.

Die Maschine Günter Kunert

Günter Kunert, geboren 1929 in Berlin, lebte und arbeitete in der DDR, übersiedelte in die Bundesrepublik, schreibt Romane, Kurzprosa, Fernseh- und Hörspiele sowie Gedichte.

Erhaben und in einsamer Größe reckte sie sich bis unters Werkhallendach; schuf sogleich die Vorstellung, Monument des Zeitalters zu sein und diesem gleich: stampfend, gefahrvoll, monoton und reichlich übertrieben. Und vor allem: Auch sie produzierte einzig und allein durch gegensätzliche Bewegung unterschiedlicher Kräfte, durch einen gezähmten Antagonismus all ihrer Teile.

Aber in diesem wundervollen System blitzender Räder, blinkender Kolben, sich hebender und sich senkender Wellen, war ein unansehnliches Teil, das wie von Schimmel überzogen schien und das sich plump und arhythmisch regte. Ein hässlicher Zusatz an der schönen Kraft. Ein Rest von Mattigkeit inmitten der Dynamik.

Als um die Mittagszeit ein Pfiff ertönte, löste sich dieses Teil von der Maschine und verließ die Halle, während die Maschine hilflos stehen blieb, zwiefach: in sich und am Ort. Plötzlich erwies sich, das billigste Teil und das am schlimmsten vernachlässigte war das teuerste und nur scheinbar ersetzlich. Wo es kaputtgeht, wird es nicht lange dauern, bis über den Beton Gras gewachsen ist.

Günter Kunert: Die Maschine, in: Tagträume in Berlin und andernorts, Frankfurt a. M., Fischer Taschenbuch, 1947, S. 21

30. Beachten Sie jeweils das erste Wort, mit dem die drei Textabschnitte beginnen. Wieso stehen sie sozusagen für den Inhalt des jeweiligen Textteils?
31. Was signalisiert der Pfiff um die Mittagszeit und was verändert er?
32. Warum wechselt Günter Kunert im letzten Satz der Parabel die Zeitform?

Das Wiedersehen Bertolt Brecht

Bertolt Brecht, 1898–1956, Dramaturg, Regisseur und Schriftsteller, emigrierte 1933, kehrte 1947 nach Europa (DDR) zurück und gründete das Berliner Ensembles, Brecht schrieb Lyrik, Dramen und Prosa.

Ein Mann, den Herr K. lange nicht gesehen hatte, begrüßte ihn mit den Worten: „Sie haben sich gar nicht verändert." „Oh!", sagte Herr K. und erbleichte.

Bertolt Brecht: Das Wiedersehen, in: Bertolt Brecht Werke. Prosa 3, Frankfurt a. M., Suhrkamp Verlag, 1995, S. 21

33. Warum erbleicht Herr K. bei diesem „Kompliment"?
34. Formulieren Sie einen Lehrsatz.

Fabeln und Parabeln gehören zur lehrhaften Dichtung. In knapper Form wollen sie dem Leser eine Lehre vermitteln oder Kritik üben. Beiden Textsorten ist das bildhafte Erzählen gemeinsam. Um sie verstehen zu können, muss man die Aussagen des Bildbereiches in den Sachbereich, sprich die Realität übertragen; d. h., man muss deuten und interpretieren.
Die Parabel hat die Form einer Gleichnisgeschichte, wobei das gesamte Bild übertragen werden kann.
In der Fabel handeln und sprechen zumeist Tiere, Pflanzen oder Gegenstände. Ihr Aufbau ist dramatisch: Ausgangssituation, Rede (Handlung), Gegenrede (Gegenhandlung), Ergebnis.

Die Teilung der Beute Martin Luther

Martin Luther, 1483-1546, deutscher Reformator

Ein lewe fuchs und esel iagten miteinander und fiengen einen hirs. Da hies der lewe den esel das wiltpret teilen. Der esel machet drey teil. Des ward der lewe zornig und reis dem esel die haut uber den kopff das er blutrunstig da stund. Und hies den fuchs das wiltpret teilen. Der fuchs sties die drey teil zu samen und gab sie dem lewen gar. Des lachet der lewe und sprach Wer hat dich so leren teilen. Der füchs zeiget auff den esel und sprach Der Doctor da ym roten parret.

35. Erläutern Sie die Bedeutung des letzten Satzes der Fabel.
36. Formulieren Sie eine Lehre und diskutieren Sie deren Gültigkeit.

Konrad Adenauer und der Teppich

Am 23. Mai 1949 trat mit seiner Verkündung das Grundgesetz in Kraft. Das war die „Geburtsstunde" der Bundesrepublik Deutschland. Aber damit war der neue Staat noch nicht souverän. Alle Beschlüsse des 1. Deutschen Bundestages und der Bundesregierung mussten durch die Vertreter der westlichen Siegermächte, die Hohen Kommissare, genehmigt werden. So machte der erste deutsche Bundeskanzler Konrad Adenauer mit einigen Ministern am 21. September 1949 den Hohen Kommissaren seinen Antrittsbesuch auf dem Petersberg bei Bonn, dem Sitz der Siegermächte.
Die Hohen Kommissare erwarteten den Bundeskanzler auf dem Teppich in der Haupthalle des Hotels Petersberg. Um die Vormachtstellung der Siegermächte zu demonstrieren, sollte der Bundeskanzler in respektvollem Abstand vor dem Teppich Halt machen. Doch Konrad Adenauer scherte sich nicht um diese Vorgabe und stellte sich demonstrativ auf den Teppich.

37. a) Welcher Wesens- und Charakterzug Adenauers zeigt sich in dieser Begebenheit?
b) Welche politische Absicht wird im Verhalten Adenauers deutlich?
38. Informieren Sie sich über die geschichtliche Entwicklung der Bundesrepublik Deutschland bis zum Erlangen der Souveränität 1955.

Die folgende Anekdote wurde von einem Schüler für einen Anekdotenkalender im Rahmen eines Projektes verfasst. Die Anekdoten haben ihren Stoff im Freundes- und Bekanntenkreis sowie in der Familie gefunden.

Die Tür

An einem verregneten Oktobernachmittag war ich bei meinem Opa zu Besuch. Wir saßen im Wohnzimmer. Wie so oft erzählte Opa von früher, seiner Kindheit und dem schrecklichen Weltkrieg. Da wurde plötzlich die Tür aufgerissen und mein Vater trat in das Zimmer. Ich bemerkte, dass Opa erschrocken war, als die Tür so unvermittelt aufflog. Später habe ich dann meinen Großvater gefragt, warum er so erschrocken sei: Und Opa erzählte mir dann, wie er mehrere Jahre in russischer Gefangenschaft gewesen war. Er erzählte von einem Lager. Immer, wenn die Barackentür von den russischen Bewachern geöffnet wurde, bedeutete dies nichts Gutes. Jeden Tag musste mein Opa befürchten, dass er der nächste sein würde, der abgeholt würde, wenn die Tür aufging. Mein Opa war einer der wenigen, die das Lager lebend verlassen haben.

Die Anekdote erzählt in wenigen Worten eine Begebenheit, mit der eine Epoche oder eine (bekannte) Persönlichkeit charakterisiert wird. Oft ist die Anekdote wie folgt aufgebaut: Einleitung, kurze Handlung, überraschende Wende (Pointe).

4.4 Lyrische Texte

Was bewirkt ein Gedicht Ulla Hahn

Ulla Hahn, geboren 1945, eine der bedeutendsten Lyrikerinnen der Gegenwart

Gedichte sollen süchtig machen. Nach einer Wahrheit, die es so sonst nirgend gibt. Auch nach Schönheit. Jedoch: Schönheit allein erzeugt nur den Rausch, der ins Leere fallen lässt.

Gedichte sollen langsam wirken. Chronisch vergiften. Mit Erkenntnissen über uns selbst. Das ist gefährlich. Das Gift bleibt im Körper, die Erkenntnis im Kopf. Das ist nicht immer angenehm. Wir leben bequemer naiv. Indes: Das richtige Gift, richtig dosiert, stärkt.

Gedichte sind Stoff, in dem wir uns nicht verlieren. Wir finden immer mehr von uns selbst. Gedichte nehmen uns ins Gebet, decken auf, was wir zudecken möchten. Jede Lawine beginnt mit einer Schneeflocke. Zumindest die müssen Autor und Leser gemeinsam haben, sonst kommt nichts ins Rollen. Was bewegt wird, ist unkalkulierbar.

Das Gedicht ist so harmlos und gefährlich wie der Leser selbst. Er muss bereit sein die Lawine zuzulassen, sonst wird aus den Schneeflocken nicht mal ein Ball. Jeder hat das Recht sich so dumm zu stellen, wie er will. Das Gedicht ist einfach nur da. Es hat allein die Macht, die der Leser ihm einräumt. Es kommt vor, dass einer aufschrickt beim Lesen eines Verses: Du musst dein Leben ändern! (gekürzt)

Ulla Hahn: Was bewirkt ein Gedicht, in: Wiederworte. Gedichte, 1. Aufl., München, DVA, 2011, S. 108

1. Durch welche sprachlichen Mittel wird die Schönheit eines Gedichtes erzeugt?
2. „Schönheit allein erzeugt nur den Rausch, …" – Worauf kommt es nach Meinung der Autorin mindestens genauso an, um eine sinnvolle Wirkung zu erzielen?
3. Welche verschiedenen Reaktionen können Gedichte beim Leser auslösen?
4. Wie soll sich der Leser einem Gedicht nähern, damit es als „Gift" eine heilsame Wirkung auf ihn ausübt?
5. Erproben Sie die „Ratschläge" Ulla Hahns an den folgenden Gedichten.

Kinderlied Ulla Hahn

An heißen Sommerabenden sang
ich abends mit meinem Bruder
im Bett: Mein Vater war
ein Wandersmann er war
aber nur erschöpft von Hitze und Krach
in der Maschinenfabrik
brüllte Ruhe
Ganz leise sangen wir weiter
Aber der Vater spitzte die Ohren
brüllte noch lauter
Ruhe. Wir summten
Der Vater schlich an die Tür
Ruhe. Die Stimme kippte
Wir hämmerten mit Pedal
vierhändig
auf das stumme Karoklavier.

Ulla Hahn: Kinderlied, in: Ulla Hahn: Unerhörte Nähe. Gedichte. Mit einem Anhang für den, der fragt, Stuttgart, DVA, 1988, S. 70

Mit Haut und Haar Ulla Hahn

Ich zog dich aus der Senke deiner Jahre
und tauchte dich in meinen Sommer ein
Ich leckte dir die Hand und Haut und Haare
und schwor dir ewig mein und dein zu sein.

Du wendetest mich um. Du branntest mir dein Zeichen
mit sanftem Feuer in das dünne Fell.
Da ließ ich von mir ab. Und schnell
begann ich vor mir selbst zurückzuweichen

und meinem Schwur. Anfangs blieb noch Erinnern
ein schöner Überrest der nach mir rief.
Da aber war ich schon in deinem Innern
von mir verborgen. Du verbargst mich tief.

Bis ich ganz in dir aufgegangen war:
da spucktest du mich aus mit Haut und Haar.

Ulla Hahn: Mit Haut und Haar, in: Liebesgedichte, 5. Aufl., München, DVA, 2010, S. 29

Beispiel einer Gedichtinterpretation

Rolf Michaelis über das Gedicht „Vörös Csillag“ von Barbara Köhler aus ihrem Gedichtband „Deutsches Roulette“ (1991):

Poesie? Liebes-Gedichte gar? Ist da nicht längst alles gesagt? Dann kommt eine junge Frau, nennen wir sie ruhig Dichterin, von der wir mehr nicht wissen, als der Verlag verrät: 1959 in Chemnitz geboren, von 1985 bis 1988 Studentin am Institut für Literatur Johannes R. Becher in Leipzig - kommt also Barbara Köhler und erinnert den Geliebten oder die Geliebte (und sich selber), auf jeden Fall die Leserin, den Leser an das, was war, was ist, was sein wird - und was sie einmal in den Herz-und-Sprach-Knoten „LustSchmerz“ zwingt. So klingt das Gedicht, das eine Begegnung im Budapester Hotel „Vörösch Csillag“ aufruft und nach dieser Herberge benannt ist:

vergiss dich nicht
zu erinnern wir hatten
vier jahreszeiten
zwei vergangenheiten
und fast eine zukunft
ein paar tage mehr
als man verlangen kann
das paradies engel
und heilige gierige
unschuld hände voll
licht und briefe
voller gegenwart
vielleicht am ende zu viel
hoffnung aber die worte
das ende zu sagen

In den fünfzehn Versen ist fast alles versammelt, was den Zauber der Gedichte von Barbara Köhler bewirkt. Beim ersten Lesen teilt sich mit: tapfere Trauer. Leid, das aus vergangener Lust kommt, wie es sich im Mittelpunktsvers, dem achten, überirdisch ballt: „das paradies engel“.

Verwirrend, wie viele Zeilen in diesem Band, der erste Vers: „vergiss dich nicht“. Gewohnt, Verse als Satz- und Sinneinheiten zu lesen, verstehen wir die Worte als Mahnung an ein Du, hinter dem aber auch die Liebende erscheint, die hier spricht, sich selber Mut macht: „vergiss dich nicht“ jetzt, nachdem etwas vorbei ist.
Doch dann stolpern wir, beim Übergang vom ersten zum zweiten Vers. Falsch gelesen haben wir, als wir den ersten Vers auch als ersten, abgeschlossenen Satz verstehen wollten. Sinn und (Syntax) greifen über das Zeilen-Ende hinüber in den zweiten Vers: „vergiss … nicht zu erinnern“. So will der Anfang des Gedichtes gelesen und verstanden sein - und der Sinn ändert sich völlig. Nicht mehr ergeht ein noch so sanfter Befehl, bei sich selber zu bleiben, das eigene Ego nicht aus dem Blick zu verlieren, sondern mit der Aufforderung an das Gedächtnis wird der (oder die) Geliebte ins Gedicht gerufen. Jetzt ist die Rede nicht mehr von Einzelnen, sondern von einer gemeinsam erlebten Weltsekunde: „wir“.

Danach der schönste, das kleine Gedicht prägende Einfall - eine Neudeutung der „vier jahreszeiten“. Die sind nicht mehr nur kalendarisch-meteorologische Zeitenfolge, sondern ein rasches, herzflimmerndes Erlebnis, „ein paar tage“ im Hotel. Weil alles nur noch Erinnerung ist, weil von Liebe nur noch in der Form der Vergangenheit gesprochen werden kann („wir hatten“), klingt auch die Beschwörung des Glücks („mehr als man verlangen kann“) wie ein Echo der Klage: „fast eine Zukunft“.

Und die Gegenwart charakteristisch für diese Stimme, die aus tiefer Einsamkeit, aus großer Ferne zu uns dringt –, die Gegenwart ist aufgehoben in „briefen“. Danach die längste Zeile, die das Gedicht beruhigt auch deshalb, weil die Silbe „viel“. Anfang und Ende des Verses verbindet: „viel(leicht) … (zu)viel“.

Das Schönste aber kommt noch. Erinnern wir uns: Das ganze Gedicht ist ein kleiner Katalog für die Erinnerung. Nach dem „wir hatten“ am Ende der zweiten Zeile mag man sich einen Doppelpunkt denken. Danach wird aufgezählt, was „zu erinnern“ ist. Noch einmal geraten wir in den leichten Taumel, dem uns Barbara Köhler immer wieder aussetzt. Denn wohin gehören in diesem Gedicht ohne Punkt und Komma die Silben „heilige“? „wir hatten“, erinnert sich die Stimme, die hier spricht: „das paradies engel/und heilige ...“ Paradies mit Engeln macht, dass wir „heilige“ zunächst auch als Substantiv entziffern und verstehen. Wieder geraten wir ins Stolpern, wenn wir von „gieriger unschuld“ lesen. Wäre „heilige“ vielleicht gar kein Haupt-, sondern Bei-Wort, Adiektiv, das die „Gier“ der Unschuld dieser Liebe heiligspricht: „heilige gierige/unschuld“?

Die kleine Litanei der Selbstvergewisserung reiht Erinnerungen aneinander, mal unverbunden, mal lose verknüpft durch ein „und“, gerät in Zweifel („aber“), um trotzig selbstbewusst, in geradezu triumphaler Trauer zu enden: „(wir hatten …) aber die Worte/das ende zu sagen“.

Michaelis, Rolf: Das ungewöhnliche Debüt einer jungen Dichterin aus der alten DDR: Rufe vom Niemandsufer. Barbara Köhlers erster Gedichtband „Deutsches Roulette“, in: DIE ZEIT, Nr. 47/1991

6. Wie nähert sich Rolf Michaelis zuerst dem Gedicht?
7. Beschreiben Sie das weitere Vorgehen des Interpreten.
8. Vollziehen Sie die Interpretation nach, indem Sie das Gedicht in verschiedenen Lesarten vortragen.
9. Ergänzen Sie die Gedichtinterpretation, indem Sie
   a) die Bilder „hände voll licht und briefe voller gegenwart“ erläutern,
   b) Thema und Aussage zusammenfassen,
   c) eigene Erfahrungen zu dem lyrischen Text in Bezug setzen.
10. Das Gedicht lässt sich vor dem Hintergrund des Zusammenbruchs der DDR auch politisch interpretieren. Versuchen Sie eine entsprechende Interpretation.

Lesen Sie die folgenden Gedichte und versuchen Sie, sie aufzuschlüsseln, indem Sie
a) Thema und Inhalt benennen und erläutern,
b) äußere Form und sprachliche Besonderheiten beschreiben und deuten,
c) Aussageabsicht und Wirkung näher erklären.

Erwartung und Erfüllung Friedrich Schiller

In den Ozean schifft mit tausend Masten der Jüngling;
Still, auf gerettetem Boot, treibt in den Hafen der Greis.

Friedrich Schiller: Erwartung und Erfüllung, in: Friedrich Schiller, Musen-Almanach für das Jahr 1797, J. G. Cotta, Tübingen, 1. Aufl. 1797, S. 111

Ich war ein Baum Hermann Kesten

Als ich ein Kind war, gab es noch die Götter,
Den schwarzen Mann, Eisblumen auf dem Fenster,
Und ich notierte, ein erschrockener Spötter,
Die Lebenden sahn aus wie die Gespenster.

Mein Tag war endlos, Straßen voller Träume,
Ich sprach das Wort, erfüllt war jeder Traum,
Und mit mir gingen Wolken und die Bäume.
Ich selbst war eine Wolke, war ein Baum.

Auf meinen Zweigen sangen hundert Lerchen.
Ich war ein Baum, und ging von Ort zu Ort.
Die Welt war von mir ausgedacht, mein Märchen,
Und wurde wirklich, sprach ich nur das Wort.

Der Zauber lischt wie eine Kerze aus.
Ich bin kein Kind mehr. Welk sind alle Träume.
Es kracht schon im Gebälk. Es schwankt das Haus.
Wie ins Exil entschwanden meine Bäume.

Mein Tag zerbröselt wie ein mürbes Brot.
Die Welt wird lustiger mit jedem Tag.
Und morgen bin ich tot. Und du bist tot.
Heut schlägt die Uhr noch meinen Schlag.

Hermann Kesten: Ich war ein Baum, in: Ich bin der ich bin. Verse eines Zeitgenossen, München, R. Piper Verlag GmbH, München, Zürich, 1974, S. 21

Weltlauf Eugen Roth

Ein Mensch, erst zwanzig Jahre alt,
Beurteilt Greise ziemlich kalt
Und hält sie für verkalkte Deppen,
Die zwecklos sich durchs Dasein schleppen.
Der Mensch, der junge, wird nicht jünger:
Nun, was wuchs denn auf seinem Dünger?
Auch er sieht, dass trotz Sturm und Drang,
Was erstrebt, zumeist misslang,
Dass auf der Welt als Mensch und Christ
Zu leben nicht ganz einfach ist,
Hingegen leicht, an Herrn mit Titeln
Und Würden schnöd herumzukritteln.
Der Mensch, nunmehr bedeutend älter,
Beurteilt jetzt die Jugend kälter
Vergessend frühres Sich-Erdreisten:
„Die Rotzer sollen erst was leisten!"
Die neue Jugend wiedrum hält ...
Genug – das ist der Lauf der Welt!

Eugen Roth: Weltlauf, in: Das Eugen Roth Buch, München, Hanser Verlag, 1966, S. 854

Herbsttag Rainer Maria Rilke

Herr: es ist Zeit. Der Sommer war sehr groß.
Leg deinen Schatten auf die Sonnenuhren,
und auf den Fluren lass die Winde los.

Befiehl den letzten Früchten voll zu sein;
Gib ihnen noch zwei südlichere Tage,
dränge sie zur Vollendung hin und jage
die letzte Süße in den schweren Wein.

Wer jetzt kein Haus hat, baut sich keines mehr.
Wer jetzt allein ist, wird es lange bleiben,
wird wachen, lesen, lange Briefe schreiben
und wird in den Alleen hin und her
unruhig wandern, wenn die Blätter treiben.

Rainer Maria Rilke, Herbsttag, in: Das große Gedichtbuch, hrsg. v. Karl Otto Conrady, 1. Aufl., Kronberg/Taunus, Athenäum Verlag, 1977, S. 639 f.

rotkapperl Josef Wittmann

d oma im oitasheim
is eh guad vasorgd.

und aus wein und kuacha
hod sa se no nia vui gmachd.

bleamen griagd s von da schwesda,
de zoin ma exdrig.

da woif im woid
kon wartn bis a schwarz wead:
von uns griagd a neamands.

Josef Wittmann: rotkapperl, in: Hans Ritz, Die Geschichte vom Rotkäppchen, Ursprünge, Analysen, Parodien eines Märchens, 15., erweiterte Auflage, Kassel, Muriverlag, 2013, S. 106

Der Panther Rainer Maria Rilke

Sein Blick ist vom Vorübergehen der Stäbe
so müd geworden, dass er nichts mehr hält.
Ihm ist, als ob es tausend Stäbe gäbe
und hinter tausend Stäben keine Welt.

Der weiche Gang geschmeidig starker Schritte,
der sich im allerkleinsten Kreise dreht,
ist wie ein Tanz von Kraft um eine Mitte,
in der betäubt ein großer Wille steht.

Nur manchmal schiebt der Vorhang der Pupille
sich lautlos auf –. Dann geht ein Bild hinein,
geht durch der Glieder angespannte Stille –
und hört im Herzen auf zu sein.

Rainer Maria Rilke: Der Panther, in: Das große Gedichtbuch, hrsg. v. Karl Otto Conrady, 1. Aufl., Kronberg/Taunus, Athenäum Verlag, 1977, S. 640 f.

Baut nur so weiter Phil Bosmans

Baut die große Weltstadt voller Büropaläste,
Supermärkte, Erlebnisparks, Hochhäuser,
überall Elektronik und Luxus.

Baut nur so weiter
Baut Autobahnen und Schienenwege
für Höchstgeschwindigkeiten,
überbrückt Meere, untertunnelt Gebirge,
überwuchert die Welt mit Telekommunikation,
konstruiert Gesundheits- und Sozialsysteme
von der Wiege bis ins Grab.

Baut nur so weiter
Dann ist die Stadt leer und tot.
Dann stirbt Mensch, tausendfach vernetzt,
vor lauter Kälte,
weil keine Wärme mehr da ist,
die Wärme menschlicher Nähe,
die wohltuende Wärme der Geborgenheit.

Phil Bosmans: Baut nur so weiter, in: Liebe wirkt täglich Wunder, Freiburg im Breisgau, Herder Verlag, 2008, S. 21

Landschaft der Seele Albrecht Goes

Kein Himmel. Nur Gewölk ringsum
Schwarzblau und wetterschwer.
Gefahr und Angst. Sag: Angst – wovor?
Gefahr: und sprich – woher?
Rissig der Weg. Das ganze Feld
Ein golden-goldner Brand.
Mein Herz, die Hungerkrähe, fährt
Kreischend über das Land.

Albrecht Goes, Landschaft der Seele, in: Gedichte, 1. Aufl., Frankfurt a. M., S. Fischer Verlag, 2008, S. 31

Die schlesischen Weber Heinrich Heine

Im düstern Auge keine Träne.
Sie sitzen am Webstuhl und fletschen die Zähne:
Deutschland, wir weben dein Leichentuch,
Wir weben hinein den dreifachen Fluch –
Wir weben, wir weben!

Ein Fluch dem Gotte, zu dem wir gebeten
In Winterskälte und Hungersnöten;
Wir haben vergebens gehofft und geharrt,
Er hat uns geäfft und gefoppt und genarrt –
Wir weben, wir weben!

Ein Fluch dem König, dem König der Reichen,
Den unser Elend nicht konnte erweichen,
Der den letzten Groschen von uns erpresst
Und uns wie Hunde erschießen lässt –
Wir weben, wir weben!

Ein Fluch dem falschen Vaterlande,
Wo nur gedeihen Schmach und Schande,
Wo jede Blume früh geknickt,
Wo Fäulnis und Moder den Wurm erquickt –
Wir weben, wir weben!

Das Schiffchen fliegt, der Webstuhl kracht,
Wir weben emsig Tag und Nacht –
Altdeutschland, wir weben dein Leichentuch,
Wir weben hinein den dreifachen Fluch,
Wir weben, wir weben!

Heinrich Heine: Die schlesischen Weber, in: Das große Gedichtbuch, hrsg. v. Karl Otto Conrady, 1. Aufl., Kronberg/Taunus, Athenäum Verlag, 1977, S. 477

4.5 Dramatische Texte

„Du bist meine Mutter" Joop Admiraal

„Du bist meine Mutter" ist ein modernes Ein-Personen-Stück. Der Schauspieler spielt sowohl die Rolle des Sohnes als auch die der Mutter. Die beiden Rollen spiegeln sich auch darin wider, dass sich der Schauspieler als Joop entkleidet und als Mutter ankleidet.

Der Holländer Joop Admiraal hat das Stück aus der Beziehung zu seiner eigenen an Morbus Alzheimer erkrankten Mutter heraus entwickelt. „Joop Admiraal hat … Wirklichkeit zu Kunst gemacht", heißt es im Bericht der Jury, als er für „Du bist meine Mutter" die höchste niederländische Auszeichnung für Schauspieler, den „Louis d'Or", erhielt. In Deutschland wurde er u. a. mit dem Adolf-Grimme-Preis für die Filmfassung des Stückes ausgezeichnet. Das Stück, uraufgeführt 1981 in Amsterdam, wurde und wird an zahlreichen deutschen Bühnen sehr erfolgreich inszeniert.

Jeden Sonntag besucht Joop seine an Alzheimer erkrankte Mutter im Pflegeheim. In fast automatisierten Floskeln und zahlreichen Stereotypen unterhalten sich Mutter und Sohn. Diese einstudiert klingenden Dialoge lassen die Vergangenheit wieder lebendig werden, was der Mutter Kraft und Orientierung zu geben scheint. Auch der Spaziergang im Park mit dem gemeinsamen Puddingessen sind allsonntägliche Rituale.

Mutter Wie geht es zuhause?

Joop Gut. Oh, ich soll dich von Ramona grüßen. Weißt du, wer das ist, Ramona?

Mutter Die Mutter von Juan aus Spanien.

Joop Ja.

Mutter Una, dos, tres, cuatro, cico, seis, siete, ocho, nueve, diez. Das bedeutet zehn.

Joop Das hast du gut behalten, ja.

Mutter Oh, das vergisst man nie. Wir gingen da zur Schule bei den Nonnen in Spanien, als wir da wohnten. Sonnie war zehn und ich neun. Viel haben wird da nicht gelernt … nur beten. Und dann eines Tages kamen drei Herren in die Klasse, mit so langen schwarzen Mänteln an, mit Knöpfen bis auf den Fußboden, weißt du. Und einer der Herren ging nach vorn und schrieb eine sehr schwierige Rechenaufgabe an die Tafel. Und dann sollte Sonnie sie lösen, und die konnte das natürlich. Sie war ja schon in der fünften Klasse. Am nächsten Tag war sie Lehrerin. Da hättest du die Gesichter der Nonnen sehen sollen.

Joop Die dachten natürlich, sie hätten Einstein in der Klasse.

Mutter Einstein? Wer ist Einstein?

Joop Das war ein Gelehrter, der brachte die Zeit durcheinander.

Mutter Genau wie ich.

Joop Ja, genau wie du.

…

Mutter Hast du noch Pudding?

Joop Oh, genug. Es ist für vier Personen, steht drauf. Das schmeckt dir, was?

Mutter Ja, ich bin schon immer eine Naschkatze gewesen. Mmmmmmm, mmmmm, mmmmm woran erinnert mich das nur? An euch, als ihr an meiner Brust lagt. Dann lagt ihr da und habt genuckelt, so mmmmmmm, mmmmmm, mmmmm. Dann sind sie noch so abhängig, das ist wohl das Schönste, was es gibt. Und wenn ihr nachts geschlafen habt, dann bin ich in euer Zimmer gekommen und hab geguckt. Und dann hattet ihr so liebe, unschuldige Gesichtchen und da bin ich dann ganz leise wieder aus dem Zimmer gegangen.

…

Mutter und Sohn sind auf dem Weg vom Park zurück ins Pflegeheim …

Joop So, kommst du mit? Geht es?

Mutter Ja. Es ist schön hier. Ich bin froh, dass du mir das endlich mal gezeigt hast.

Joop Mutter, wir gehen hier jeden Sonntag hin, zumindest, wenn es nicht regnet.

Mutter Oh ja?

Joop Ja, natürlich.

Mutter Ja, ich finde es schön.

Grace Jones singt ‚Strange I have seen this face before …'

Mutter Hallo! Hallo! Sie sehen mich nicht. Kinder springen und tanzen, deswegen wollen Menschen Kinder. Wo kommt die Musik her?

Joop Da wohnen die Pfleger und Pflegerinnen, die Jungen und Mädchen, die sich um euch kümmern.

Mutter Oh, die sind so lieb.

Joop Ja, Gott sei Dank, Mutter.

Mutter Oh, sieh mal, was für schöne Beeren, was für schöne Beerchen.

Joop Das ist ein Feuerdorn, Mutter. Die hatten wir in Buren auch, beim hintersten Schuppen stand einer, weißt du das noch?

Mutter In Buren?

Joop Ja.

Mutter Es ist kalt hier.

Joop Ja, das ist die kalte Ecke, aber jetzt sind wir schon da. Siehst du, hier sind wir im Gang. Nun kommen wir wieder am Aufenthaltsraum vorbei.

Mutter Guten Tag, wir sind spazieren gegangen, mein Sohn und ich. Das ist mein Sohn, das ist Joop, mein Sohn.

Joop Ach, Mutter, sie wissen, dass ich Joop bin. Wir gehen noch kurz auf ihr Zimmer.

Mutter Haben wir denn alles fürs Essen im Haus?

Joop Nein, Mutter, du bleibst doch hier. Ich fahre wieder zurück.

Mutter Gehst du weg?

Joop Ja, Mutter, das tue ich doch jeden Sonntag. Ich komme und ich gehe wieder.

Mutter Und fällt dir das schwer?

Joop Und dir?

Mutter Ja, aber es muss sein.

Joop Ja, Mutter, es muss sein. Warte, ich hänge mal schnell den Mantel auf. Mutter, ich gehe jetzt.

Mutter Ich will nicht weinen.

Joop Ich komme Sonntag wieder, Mutter. Ich muss jetzt gehen, sonst verpasse ich den Bus. Bis Sonntag, Mutter.

Mutter Tschüs, mein Lieber.

Mutter steht allein vor dem Bett, das winkende Händchen fällt nach unten, sie schlurft zum Stuhl neben dem Bett, nimmt das imaginäre Gehgestell, das hinter dem Stuhl steht, und macht schlurfend eine Runde.

Stimme (*aus dem Hintergrund*) Gehen Sie schon ins Bett, Frau Admiraal?

Mutter Ja, Schwester.

Stimme Ich komme Ihnen nachher gute Nacht sagen.

Mutter Fein Schwester.

Mutter stellt das Gehgestell hinter den Stuhl zurück, setzt sich aufs Bett, guckt sich um, erkennt manchmal ihre Umgebung und dann wieder nicht, kramt zwischen den Kissen ihr Pyjamajäckchen hervor, zieht die Bluse aus, richtet sich etwas auf, lässt den Rock nach unten rutschen, zieht die Pyjamajacke an, weiß bei Gott nicht, wo sie ist, muss die Strumpfhose ausziehen, stellt sich hin und fällt.
Der Nonnenchor aus Casanova, den Tante Bets Meywaert immer sang, ertönt sehr laut. Mutter liegt auf dem Boden, versucht aufzustehen, fällt jedoch immer wieder hin.

Joop Meine Mutter ist aus dem Bett gefallen.

Joop Das passiert öfter bei alten Leuten. Oder sie fallen beim Gehen. Die Alternative wäre, sie festzubinden. Das ist viel schlimmer. Niemand weiß, wie lange sie so gelegen hat. Sie selbst zum Glück auch nicht. Vielleicht hat sie nach mir gerufen. Aber daran will ich lieber nicht denken, sonst werde ich verrückt.
Es war an einem Sonntag. Mein Bruder rief mich morgens an: „Fahr direkt ins Krankenhaus. Mutter wird mit dem Krankenwagen direkt hierher gebracht." Er wusste noch nicht genau, was passiert war. Aber er sagte: „Meine Kollegen denken darüber genau so wie wir, wir operieren auf keinen Fall." Den ganzen Weg dorthin, im Bus und im Zug, dachte ich, ich fahre zu meiner sterbenden Mutter. Ich dachte, vielleicht heute schon, oder in einer Woche, aber als ich dort ankam, stellte sich heraus, dass sie nur das Hüftbein gebrochen hatte. Das ist so was Ähnliches wie das Schlüsselbein, nicht weiter schlimm. Das war eine Enttäuschung.

Mutter Das ist eine Überraschung. Woher wusstest du, dass ich hier bin?

Joop Von Piet.

Mutter Von Piet?

Joop Ja, der war gerade noch im Zimmer, Mutter.

Mutter Hm, ich hab ihn nicht gesehen. Wie geht es Siena eigentlich?

Joop Tante Siena ist doch tot, Mutter.

Mutter Ist Siena tot? ... Und warum hat mir das keiner erzählt? Ich muss hier weg, ich muss hier weg, ich muss ... ich muss ...

Joop Das geht nicht, Mutter, du musst liegen.

Mutter Ich kann hier nicht liegen bleiben, ich muss hier weg.

Joop Nein, Mutter, bitte bleib liegen. Du hast dir das Hüftbein gebrochen. Hast du denn keine Schmerzen, Mutter?

Mutter Schmerzen? Nein. Ich bin immer zäh gewesen.

Joop Ja.

Mutter Deine Zähne sind so weiß, kannst du sie nicht rausnehmen?

Joop Nein Mutter, die sitzen noch fest.

Mutter Was soll ich hiermit?

Joop Das ist ein Betttuch, Mutter. Warte mal, das bring ich in Ordnung, so, du liegst hier im Krankenhaus, Mutter.

Mutter Nein ... viel zu warm. Schöne Beine. Da waren Frauen, die standen im Dunkeln beim Fährboot in Rotterdam.

Joop Oh ja, und was machten sie da?

Mutter Schöne Augen oder sowas. Lass uns davon lieber nicht reden. Schlaff, mmmm, mmmm.

Joop Weißt du noch, was das bedeutet?

Mutter Was?

Joop Was du gerade gemacht hast?

Mutter Was hab ich denn gemacht?

Joop Das mmmm, mmmm. Weißt du noch?

Mutter Willemiek sicher.

Joop Wann denn?

Mutter Vor vierzehn Tagen.

Joop Nein, das waren Piet und ich, als Baby bei dir an der Brust.

Mutter Sei nicht so kindisch ... Echte Baumwolle natürlich. Weiß Mutter eigentlich, dass ich hier bin?

Joop Ja.

Mutter Warum holt sie mich nicht nach Hause, ich halte das nicht aus.

Joop Mutter, du liegst im Krankenhaus, bei Piet.

Mutter Du weißt gar nicht, was hier alles passiert. Ich habe gekämpft, verstehen Sie?

Joop Das hast du geträumt.

Mutter Wie können Sie es wagen, das zu sagen! Woher kennen wir uns eigentlich?

Joop Du bist meine Mutter.

Mutter Bin ich Ihre Mutter? Dann bist ja von mir. Du bist Joop.

Joop Ja, Mutter.

Mutter Nimm mich mit. Bring mich hier weg, Joop, nimm mich mit, Joop.

Joop Mutter, das geht nicht. Du bist gefallen, du kannst jetzt nicht laufen, du musst erst wieder üben. Und dann gehen wir wieder im Garten spazieren, weißt du?

Mutter Üben? ... Üben ... ich will nicht mehr üben, Joop. Ich will nicht mehr – ich – ich will nicht mehr ...

Joop Mutter, ich habe ein Stück über dich und mich gemacht. Es heißt: „Du bist meine Mutter". Und alles, was ich darin sage – denn ich spiele dich – hast du in Wirklichkeit auch gesagt. Also hast eigentlich du das Stück für mich geschrieben. Und den meisten Menschen gefällt es. Ich bin sehr glücklich. Und das habe ich dir zu verdanken. Aber am Ende spiele ich eine Szene, da liegst du hier im Krankenhaus und sagst, dass du nicht mehr leben willst. Und dann gab es manchmal Menschen, die dachten, dass du dann auch wirklich gestorben bist. Aber so einfach ist es nicht. Du lebst noch.

Auszug aus: Joop Admiraal: „Du bist meine Mutter", übers. von Monika The-Guhl, Litag Theater- und Musikverlag, Bremen, 1984

1. Führen Sie Argumente an, wieso ein Ein-Personen-Stück der Problematik dieses Theaterstückes angemessen ist.
2. „Oh, das vergisst man nie." (Z. 9)
   a) Welche Personen und Ereignisse sind der Mutter bis zu ihrem Sturz noch gut in Erinnerung?
   b) Womit hat die Mutter dagegen Schwierigkeiten?
3. Erläutern Sie, inwiefern mit dem Sturz auch ein „Absturz" im Bewusstsein der Mutter einhergeht.
4. Vergleichen Sie die „mmmmm-Passagen" am Anfang und am Ende des Stückes.
5. Wie sind die Äußerungen Joops zu verstehen
   a) nach dem Sturz der Mutter: „Das war eine Enttäuschung." (Z. 138 f.),
   b) am Ende des Stückes: „Aber so einfach ist es nicht. Du lebst noch." (Z. 220 f.)?
6. Typische Bestandteile eines dramatischen Textes sind: Dialoge, Monologe, Regieanweisungen und Hinweise auf Bühnenbild und Requisiten. Weisen Sie diese am Textauszug des Stückes „Du bist meine Mutter" nach.

4.6 Literatur in der Altenarbeit

1. Worauf ist bei der Raumgestaltung eines Lesekreises zu achten?
2. Welche Aktivitäten des täglichen Lebens werden mit einem Lesekreis angesprochen?

Literatur ist ein geeignetes Mittel, ältere Menschen zu aktivieren. Hierzu bietet sich ein regelmäßiger Lesekreis an, bei dem gemeinsam gelesen und über Textinhalte bzw. Themenkreise gesprochen werden kann. Ziele eines solchen Lesekreises sind: Kommunikation, Nachdenken über eigene Lebenssituationen, Erfahrungsaustausch, Unterhaltung und Entspannung. Eine Interpretation der literarischen Texte steht also eher im Hintergrund. Vielmehr soll die Literatur Anlass sein, miteinander zu reden.

Die Einrichtung eines Lesekreises muss in der Regel vom Pflegepersonal initiiert werden. Günstig ist es, bereits im Vorfeld Bewohnerinnen und Bewohner anzusprechen, von denen man weiß, dass sie gerne lesen. Vielleicht ergibt sich auch die Möglichkeit, Teilnehmerinnen und Teilnehmer, die nicht in der Einrichtung leben, für den Lesekreis zu gewinnen. Ansprechpartner sind z. B. Vereine, Altentagesstätten, Kirchen, Bibliotheken, die Volkshochschule oder die Fachschule für Altenpflege. Gerade das erste Treffen muss gut vorbereitet sein, damit die Erwartungen der Teilnehmer auch erfüllt werden. Hierzu sind u. a. folgende organisatorische Vorarbeiten zu leisten:

- Absprachen mit der Leitung der Einrichtung,
- Auswahl eines geeigneten Raumes (hell, ruhig),
- geeignetes Mobiliar (Blickkontakt z. B. durch runden Tisch, Platz für Rollstuhlfahrer),
- angenehme Atmosphäre und ansprechendes Ambiente (Kaffee und Kuchen?),
- günstiger Termin (nicht länger als eine Stunde vorsehen),
- Einladungen (Plakate, Heimzeitung).

Ansonsten sind bei einem Lesezirkel die gleichen Prinzipien zu beachten, die für andere kreative, aktivierende Maßnahmen gelten.

1. Entwerfen Sie ein Plakat, auf dem Sie zu einem Lesekreis einladen.
2. Bieten Sie während des Lesekreises Kaffee und Kuchen an?
   Suchen Sie Argumente, die für und die gegen ein solches Ambiente sprechen.

Der Lesekreis CUSANUS liest die Kurzgeschichte „Das Brot“ von Wolfgang Borchert

Der Lesekreis im Seniorenheim CUSANUS trifft sich zu seiner allwöchentlichen gemeinsamen Runde. Heute soll über die Kurzgeschichte „Das Brot“ von Wolfgang Borchert (vgl. Text Seite 133) gesprochen werden. Die Frage einer Bewohnerin, was mit den Brotresten im Heim passiere, gab den Anstoß für die Lektüre dieser Kurzgeschichte. Die Pflegende Martina Braun hat sich in Vorbereitung auf den Lesezirkel mit Inhalt und Aussage der Lektüre beschäftigt und für alle Teilnehmerinnen und Teilnehmer den Text in Großschrift kopiert. Zudem hat sie auf dem Tisch verschiedene Brotsorten angerichtet.

Martina Braun begrüßt alle Teilnehmerinnen und Teilnehmer des Lesekreises. Bevor der Text abwechselnd in Abschnitten gelesen wird, will Martina Braun mithilfe des Mediums „Brot“ in die Thematik der Kurzgeschichte einführen, hat doch Brot für die Kriegsgeneration einen besonderen Stellenwert. Dabei werden u. a. die folgenden Fragen angeschnitten:

- *Welche Brotsorte essen Sie am liebsten?*
- *Haben Sie früher Brot selbst gebacken?*

Die Teilnehmerinnen und Teilnehmer kommen sehr schnell ins Gespräch und berichten von ihren Vorlieben und Erfahrungen. Schließlich lenkt Martina Braun zur Kurzgeschichte von Wolfgang Borchert über, indem sie den Titel nennt. Die Texte werden verteilt und abwechselnd laut gelesen.

Um strukturiert über den Text ins Gespräch zu kommen, stellt Martina Braun konkrete Fragen zum Text (vgl. Erschließungsfragen 20 bis 23, Seite 133). Zuweilen werden aus der Runde auch thematische Aspekte angesprochen, die nicht unmittelbar den Text betreffen; so erzählt ein Bewohner z. B. von der Essensration in der Kriegsgefangenschaft, während eine Bewohnerin ihr altes Rezept für eine Brotsuppe vorstellt. Martina Braun lässt großen Spielraum für die Äußerungen der Teilnehmerinnen und Teilnehmer und greift erst behutsam korrigierend ein, wenn die Gefahr des Monologisierens oder thematischer Nebenschauplätze besteht.

Eine Bewohnerin macht den Vorschlag, Brot nach Rezepten aus dem Lesekreis zu backen. Martina will mit der Ergotherapeutin einen Termin für die Brotback-Aktion absprechen. Ein anderer Bewohner regt an, weitere Texte von Wolfgang Borchert aus der Nachkriegszeit zu lesen; er will Texte suchen und diese Martina Braun zum Vervielfältigen weiterleiten. Zum Abschluss kann jede Teilnehmerin und jeder Teilnehmer den Text von Wolfgang Borchert mitnehmen. Das angerichtete Brot soll beim Abendessen serviert werden.

3. Jedes Literaturkreis-Treffen verläuft anders. Dennoch empfiehlt sich eine gewisse Grundstruktur für den Ablauf des Lesekreises. Skizzieren Sie die Ablaufstruktur beim Treffen des Lesekreises CUSANUS.
4. a) Welche Rolle und welche Aufgaben hat die oder der Leitende eines Lesekreises?
   b) Beurteilen Sie das Vorgehen und Verhalten der Altenpflegerin Martina Braun.
5. Welche Funktion hat der literarische Text in der Altenarbeit in erster Linie?
6. Martina Braun hat den Text in Großschrift kopiert.
   Welche andere Hilfsmittel stehen Sehbehinderten und Blinden zum Umgang mit Literatur zur Verfügung?
7. Die Kurzgeschichte hat die Brotback-Aktion ausgelöst.
   Machen Sie weitere Vorschläge, wie das Thema „Brot“ im Sinne einer ganzheitlichen Pflege aufgegriffen werden kann.
8. Martina Braun hat mithilfe des angerichteten Brotes in das Thema eingeführt. Welche Medien wären sinnvoll bei folgenden literarischen Texten und Themen:
   a) Liebesgeschichten,
   b) Frühlingsgedichten,
   c) Arztromanen,
   d) Autobiografien,
   e) „Jugend“?

Handlungsimpulse

PROJEKTAUFGABE A: Collagen gestalten

Literarische Texte regen zu einer produktiven Auseinandersetzung mit ihren Inhalten und Aussagen an. Eine kreative Form ist die Collage. Gestalten Sie Collagen zu den epischen Texten (z.B. zur „Spiegelgeschichte", S. 129 ff. oder zu „Die Maschine", S. 135).

PROJEKTAUFGABE B: Eine Literaturliste über literarische Texte in Großdruck erstellen

Einige Verlage bieten Taschenbücher im Großdruck an. Diese eignen sich gut für die Seniorenarbeit. Erstellen Sie eine Liste dieser Verlage sowie eine aktuelle, systematisierte Literaturliste.

PROJEKTAUFGABE C: Einen Anekdotenkalender gestalten

Kalendergeschichten haben eine alte Tradition. Für einen Kalender eignen sich in besonderem Maße Anekdoten. Fertigen Sie einen Jahreskalender an. Jedes monatliche Kalenderblatt soll neben dem Kalendarium eine Anekdote enthalten. Schreiben Sie dazu Anekdoten, deren Stoff Sie in Ihrem Freundes- und Bekanntenkreis, Ihrer Familie oder Ihrer Pflegeeinrichtung finden. Die Geschichten sollen zum Schmunzeln animieren, aber auch nachdenklich stimmen. Zudem können Sie die Blätter durch Fotos oder Zeichnungen illustrieren.

PROJEKTAUFGABE D: Ein Hörbuch erstellen

Sogenannte „Hörbücher" sind für sehbehinderte Menschen eine gute Alternative zum Buch. Stellen Sie geeignete literarische Texte unterschiedlicher Gattungen zusammen und nehmen Sie den gesprochenen Text auf (z.B. mit einem MP3-Gerät). Das erstellte Hörbuch können Sie in Ihrer Pflegeeinrichtung zum Einsatz bringen.

PROJEKTAUFGABE E: Literarisches Café

Eine Lerngruppe (höchstens fünf Personen) liest ein Buch; bei der Auswahl des literarischen Werkes kann eine aktuelle Literaturempfehlung hilfreich sein. Stellen Sie das Buch Ihren Mitschülern vor, indem Sie miteinander über den Inhalt und verschiedene Aspekte des Buches sowie Ihre Leseerfahrungen diskutieren.

PROJEKTAUFGABE F: Einen Lesekreis gründen

Gründen Sie in Ihrer Pflegeeinrichtung einen Lesekreis. Dabei können Sie die Empfehlungen des Kapitels „Literatur in der Altenarbeit" (S. 144 f.) nutzen.

Lernsituation

Michaela Rau, Altenpflegeschülerin im Seniorenheim „Zum Schwanenweiher" soll eine Aktivierungsstunde mit Gedächtnistraining zum Thema „Frühling" vorbereiten und durchführen. Von der Fachschule hat Michaela als Vorgabe für die Strukturierung folgende Skizze erhalten:

Zeit	Inhalt	Methode	Sinn und Zweck	Medien
	Einleitung			
	Begrüßung der Teilnehmer eigene Person vorstellen		• angenehme Atmosphäre schaffen • Freude vermitteln • Hemmungen abbauen • gegenseitiges Kennenlernen	
	Hauptteil			
	verschiedene Aktivitäten zum Thema personenorientiert	• Lieder • Sitztanz • Wortsammlung • Wortfindung • Wissensfragen • Vorlesen usw.	• Beweglichkeit fördern • Gedächtnisleistung anregen • Sinne aktivieren • Konzentration fördern • Kreativität anregen • Kommunikation fördern • Entspannung bieten • Erinnerungen wecken	
	Schluss			
	Ausklang herbeiführen Reflexion persönliche Verabschiedung			

Michaela Rau hat u. a. folgende Texte und Lieder zum Thema „Frühling" zusammengetragen:

Lieder:
„Alle Vögel sind schon da"
„Es geht eine helle Flöte"
„Kuckuck, kuckuck, ruft's aus dem Wald"
„Es tönen die Lieder"
„Im Märzen der Bauer"
„Nun will der Lenz uns grüßen"
„Komm, lieber Mai und mache"
„Der Mai ist gekommen"
„Jetzt fängt das schöne Frühjahr an"

Gedichte:

Frühling Heinrich Seidel

Was rauschet, was rieselt, was rinnet so schnell?
Was blitzt in der Sonne? Was schimmert so hell?
Und als ich so fragte, da murmelt der Bach:
„Der Frühling, der Frühling, der Frühling ist wach!“

Was knospet, was keimet, was duftet so lind?
Was grünet so fröhlich? Was flüstert im Wind?
Und als ich so fragte, da rauscht es im Hain:
„Der Frühling, der Frühling, der Frühling zieht ein!“

Was klinget, was klaget, was flötet so klar?
Was jauchzet, was jubelt so wunderbar?
Und als ich so fragte, die Nachtigall schlug:
„Der Frühling, der Frühling!“ – da wusst' ich genug!

Heinrich Seidel: Frühling, in: Gesammelten Schriften von Heinrich Seidel , Bd. VII, Leipzig, A.G. Liebeskind, 1897, S. 130

Frühlingsnacht Joseph von Eichendorff

Übern Garten durch die Lüfte
Hört ich Wandervögel ziehn,
Das bedeutet Frühlingsdüfte,
Unten fängts schon an zu blühn.

Jauchzen möcht ich, möchte weinen,
Ist mirs doch, als könnts nicht sein!
Alte Wunder wieder scheinen
Mit dem Mondesglanz herein.

Und der Mond, die Sterne sagens,
Und in Träumen rauschts der Hain,
Und die Nachtigallen schlagens:
Sie ist Deine, sie ist dein!

Joseph von Eichendorff: Frühlingsnacht, in: Joseph Eichendorff: Werke, Bd. 1, hrsg. von Ansgar Hillach, München 1970, S. 219

Er ist's Eduard Mörike

Frühling lässt sein blaues Band
Wieder flattern durch die Lüfte;
Süße, wohlbekannte Düfte
Streifen ahnungsvoll das Land.

Veilchen träumen schon,
Wollen balde kommen.
Horch, von fern ein leiser Harfenton!
Frühling, ja du bist's!
Dich hab ich vernommen!

Eduard Möricke: Er ist's, in: Das große Gedichtbuch, hrsg. v. Karl Otto Conrady, 1. Aufl., Kronberg/Taunus, Athenäum Verlag, 1. Auflage, 1977, S. 448

Bauern- und Wetterregeln:

Wenn die Drossel schreit, ist der Lenz nicht mehr weit.
Hasen, die springen, Lerchen, die singen, werden sicher den Frühling bringen.
Frühlingsregen bringt Segen.
Viel Nebel im Frühjahr, viel Gewitter im Sommer.
Steigt der Saft in die Bäume, erwachen die Frühjahrsträume.
Gibt's im Frühjahr viel Frösche, so geraten die Erbsen.

Planen Sie nach der Strukturskizze von S. 147 eine Aktivierungs- und Gedächtnisstunde zum Thema „Frühling“, indem Sie u. a. die hier abgedruckten Texte verwenden.

5 Normen der Standardsprache

5.1 In Wörterbüchern nachschlagen

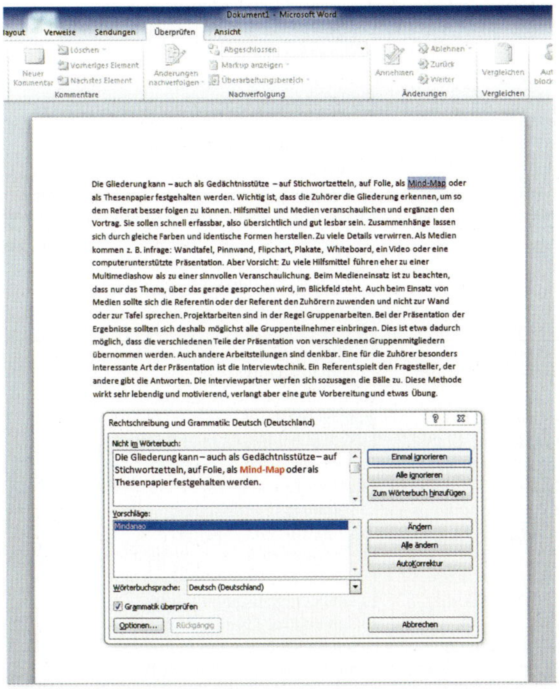

Rechtschreibung ist zur Erleichterung und Verbesserung der schriftlichen Kommunikation wichtig. Niemand kann alle möglichen Zweifelsfälle ohne Hilfsmittel lösen. Hier helfen Wörterbücher, integrierte Rechtschreibprogramme oder CD-ROMs weiter.
Die Hilfen erstrecken sich auf folgende drei Bereiche:

- das richtige Schreiben,
- das richtige Sprechen,
- den richtigen Gebrauch eines Wortes.

Darüber hinaus enthalten Wörterbücher weitere interessante Informationen, sodass es geradezu Spaß macht, in ihnen zu blättern und zu lesen.

Sprechen

1. *Aussprachеweise*
2. *Betonungsweise*

Schreiben

1. *Schreibweise*
2. *Trennungsmöglichkeiten (|)*

Empfehlungen zur Schreibweise sind gelb gekennzeichnet

Es|say [ˈɛse, *auch* ɛˈseː], der *od.* das; -s, -s ⟨engl.⟩ (kürzere Abhandlung); **Es|say|ist,** der; -en, -en (Verfasser von Essays); **Es|say|is|tin; es|say|is|tisch**
ess|bar; Ess|ba|re, das; -n; etwas Essbares auftreiben; **Ess|bar|keit**
Ess|be|steck
Es|se, die; -, -n (Schmiedeherd; *bes. ostmitteld. für* Schornstein)
Ess|ecke
es sei denn, dass
es|sen; du isst; du aßest; du äßest; gegessen; iss!; jmdm. zu essen geben; zu Mittag essen; [griechisch] essen gehen; selber essen macht fett
[1]**Es|sen,** das; -s, -
[2]**Es|sen** (Stadt im Ruhrgebiet)
Es|sen|aus|ga|be
es|sen|disch *vgl.* essensch
Es|sen|emp|fang
[1]**Es|se|ner** ⟨hebr.⟩ (Angehöriger einer altjüdischen Sekte)
[2]**Es|se|ner** ⟨*zu* [2]Essen⟩
[1]**Es|se|ne|rin** ⟨*zu* [1]Essener⟩
[2]**Es|se|ne|rin** ⟨*zu* [2]Essener⟩

Gebrauchen

1. *Grammatisches Geschlecht (der od. das)*
2. *Bildung des zweiten Falls (Genitiv) und der Mehrzahl (plural)*
3. *Herkunft des Wortes (engl.)*
4. *Umschreibung der Bedeutung*
5. *Wortableitung*

E-Schicht – Esskultur

E-Schicht, die; - ↑K29 (eine Schicht der Ionosphäre)
Es|co|ri|al, der; -[s] (span. Kloster u. Schloss)
Es|cort|ser|vice [*auch* ɛsˈko:ɐ̯t-zø:ɐ̯vɪs] ⟨engl.⟩ (Agentur zur Vermittlung von [sexuellen] Kontakten)
Es|cu|do, der; -[s], -[s] ⟨port.⟩ (frühere port. Währungseinheit)
Es-Dur [ˈɛsdu:ɐ̯, *auch* ˈɛsˈdu:ɐ̯], das; -[s] (Tonart; *Zeichen* Es); **Es-Dur-Ton|lei|ter** ↑K26
Esel, der; -s, -; **Esel|chen**
Ese|lei; esel|haft
Esel|hengst; Ese|lin
Esels|brü|cke *(ugs.)*
Esels|milch, die; -; **Esels|ohr; Esels|rü|cken; Esel|stu|te**
E-Shop [ˈi:...] (Onlineshop); **E-Shop|ping** (Onlineshopping)
es|ka|la|die|ren ⟨franz.⟩ (*früher für* mit Sturmleitern erstürmen)
Es|ka|la|dier|wand (*veraltet für* Kletterwand)
Es|ka|la|ti|on, die; -, -en ⟨franz.-engl.⟩ (stufenweise Steigerung, Verschärfung)
es|ka|lie|ren ([sich] stufenweise steigern); **Es|ka|lie|rung**
Es|ka|mo|ta|ge [...ʒə], die; -, -n ⟨franz.⟩ (*veraltet für* Taschenspielerei); **Es|ka|mo|teur** [...ˈtø:ɐ̯], der; -s, -e (Taschenspieler, Zauberkünstler); **es|ka|mo|tie|ren** (wegzaubern)
Es|ka|pa|de, die; -, -n ⟨franz.⟩ (*Reiten* Sprung zur Seite; *geh. für* mutwilliger Streich)
Es|ka|pis|mus, der; - ⟨engl.⟩ (*Psychol.* vor der Realität ausweichendes Verhalten); **es|ka|pis|tisch**
Es|ka|ri|ol, der; -s ⟨lat.⟩ (Winterendivie)
[1]**Es|ki|mo**, der; -[s], -[s] ⟨indian.⟩ (Angehöriger eines arktischen Volkes); *vgl.* Inuk
[2]**Es|ki|mo**, der; -s, -s (ein Wollstoff)
Es|ki|mo|frau
es|ki|mo|isch; Es|ki|mo|i|sche, das; -n (Sprache der Eskimos)
Es|ki|mo|rol|le *(Kanusport)*
Es|kor|te, die; -, -n ⟨franz.⟩ (Geleit; Begleitmannschaft)
es|kor|tie|ren; Es|kor|tie|rung
ESM = Europäischer Stabilitätsmechanismus (Maßnahmen zur wirtschaftl. Stabilisierung der Eurozone)
[1]**Es|me|ral|da**, die; -, -s ⟨span.⟩ (ein span. Tanz)
[2]**Es|me|ral|da** (w. Vorn.)
es-Moll [ˈɛsmɔl, *auch* ˈɛsˈmɔl], das; -[s] (Tonart; *Zeichen* es); **es-Moll-Ton|lei|ter** ↑K26
Eso|te|rik, die; - ⟨griech.⟩ (Geheimlehre; Grenzwissenschaft); **Eso|te|ri|ker** (Anhänger der Esoterik); **Eso|te|ri|ke|rin**
eso|te|risch
ESP® = elektronisches Stabilitätsprogramm *(Kfz-Technik)*
Es|pa|d|rille [...ˈdri:j], die; -, -s *meist Plur.* ⟨span.-franz.⟩ (sommerlicher Leinenschuh mit einer Sohle aus Espartogras)
Es|pa|g|no|le [...panˈjo:...], die; -, -n ⟨franz.⟩ (spanischer Tanz)
Es|pa|g|no|lette|ver|schluss [...ˈlɛt...] (Drehstangenverschluss für Fenster)
Es|pan, der; -[e]s, -e (*landsch. für* Viehweide)
Es|par|set|te, die; -, -n ⟨franz.⟩ (eine Futterpflanze)
Es|par|to, der; -s ⟨span.⟩ (ein Gras); **Es|par|to|gras**
Es|pe, die; -, -n (Zitterpappel)
es|pen (aus Espenholz)
Es|pen|laub
Es|pe|ran|tist, der; -en, -en (Kenner, Anhänger des Esperanto); **Es|pe|ran|tis|tin**
Es|pe|ran|to, das; -[s] ⟨nach dem Pseudonym »Dr. Esperanto« des poln. Erfinders L. Zamenhof⟩ (eine künstl. Weltsprache)
Es|pe|ran|to|lo|gie, die; - (Erforschung des Esperantos)
Es|p|la|na|de, die; -, -n ⟨franz.⟩ (freier Platz)
es|pres|si|vo ⟨ital.⟩ (*Musik* ausdrucksvoll)
[1]**Es|pres|so**, der; -[s], *Plur.* -s *od.* ...ssi (in der Maschine bereitetes, starkes Kaffeegetränk)
[2]**Es|pres|so**, das; -[s], -s (kleines Café)
Es|pres|so|bar, die; **Es|pres|so|ma|schi|ne; Es|pres|so|pad** [...pɛd] (mit Espressopulver gefüllter kleiner Beutel aus einem wasserdurchlässigen Material)
Es|p|rit [...ˈpri:], der; -s ⟨franz.⟩ (Geist, Witz)
Es|pu|ma, der; -[s], -s *u.* die; -, -s ⟨span.⟩ (*Kochkunst* mit dem Siphon hergestellte Schaumspeise)
Esq. = Esquire
Es|quil|lin, der; -s (Hügel in Rom)
Es|qui|re [ɪsˈkvai̯ɐ], der; -[s], -s ⟨engl.⟩ (engl. Höflichkeitstitel, *Abk.* Esq.)
Es|ra (bibl. m. Vorn.)
Es|say [ˈɛse, *auch* ɛˈse:], der *od.* das; -s, -s ⟨engl.⟩ (kürzere Abhandlung); **Es|say|ist**, der; -en, -en (Verfasser von Essays); **Es|say|is|tin; es|say|is|tisch**
ess|bar; Ess|ba|re, das; -n; etwas Essbares auftreiben; **Ess|bar|keit**
Ess|be|steck
Es|se, die; -, -n (Schmiedeherd; *bes. ostmitteld. für* Schornstein)
Ess|ecke
es sei denn, dass
es|sen; du isst; du aßest; du äßest; gegessen; iss!; jmdm. zu essen geben; zu Mittag essen; [griechisch] essen gehen; selber essen macht fett
[1]**Es|sen**, das; -s, -
[2]**Es|sen** (Stadt im Ruhrgebiet)
Es|sen|aus|ga|be
es|sen|disch *vgl.* essensch
Es|sen|emp|fang
[1]**Es|se|ner** ⟨hebr.⟩ (Angehöriger einer altjüdischen Sekte)
[2]**Es|se|ner** ⟨*zu* [2]Essen⟩
[1]**Es|se|ne|rin** ⟨*zu* [1]Essener⟩
[2]**Es|se|ne|rin** ⟨*zu* [2]Essener⟩
Es|sen|ge|ruch, Es|sens|ge|ruch
Es|sen|ho|ler; Es|sen|ho|le|rin
Es|sen|kar|te, Es|sens|kar|te
Es|sen|keh|rer (*bes. ostmitteld. für* Schornsteinfeger)
Es|sen|mar|ke, Es|sens|mar|ke
es|sensch ⟨*zu* [2]Essen⟩
Es|sens|ge|ruch, Es|sen|ge|ruch
Es|sens|kar|te, Es|sen|kar|te
Es|sens|mar|ke, Es|sen|mar|ke
Es|sens|rest; Es|sens|zeit
Es|sen|tial [ɪˈsɛnʃəl], das; -s, -s *meist Plur.* ⟨engl.⟩ (wesentlicher Punkt, unentbehrliche Sache)
es|sen|ti|ell *vgl.* essenziell
Es|senz, die; -, -en (*nur Sing.:* Wesen, Kern; konzentrierter Auszug)
es|sen|zi|ell, es|sen|ti|ell ⟨franz.⟩ (*Philos.* wesentlich; *Biol., Chemie* lebensnotwendig); essenzielle, essentielle Fettsäuren
Es|ser; Es|se|rei *(ugs. abwertend)*; **Es|se|rin**
Es|sex (engl. Landschaft)
Ess|ge|schirr; ess|ge|stört; Ess|ge|wohn|heit *meist Plur.*; **Ess|gier**
Es|sig, der; -s, -e
Es|sig|baum
Es|sig|es|senz; Es|sig|gur|ke
Es|sig|mut|ter, die; - (sich im Essigfass bildende Bakterienkultur)
es|sig|sau|er; essigsaure Tonerde; ↑K89; **Es|sig|säu|re**
Ess|koh|le (eine Steinkohlenart)
Ess|kul|tur

E Essk

Duden – Die deutsche Rechtschreibung, 26., völlig neu bearbeitete und erweiterte Auflage., hrsg. von der Dudenredaktion, Berlin, Bibliographisches Institut GmbH, 2013, S. 393

Die abgebildete Seite stammt aus dem Wörterbuch „Duden. Die deutsche Rechtschreibung, 26. Auflage". Bearbeiten Sie die folgenden Aufgaben:

1. Kontrollieren Sie Schreibung und Worttrennung.
   a) Welche der folgenden Schreibweisen ist die richtige?
   Eskorial – Eskoral – Escorial – Eskorall
   b) Wo lässt sich das Wort trennen?
2. Suchen Sie das Wort „Eskariol"
   a) Wie muss das Wort ausgesprochen werden?
   b) Welche Bedeutung hat der Begriff?
   c) Welche Trennungen sind möglich?

3. Betonen Sie den Begriff „Essener“ so, dass er
   a) die Einwohner von Essen,
   b) die Mitglieder einer altjüdischen Sekte bezeichnet.
4. Bilden Sie den Plural (die Mehrzahl) von:
   a) Espan,
   b) Eskorte,
   c) Esprit,
   d) Espresso.
5. Neben „essentiell“ wird auch als neue Schreibweise „essenziell“ angegeben. Begründen Sie diese Änderung.
6. Bilden Sie die folgenden grammatischen Formen von „essen“:
   a) Präsens (Gegenwart): du ...
   b) Präteritum (Vergangenheit): du ...
   c) Perfekt (Vollendete Gegenwart): du ...
   d) Imperativ (Befehlsform)
7. Sie wollen das Wort „Espadrille“ trennen.
   a) Wie lässt sich das Wort trennen?
   b) Welche Trennungsvarianten sind möglich?
8. Umschreiben Sie die folgenden Begriffe für ein Kreuzworträtsel:
   a) Esperanto,
   b) Esoterik,
   c) Espagnoletteverschluss,
   d) Essigmutter,
   e) Esq.,
   f) Espuma.
9. Wie bezeichnet man
   a) einen Schornsteinfeger in Ostmitteldeutschland?
   b) landschaftlich eine Viehweide?
10. Ermitteln Sie mithilfe Ihres Wörterbuches das grammatische Geschlecht:
    a) Filter,
    b) Gummi,
    c) Liter,
    d) Meter,
    e) Virus.
11. Welche Bedeutung kann das Wort „Ort“ haben?
12. In diesem Auszug aus einer Stellenanzeige für eine Sekretärin sind den einzelnen Buchstaben in alphabetischer Reihenfolge wichtige berufsbezogenen Anforderungen zugeordnet.
    Machen Sie sich die Bedeutung der aufgeführten Begriffe klar und prüfen Sie, inwieweit sie auch auf Ihren Beruf anwendbar sind.
    Erstellen Sie in gleicher Weise ein „Anforderungsprofil“ für Ihren Beruf, indem Sie sich fragen: „Wofür steht für mich das ...
    A ...
    B ...
    usw.?“

ABLAGE, AUFREGUNG, ANERKENNUNG
BOSSE, BRIEFE, BÜCHER, BANK
CHAOS, CLEVER UND COMPUTER
DICHTER, DENKER, DOKUMENTE
EXZELLENTE EXPERIMENTE
FORTBILDUNG, FRECHHEITEN, FASZINATION
GELD GIBT'S AUCH
HEKTIK, HILFE, HOCHGEFÜHLE
INFORMATIONSFLUT, INTERNATIONAL, INITIATIVE
KUNDEN, KRISEN, KEINER DA
LEBEN, LUST UND LANGEWEILE
MENSCHEN, MÖGEN, MACHEN
NICHTS KLAPPT, NA UND? NACHDENKEN
ORGANISATION, OFFENHEIT, ORIGINALITÄT
PC LERNEN, PERSÖNLICHKEITSENTWICKLUNG
QUALITÄT DER ARBEIT, QUENGELEI, QUATSCH MACHEN
ROUTINE KOMMT AUCH VOR
SELBSTSTÄNDIGKEIT, SPRACHEN, SPASS UND STRESS
TRAINING, TEAMWORK UND TERMINE
UNTERNEHMUNGSLUSTIGE UNTERNEHMENS-BERATUNG
VERSUCHEN, VERPLANEN, VERSCHLAMPEN, VERSÄUMEN, VERGESSEN, VERANTWORTEN, VERTRAUEN
WOLLEN, WAGEN, WIRKEN
XSUNDES BETRIEBSKLIMA
Y (HIER FEHLT'S UNS NOCH)
ZETTEL, ZAHLEN, ZEITEINTEILUNG

GESUCHT: TEAMSEKRETÄRIN

5.2 In Fachlexika nachschlagen

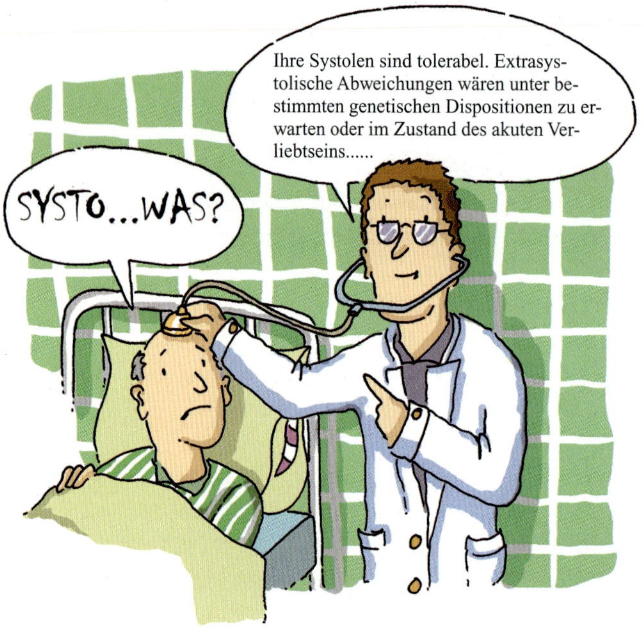

A

Roche Lexikon Medizin

Sy|s|tole: *(griech. = Zusammenziehung)* die sich rhythmisch (jeweils nach der ↗Diastole) wiederholende Kontraktion eines Hohlorgans; i.e.S. die dem Blutauswurf dienende S. des Herzens (mit Abhängigkeit ihrer Förderleistung [↗Herzschlagvolumen] von Füllungszustand, Dauer, Frequenz), u. zwar als Vorhof- u. als – nachfolgende – Kammer-S. (mit Anspannungs- u. Austreibungsphase), s.a. Herzzyklus. [E] systole.

Roche Lexikon Medizin, 5. Aufl., München, Urban & Fischer, 2003, S. 1795

B

Duden: Wörterbuch medizinischer Fachbegriffe

Sy|stole ['zʏstola, seltener auch: 'zystole:; von gr. σνστολη = das Zusammenziehen; Vermindern] *w*;-, ...olen: Zusammenziehen eines muskulösen Hohlorgans, besonders des Herzmuskels. **Systolikum** *s*; -s, ...ka: Zeitdauer der Systole. **systolisch:** die Systole betreffend; bei der Systole auftretend

Duden: Wörterbuch medizinischer Fachbegriffe, 9. Aufl., Dudenverlag, Mannheim, Zürich, 2011, S. 756

C

Pschyrembel Klinisches Wörterbuch

Sy|stole (gr. σνστολή = das Zusammenziehen) *f.* (engl.) *systole*; Kontraktion eines muskulären Hohlorgans; i. e. S. die nach der Diastole* erfolgende Kontraktion der Herzkammern (sog. Hämodynamische S.); die Vorhofsystole fällt zeitl. in die Füllungsphase der Kammerdiastole. **Einteilung:** s. Herzzyklus (Abb. dort); **1.** Anspannungsphase: isovolumetr. Kontraktion; Dauer vom Schluss der Segelklappen bis zur Öffnung der Taschenklappen (0,06–0,1 Sek.); entspricht im EKG dem QRS*-Komplex; **2.** Austreibungsphase: Auswurf des Schlagvolumens*; Dauer von der Öffnung der Taschenklappen bis zu deren Schluss (0,2–0,3 Sek.). Vgl. Herztöne

Pschyrembel Klinisches Wörterbuch 2014, 266. Aufl., Berlin, Walter de Gruyter, 2014, S. 2046

D

Pschyrembel Klinisches Wörterbuch

Diastole (gr. διαστολή Ausdehnen) *f.* (engl.) *diastole*; die nach der Systole* erfolgende Erschlaffung des Herzmuskels (i. e. S. der Kammer); die Vorhofdiastole fällt zeitl. in die Kammersystole; **Einteilung:** s. Herzzyklus (Abb. dort); **1.** Entspannungsphase: isovolumetr. Erschlaffung der Herzkammern nach Schluss der Taschenklappen; Dauer ca. 50 ms; **2.** Füllungsphase: Bluteinstrom in die Herzkammern nach Öffnung der Segelklappen; frühdiastol. schnelle Füllung (entspr. E-Welle; s. Echokardiographie), dann langsame Füllung (Diastase) u. Vorhofkontraktion (spätdiastolische Füllung, entspricht A-Wellen); Dauer abhängig von Herzfrequenz; entspricht im EKG etwa der Zeit vom Ende der T-Welle bis zum Ende der P-Welle. Vgl. Herztöne.

Pschyrembel Klinisches Wörterbuch 2014, 266. Aufl., Berlin, Walter de Gruyter, 2014, S. 473

Pschyrembel Klinisches Wörterbuch

Schlag|volumen (Volumen*) *n:* (engl.) *stroke volume*; Abk. SV; syn. Auswurfvolumen; Blutvolumen, das bei einer Kontraktion (Systole) vom li. Ventrikel ausgeworfen wird; rechner. die Differenz zwischen linksventrikulärem Restvolumen*; **Referenzbereich:** ca. 70–100 ml, abhängig von Geschlecht u. Belastung; erniedrigt bei Herzinfarkt, Herzmuskel- u. Herzklappenerkrankung. Das S. multipliziert mit der Herzfrequenz* ergibt das Herzminutenvolumen*. Vgl. Schlagvolumenindex; Auswurffraktion.

Pschyrembel Klinisches Wörterbuch 2014, 266. Aufl., Berlin, Walter de Gruyter, 2014, S. 1871

1. Vergleichen Sie die verschiedenen Begriffserklärungen von „Systole" in den Lexika A, B und C. Beschreiben Sie die Unterschiede hinsichtlich
   a) der Information,
   b) der Sprachebene,
   c) der Adressatengruppe.
2. Worauf wird im „Duden" der Schwerpunkt gelegt?
3. Was bedeuten im „Roche-Lexikon" die folgenden Symbole?
   a) ↗
   b) [E]
4. Was verbirgt sich im „Pschyrembel" hinter den folgenden Abkürzungen und Symbolen:
   a) f,
   b) EKG,
   c) QRS-Komplex,
   d) *

5. Entscheiden und begründen Sie, welches Lexikon oder Wörterbuch Sie benutzen würden, wenn Sie
   a) ein Kurzreferat in Geriatrie zum Thema „Der Herzzyklus" halten sollen,
   b) den Begriff „Systole" als Fremdwort und Fachbegriff nicht kennen,
   c) für den Wohnbereich in einer stationären Altenpflegeeinrichtung ein Nachschlagewerk anschaffen wollen,
   d) einer Praktikantin den Fachbegriff „übersetzen" wollen.
6. Der Text D enthält mehrere Verweise (s., vgl.). Was für einen Sinn haben solche Querverweise?

5.3 Wortarten

Die deutsche Sprache kennt zehn verschiedene Wortarten. Jede von ihnen hat ihre eigene grammatische Aufgabe. Es lassen sich veränderbare und unveränderbare Wortarten unterscheiden:

veränderbar	unveränderbar
• Verb • Nomen/Substantiv • Artikel • Pronomen • Adjektiv	• Präposition • Konjunktion • Adverb • Interjektion

Übersicht über die Wortarten und ihre Aufgaben

Beispiele	Bezeichnung	Aufgaben
Auto, Blume, Frau, Michael, Frieden	Nomen, Substantiv (Hauptwort)	... bezeichnet Dinge, Personen und Begriffe
der, die, das, ein, eine	Artikel (Geschlechtswort)	... bezeichnet das grammatische Geschlecht der Dinge
ich, du, er, sie, es, mein, dein, unser, mich, dich, uns, diese, jener, man	Pronomen (Fürwort)	... steht für Dinge Personen und Begriffe
lieb, groß, eckig	Adjektiv (Eigenschaftswort)	... beschreibt die Beschaffenheit (Eigenschaften) von Dingen
unter, auf, neben, in, mit, ohne	Präposition (Verhältniswort)	... gibt an, wie mehrere Dinge zueinander angeordnet sind
lernen, regnen, essen, sein, haben, werden	Verb (Tätigkeitswort, Zeitwort)	... sagt aus, was man tut, was sich ereignet oder was ist; auch die Zeit wird dabei angegeben
gern, oft, hier, außen, jetzt, morgen, darum	Adverb (Umstandswort)	... erklärt die näheren Umstände einer Tätigkeit oder eines Zustandes; es bezieht sich also direkt auf das Zeit- oder Tätigkeitswort
eins, zwei, erstens, zweitens, viele, alle	Numerale (Zahlwort)	... bezeichnet eine Menge, Anzahl oder Rangfolge
und, oder, aber, als, weil, ob, dass	Konjunktion (Bindewort)	... verbindet Wörter und Sätze miteinander
oh, ah, ach, pfui	Interjektion (Empfindungswort)	... drückt Gefühle aus und gibt Ausrufe weiter

5.4 Das Verb und seine Formen

Ich rede.	*Wir reden.*	*Und wer hört zu?*
Du redest.	*Ihr redet.*	
Er, sie, es redet.	*Sie reden.*	

Wörter wie „reden" und „zuhören" sind Verben. Verb kommt von lateinisch „verbum" und bedeutet „Wort". Diese Bezeichnung weist schon auf die Bedeutung dieser Wortart hin.
Verben machen die Sprache lebendig und anschaulich. Jede Verbform kann eine Vielzahl von Informationen transportieren, da die Form nach den folgenden Informationsabsichten veränderbar (konjugierbar) ist:

Person	1., 2., 3. Person	*ich, du, er/sie/es, wir, ihr, sie*
Numerus (Zahl)	Singular (Einzahl)	*ich, du, er/sie/es*
	Plural (Mehrzahl)	*wir, ihr, sie*
Tempus (Zeit)	Präsens (Gegenwart)	*ich höre*
	Perfekt (Vollendete Gegenwart)	*ich habe gehört*
	Präteritum/Imperfekt (Vergangenheit)	*ich hörte*
	Plusquamperfekt (Vollendete Vergangenheit)	*ich hatte gehört*
	Futur I (Zukunft)	*ich werde hören*
	Futur II (Vollendete Zukunft)	*ich werde gehört haben*
Genus (Handlungsrichtung)	Aktiv	*ich höre*
	Passiv	*ich werde gehört*
Modus (Aussageweise)	Indikativ (Wirklichkeitsform)	*Er sagte: „Du hörst nicht gut."*
	Konjunktiv (Möglichkeitsform)	*Er sagte, ich hörte nicht gut.*
	Imperativ (Befehlsform)	*Höre! Hört!*

Moritz Gottlieb Saphir
Liebesleid

Weil gar zu schön im Glas der Wein geblunken,
hat sich der Hans dick voll getrinkt.
Drauf ist im Zickzack er nach Haus gehunken
und seiner Grete in den Arm gesinkt.
Doch weil er gar zu sehr nach Wein gestinkt,
hat sie ganz mächtig abgewunken
und hinter ihm die Türe zugeklunken.

Moritz Gottlieb Saphir (1795-1858), österreichischer Schriftsteller, Journalist und Humorist

Eugen Roth
Der eingebildet Kranke

Ein Griesgram denkt mit trüber List,
Er wäre krank. (was er nicht ist!)
Er müsste nun, mit viel Verdruss,
ins Bett hinein. (was er nicht muss!)
Er hätte, spräch der Doktor glatt,
Ein Darmgeschwür. (was er nicht hat!)
Er soll verzichten, jammervoll
Aufs Rauchen ganz. (was er nicht soll!),
Und werde, heißt es unbeirrt,
Doch sterben dran. (was er nicht wird!)
Der Mensch könnt, als gesunder Mann
Recht glücklich sein. (was er nicht kann!)
Möcht glauben er nur einen Tag,
Dass ihm nichts fehlt. (was er nicht mag!)

Eugen Roth: Der eingebildet Kranke, in: Der Wunderdoktor, München, Hanser, 1950, S. 72

1. Analysieren Sie das Gedicht von Moritz Gottlieb Saphir.
   a) Welche Sprachspielerei enthält das Gedicht?
   b) Was soll durch dieses Sprachspiel ausgedrückt werden?
   c) Bilden Sie die Präteritumformen der folgenden Verben: arbeiten, schaffen, scheinen, backen, wiegen, enden, wenden, joggen.
2. Im Gedicht von Eugen Roth bildet sich der Griesgram seine Krankheit ein. Wie wird dies verdeutlicht?
3. Geben Sie die Äußerungen der Mutter (S. 141 ff.) in Form der indirekten Rede wieder: Mutter sagte, das vergesse man nie. …

5.5 Satzglieder

100-Meter-Staffel mit Rekord

Fortschritt Pflegeversicherung

Alkohol die Unfallursache

Raucher stärker gefährdet

Zeitungsschlagzeilen sind oft keine Sätze.

1. Welcher Satzteil fehlt in den obigen Schlagzeilen?
2. Formulieren Sie die Schlagzeilen in ganze Sätze um.

Sätze setzen sich aus mehreren Satzgliedern zusammen. Satzglieder erkennt man an der Verschiebeprobe: Indem man den Satz umstellt, ohne dabei die Aussage wesentlich zu verändern, lassen sich die Satzglieder erkennen. Wörter, die sich nur gemeinsam verschieben lassen, bilden ein Satzglied:

Sie	erkennen	die Satzglieder	leicht	durch die Verschiebeprobe.
Durch die Verschiebeprobe	erkennen	Sie	leicht	die Satzglieder.

Ein Satz besteht mindestens aus:

Subjektiv (Satzgegenstand) + **Prädikat (Satzaussage)**

Die Altenpflegerin *liest.*

Der einfache Satz wird durch Objekte (Satzergänzungen) erweitert. Die Objekte sind oft notwendig, um den Sinn eines Satzes zu vervollständigen. Objekte sind in ihrer Form (Kasus) abhängig vom Prädikat.

Subjekt + **Prädikat** → **Objekt (Satzergänzung)**

Die Altenpflegerin *liest* *ein Buch.*

Adverbiale Bestimmungen geben die näheren Umstände eines Geschehens an. Sie präzisieren das Prädikat.

Subjekt + **Prädikat** → **Objekt (Satzergänzung)**

Die Altenpflegerin *liest* *ein Buch.*

↓

Adverbiale Bestimmung (Ort, Zeit, Art und Weise, Grund)

in ihrer Freizeit

Satzglieder können durch Attribute (Beifügungen) ergänzt und näher bestimmt werden. Attribute sind also keine eigenen Satzglieder, sondern nur Satzgliedteile. Wenn sie weggelassen werden, bleiben alle Satzglieder erhalten.

Subjekt + **Prädikat** → **Objekt**

Die ~~examinierte~~ Altenpflegerin *liest* *ein ~~spannendes~~ Buch.*

↓

Adverbiale Bestimmung

in ihrer Freizeit

Attribut

5.6 Kommasetzung

Wo würden Sie im folgenden Satz ein Komma setzen?

Die Frauen behaupten die Männer wollen keine Gleichberechtigung.

Je nach Kommasetzung können Sie den Männern oder den Frauen den Willen zur Gleichberechtigung absprechen. Daran wird deutlich, dass das Komma nicht nur „Satz-Kosmetik" ist, sondern in bestimmten Fällen eine entscheidende Bedeutung für den Sinn eines Satzes haben kann. Mit der Rechtschreibreform wurde die Kommasetzung liberalisiert. Danach lassen sich **„Grundregeln"** sowie **„Kann-Regeln"** unterscheiden:

Grundregel 1
Aufzählungen von gleichrangigen Wörtern, Wortgruppen und Teilsätzen werden durch Komma voneinander abgegrenzt, wenn sie nicht durch eine Konjunktion wie „und", „oder", „sowie" verbunden sind. Vor den Konjunktionen „aber", „doch", „jedoch" und „sondern" steht ein Komma, weil sie einen Gegensatz oder eine Einschränkung signalisieren.
Beispiel: Es war eine gelungene, stimmungsvolle, aber keinesfalls langweilige Feier. Die Belegschaft versammelte sich, die Betriebsrätin ergriff das Wort und die Mitarbeiter applaudierten.

Grundregel 2
Nebensätze werden durch Komma vom Hauptsatz abgetrennt.
Beispiel: Wir achten darauf, dass die Privatsphäre der Heimbewohner respektiert wird.
Weil die MDK-Prüfung positiv verlaufen war, dankte die Heimleiterin, die erst seit Kurzem das Pflegeheim führt, allen Mitarbeitern für die geleistete Arbeit.

Grundregel 3
Infinitivgruppen werden durch Komma abgetrennt, wenn sie
- mit „als", „anstatt", „außer", „ohne", „statt" oder „um" eingeleitet werden,
- von einem Substantiv abhängen,
- von einem Verweiswort abhängen.

Beispiel: Wir benutzen bei der Ganzwaschung einen Sichtschutz, um die Intimsphäre der Heimbewohner zu wahren.
Die Praxisanleiterin gab der Schülerin den Rat, bei der Händedesinfektion die Einwirkzeit zu beachten.
Zu tanzen, das ist ihre größte Freude.
Sie erinnerte ihn daran, die Pflegeplanung zu aktualisieren.

Grundregel 4
Zusätze und Nachträge werden durch Komma abgegrenzt.
Beispiel: Trier, die älteste Stadt Deutschlands, liegt an der Mosel.

Grundregel 5
Anreden und Ausrufe werden durch Komma abgegrenzt.
Beispiel: Ja, ich heiße Sie, werte Gäste unserer Einrichtung, ganz herzlich willkommen.

Grundregel 6
Wörtliche Rede wird grundsätzlich durch ein Komma vom Begleitsatz abgetrennt.
Beispiel: Er fragte: „Sehen wir uns heute Abend?", und verabschiedete sich.

Kann-Regeln
Das Komma kann zur Verdeutlichung gesetzt werden:
1. zwischen Hauptsätzen und zwischen Nebensätzen, auch wenn sie durch „und", „oder" usw. verbunden sind.
   Beispiel: Die PDL lud zur Teambesprechung ein(,) und alle Mitarbeiter waren anwesend.
2. bei Infinitiv und Partizipialgruppen.
   Beispiel: Ich rate(,) ihm bei der Arbeit zu helfen. Hierdurch gestärkt(,) wird die Aufgabe lösbar sein.

5.7 s – ss – ß

Die Schreibweise der s-Laute gehört zu den schwierigeren Fällen der Rechtschreibung. Doch mit wenigen Hilfsregeln lässt sich in den meisten Fällen leicht die richtige Schreibweise klären.

Es lackierte ein Azubi aus Neiße
sieben Karosserien mit riesigem Fleiße
Doch bei der achten geschah's:
Farbe versaute das Glas
Und der Azubi flüsterte ganz leise: Sch-ade.

s

Hilfsregel
Wenn ein stimmhafter s-Laut zu hören ist, wird „s" geschrieben.
Ein „s" steht, wenn die Verlängerung des Wortes einen stimmhaften s-Laut ergibt (Glas/Gläser)

ß

Hilfsregel
Wenn der stimmlose s-Laut nach langem Vokal oder nach Doppellaut (z. B. au, ei, ie) folgt, wird „ß" geschrieben.

ss

Hilfsregel
Wenn der stimmlose s-Laut nach kurzem Vokal folgt, wird „ss" geschrieben.

1. Solche Scherzgedichte wie oben nennt man auch Limerick. Beschreiben Sie, wie ein Limerick aufgegebaut ist.
2. Ergänzen Sie den jeweiligen s-Laut, indem Sie die Hilfsregeln anwenden.

la_en; er lie_; gela_en sein; la_ mich in Ruhe; er lä_t es nicht zu; er bewie_ ihm das Gegenteil; der Bewei_; sie la_ eine Illustrierte; verge_lich sein; vergi_ es bitte nicht; er ist sehr nervö_; die Ereigni_e; das Hinderni_; sich hinrei_en la_en; wei_e (!); bei_en; Vorsicht bi_iger Hund; der Imbi_; ein bi_chen; die Nu_; die Nü_e; er blä_t auf der Po_aune; sie hat die Ca_ette weggeschlo_en; das Schlo_; er erhielt einen Verwei_; wi_en; ich wei_ es; die Gewi_heit; das Gewi_en; me_bar; die Ka_e; viele Grü_e und Kü_e; ha_en; er ha_t das; die Ha_t; die Na_ra_ur; ich e_e Rei_uppe; du i_t; wir a_en; er hie_ Ulli; drau_en ist es na_; sie mu_ ihren Pa_ verlängern la_en; er rei_t keine Bäume aus; er rei_t ins El_a_; au_er Spe_en nichts gewe_en

Probleme macht zuweilen auch die Schreibweise von „das" und „dass", wobei dies kein eigentliches Rechtschreibproblem darstellt. Vielmehr wird im Text die richtige Wortart nicht erkannt: „dass" ist eine Konjunktion, während „das" entweder ein Artikel, ein Demonstrativ- oder ein Relativpronomen sein kann.

Hilfsregel:
Man schreibt „das", wenn man es durch ein: „dies", „dieses" oder „welches" ersetzen kann.
Man schreibt „dass", wenn man es nicht ersetzen kann.

3. Ergänzen Sie „das" bzw. „dass". Begründen Sie Ihre Entscheidung.
Da_ Abfallbeseitigungsgesetz verlangt, da_ der Müll auf geordneten Deponien gelagert wird. Da_ ist ein Fortschritt gegenüber den wilden Müllkippen von früher. Es zeigt sich jedoch, da_ mit dem Abfallbeseitigungsgesetz allein das Problem Müll, da_ zu den dringendsten gehört, nicht in den Griff zu bekommen ist. Es setzt sich langsam die Erkenntnis durch, da_ da_ Vermeiden von Müll und Sondermüll da_ Problem am ehesten lösen kann. Die Industrie muss deshalb bei der Produktion darauf achten, da_ weniger Abfall entsteht, da_ dieser wiederverwertet werden kann und da_ rohstoffschonend produziert wird. Da_ Duale System, da_ in der Bundesrepublik mit dem Grünen Punkt flächendeckend eingeführt ist, soll dazu beitragen, da_ Müll vermieden bzw. recycelt wird. Ob da_ wirklich der richtige Weg ist, da_ Problem zu lösen, ist fraglich. Denn fast alle Produkte tragen den Grünen Punkt und beruhigen eher den Verbraucher, als da_ sie wirklich „grün" im Sinne von umweltschonend sind. Als umweltbewusster Verbraucher tut man also gut daran, nur da_ einzukaufen, was wirklich umweltschonend verpackt ist. Dabei ist es richtig, da_ überflüssige Verpackungsmaterial im Geschäft zurückzulassen, so da_ der Einzelhandel und die Hersteller gezwungen werden zu reagieren. Denn schließlich kann sich nur da_ am Markt durchsetzen, was die Verbraucher wünschen.

5.8 Groß- und Kleinschreibung

Grundregel für die Großschreibung:

Großgeschrieben werden:

1. das Wort am Anfang des Satzes,
2. Eigennamen,
3. Nomen,
4. nichtvertrauliche Anreden.

Schwierig wird die Frage, ob groß- oder kleingeschrieben wird, eigentlich erst dadurch, dass alle anderen Wortarten in Nomen umgewandelt werden können. Sie sind daran zu erkennen, dass sie meist zusammen mit einem Nomen-Begleiter auftreten:

- **mit Artikel:** *Das Parken ist verboten.*
- **mit Präposition:** *Beim Fahren sollte man nicht telefonieren.*
- **mit Numeralen:** *Sie hat viel Kluges gesagt.*
- **mit Pronomen:** *Mein Lernen hat sich ausgezahlt.*
- **ohne Begleiter, Artikel ergänzbar:** *Ich glaube, dass Joggen gesund ist.*

1. Entscheiden Sie, ob die in den Klammern gesetzten Wörter großzuschreiben sind. Begründen Sie Ihre Entscheidung.

Besseres Lernen

a) Viele Schülerinnen und Schüler könnten in der Schule besser sein, wenn sie das richtige (lernen) einmal gelernt hätten.
b) Wer z. B. beim (vorbereiten) auf eine Klausur krampfhaft versucht, sich am Abend vorher das (durchgenommen) ins Gedächtnis zu pauken, tut eigentlich genau das (falsch).
c) Von den vielen möglichen Tipps seien im (folgend) nur einige (wichtig) herausgegriffen.
d) Psychologen haben herausgefunden, dass viele Menschen im (allgemein) (neu und fremdartig) zunächst im (unterbewusst) ablehnen.
e) Wenn es aber gelingt, neue Lernstoffe an schon (bekannt) anzuknüpfen, entfällt diese Hemmschwelle und man ist von (vornherein) zum (lernen) viel stärker motiviert.
f) Ein weiteres Ergebnis psychologischen (forschen) besagt, dass der größte Teil dessen, was ein Mensch weiß, durch das (anschauen), also über die Augen eingeprägt wurde.
g) Also sollte beim (lernen) versucht werden, sich das Schriftbild eines Begriffes oder einer Formel zu merken.
h) Viele Lernende suchen ihr Glück im (auswendig lernen).
i) Das ist zwar nicht immer das (falsch), aber besser ist es, durch (strukturieren) die Lerninhalte zu begreifen und zu merken, z. B. mithilfe einer Mindmap.
j) Im (groß und ganz) wird von der Forschung in (bezug) auf das (lernen) bestätigt, was die Pädagogen im (einzelnen) bereits umgesetzt haben.

Großschreibung von Paarformeln

Beim Fest traf sich Alt und Jung, Arm und Reich, Groß und Klein.

Hilfsregel:

Großgeschrieben werden nicht veränderte Adjektive in Paarformeln zur Bezeichnung von Personen.

Großschreibung von Eigennamen

- *die rote Tomate – der Rote Milan*
- *der zweite Urlaubstag – der Zweite Weltkrieg*
- *der stille See – der Stille Ozean*

Hilfsregel:
Bei festen Fügungen aus Adjektiv und Substantiv wird das Adjektiv generell kleingeschrieben. Großgeschrieben wird aber, wenn es sich um Eigennamen und feststehende Begriffe handelt. Eigennamen liegen dann vor, wenn das Bezeichnete einmalig bzw. ein historisches Ereignis ist oder eine Gattungsbezeichnung darstellt.

2. Notieren Sie die unterstrichenen Begriffe in der richtigen Schreibweise.

a) Der dreißigjährige Krieg endete mit dem westfälischen Frieden.
b) Am ägäischen Meer liegen und griechischen Wein trinken, das ist Urlaub.
c) Ein amerikanischer Astronaut war der erste Mensch auf dem Mond.
d) Nach dem italienischen Erdbeben leisteten das technische Hilfswerk und die freiwillige Feuerwehr erste Hilfe.
e) Der Film über das rote Meer wurde im zweiten deutschen Fernsehen gesendet.
f) Der europäische Rat hat die Regierungen der europäischen Union aufgefordert, Maßnahmen gegen die Verschmutzung der europäischen Flüsse zu ergreifen.
g) Die Skifahrer ereilte beim Lawinenabgang in den deutschen Alpen der weiße Tod.

Groß- und Kleinschreibung bei Anreden

Sehr geehrte Frau Neumann,
Ihre Lieferung vom 16. Juli ist bei uns eingetroffen. Ich bitte Sie, die noch ausstehenden Waren bis zum 24. d. M. zu liefern. Hierzu erwarte ich Ihre Bestätigung.

Liebe Caroline,
ich schreibe dir/Dir, weil ich dich/Dich Wichtiges zu fragen habe: Warum hast du/Du mich verlassen? Ich denke, dass deine/Deine und meine Liebe so nicht enden darf. Bitte melde dich/Dich!

3. Formulieren Sie eine Regel über die Schreibweise von Anreden.

Schreibung von Tageszeiten

Wir treffen uns erst heute Abend, weil morgens die Handwerker da sind. Am kommenden Freitagmittag wollen uns Nicole und Jürgen besuchen.

Hilfsregeln:

1. **Nach heute, (vor)gestern, (über)morgen werden Tageszeiten großgeschrieben.**
2. **Zusammensetzungen aus Wochentag und Tageszeit werden zusammen- und großgeschrieben: am Dienstagabend.**
3. **Tageszeitangaben und Wochentage (ohne Artikel) mit angehängtem -s werden kleingeschrieben: dienstagabends.**

4. Wie müssen die unterstrichenen Zeitangaben geschrieben werden? Begründen Sie Ihre Entscheidungen.

a) Darf ich Sie gegen mittag zurückrufen?
b) Die Praxis ist mittwoch nachmittags geschlossen.
c) Die Visite am morgen dauert häufig den ganzen vormittag.
d) Die Bewohnerin hat vorgestern abend sehr unruhig geschlafen.
e) Sandra geht dienstags abends zur Jazzgymnastik und jeden donnerstag abend zum Schwimmen.

5.9 Getrennt oder zusammenschreiben

Ob Wörter getrennt geschrieben oder zusammengeschrieben werden, ist ein schwieriger Bereich der Rechtschreibung. Warum wird „getrennt schreiben" auseinander, „zusammenschreiben" aber zusammengeschrieben?

Als Grundsatz gilt:
Wörter werden normalerweise getrennt geschrieben.
Zusammenschreibungen sind also die Ausnahme: Zwei Wörter werden zusammengeschrieben, wenn aus ihnen ein neuer Begriff entsteht und die ursprüngliche Bedeutung der Einzelwörter verblasst ist.

Beispiele
Der Erstklässler kann schon gut schreiben.
Ich werde Ihnen den Betrag gutschreiben.
Wir gehen eislaufen, auch wenn es mir heute schwerfällt.

Die wichtigsten Regeln auf einen Blick:

Getrennt geschrieben werden grundsätzlich:
1. **Verbindungen mit sein:** beisammen sein, vorbei sein, zufrieden sein
2. **Verbindungen aus selbstständigem Substantiv und Verb:** Rad fahren, Angst haben, Halt finden
3. **Verbindungen aus Partizip und Verb:** gefangen nehmen, getrennt schreiben (die Zusammenschreibung ist hier auch möglich, Getrenntschreibung wird aber empfohlen)
4. **Verbindungen aus Verb und Verb als nicht übertragen gebrauchte Wörter, die ihre Gesamtbedeutung behalten:** (einen Drachen) steigen lassen, (jemanden) gehen lassen
5. **getrennt geschriebene Verbindungen von Adverb und Verb sind erkennbar durch Doppelbetonung:** aufeinander achten, aufeinander hören
6. **Verbindungen aus selbstständigem Adjektiv und selbstständigem Verb:** (sich) glücklich fühlen, schwer arbeiten
7. **Verbindungen, deren erster Bestandteil gesteigert oder erweitert ist:** langsamer bewegend, besonders gut verträglich

Zusammengeschrieben werden grundsätzlich:
A **Verbindungen von Substantiv und Verb, bei denen das Substantiv als erster Wortbestandteil seine selbstständige Bedeutung verloren und eine neue Gesamtbedeutung erhalten hat:**
eislaufen, kopfstehen, teilhaben, teilnehmen
B **Adjektiv und Verb bilden neue Gesamtbedeutung:**
(etwas) feststellen, (jmdn.) krankschreiben, (sich) langweilen
C **Verbindungen aus Partikel und Verb:** aufarbeiten, überfallen, auftrennen, (sich) querstellen, aufeinanderstapeln (mit einer Hauptbetonung)

1. Bilden Sie nach der Regel 5 und der Regel 3 mit den Wörtern aus beiden Gruppen möglichst viele Wortverbindungen. Bilden Sie Sätze, in denen die Wörter mal getrennt und mal zusammengeschrieben werden. Begründen Sie die jeweilige Schreibweise.
Gruppe A: aufeinander, auseinander, zusammen, getrennt
Gruppe B: stapeln, achten, gehen, schreiben

2. Verbindungen aus Substantiv und Verb werden nicht immer getrennt geschrieben. Bilden Sie nach Regel 2 und Regel A mit den Wörtern aus beiden Gruppen Wortverbindungen.
Gruppe A: Angst, Eis, Schlaf, Schlittschuh
Gruppe B: wandeln, laufen, haben, essen

3. Zusammenschreibungen, die wegen ihrer Länge kaum lesbar sind, können mit Bindestrich übersichtlicher gemacht werden: statt Haushaltmehrzweckküchenmaschine besser Haushalt-Mehrzweck-Küchenmaschine. Suchen Sie weitere solcher „Mammutwörter", die Sie besser mit Bindestrich schreiben.

4. Zusammensetzungen mit einzelnen Buchstaben, Abkürzungen oder mit Ziffern werden mit Bindestrich geschrieben:
T-Shirt, Kfz-Mechanikerin, 3-Tonner.
Notieren Sie weitere Beispiele.

5. Prüfen Sie, ob getrennt oder zusammengeschrieben werden muss. Begründen Sie die Entscheidung, indem Sie auf die entsprechende Regel verweisen.
   a) Seit ich Rita kennen / gelernt habe, mit ihr zusammen / arbeite und zusammen / lebe, ist irgend / wie alles viel einfacher.
   b) Mir ist es z. B. früher schwer / gefallen, über Probleme miteinander / zu / reden.
   c) Ich hatte Angst, mich bloß / zu / stellen.
   d) Wenn ich heute / Rat / suche, spreche ich Rita an, ohne meine Probleme schön / zu / färben.
   e) Ich hätte nie geglaubt, dass mich eine Beziehung so gefangen / nehmen kann.
   f) Ich glaube nicht fehl / zu / gehen, wenn ich behaupte, dass irgend / etwas mich verändert hat.

Worttrennung: Regeln der Silbentrennung

1. Getrennt wird nach Sprechsilben: *Aus-zu-bil-den-de, Fens-ter, Di-a-mant, aus-ei-nan-der.*
   Einzelne Buchstaben am Anfang oder Ende eines Wortes werden nicht abgetrennt: *Abend-mahl, Duo.*
   Bei Fremdwörtern ist auch auf Sinneinheiten zu achten: *bio-logisch, Chi-rurg.*
2. Ein Konsonant (Mitlauf) zwischen zwei Vokalen (Selbstlauten) kommt in die folgende Zeile: *He-xe, Regie-rung, Rasie-rer, Lehre-rin.*
   Bei mehreren Konsonanten kommt der letzte Konsonant in die nächste Zeile: *Karp-fen, knusp-rig, dunk-le.*
3. ch, sch und ck gelten als Laut und werden nicht getrennt: *la-chen, wa-schen, ba-cken.*

6. Trennen Sie die folgenden Wörter an allen möglichen Stellen:
Küste, schöpfen, Ufer, Zucker, Läufer, Samstagabend, boxen, international, Aktionäre, Situation, charakterisieren, Premierminister, attackieren, Erblasser, darüber, Adresse, isolieren, Eheanbahnungsinstitut, Attraktion, Assel
7. Lösen Sie das folgende Silbenrätsel
1. Leim   2. schön finden   3. Niederschlag   4. Maßeinheit   5. Bote
6. schnell   7. abhandenkommen   8. Pulli   9. Wochentag   10. oberhalb
11. Die Koffer …   12. Metall
Ab - ber - cken - da - Diens - fal - fer - ge - ge - gen - has - Kleis -
Kup - len - lie - me - lo - pa - Pul - Re - ren - rü - sand - tag -
ter - ter - ter - ti - tig - ver - ver - Zen

5.10 Schwierige Fälle der Rechtschreibung

Wir sprechen Laute, wir schreiben Buchstaben. Wenn die Aussprache keine Klarheit über die richtige Schreibweise verschafft, können die folgenden Hilfsregeln nützlich sein:

1. Die Mehrzahl-Form bilden: *Rad* → *Räder, Rat* → *Räte, Katalog* → *Kataloge*
2. Nach Sprechsilben trennen: *tren-nen, ha-cken, Ha-ken, set-zen*
3. Mit verwandten Wörtern vergleichen: *Sog* → *saugen, bisschen* → *Biss, nummerieren* → *Nummer*

Wenden Sie die Hilfsregeln in den folgenden Übungen an. Bei Unsicherheit sollten Sie im Wörterbuch nachschlagen.

1. **ä oder e?**
er h_lt; die G_ste einladen; die freundliche G_ste; n_mlich; die S_ge; die _pfel; die Vorr_te; r_chen (!); das R_cht; r_chnen; die R_nte; _quival_nt; der Z_hler; der N_nner; gef_hrlich; der R_st; die K_lter; es wird k_lter; l_cheln; l_rnen; die B_renf_lle; G_mse; beh_nde; St_ngel; bel_mmert

2. **d oder t?**
ro_; der Freun_; sei_ A_ven_; die Kamera_schaf_; ihr sei_ gu_; der Win_; der To_; er ist to_; die To_en werden geehr_; to_krank sein; sei_lich; das Ba_; der Bar_; die Verwan_schaft (!); verwan_ sein (!); die Ra_e; bun_; das Hem_; en_lich; en_sprechen; en_laufen; die Sta_ (!); die Saa_; der Sala_; das Gel_; gel_en_es Rech_; der Be_riebsra_; die Kun_schaft; die En_e; die Quali_ä_; die Quan_i_ä_; er ban_ das Ban_ fest; die Han_el; der Han_el; das Lan_; En_gel_

3. **b oder p?**
die Wes_e; der Stau_; das Ge_äck (!); die Bundesre_u_lik; das _rogramm; die _rämie; der Bankrau_; die Seidenrau_e; sie ga_ ihm einen Kor_; der Betrie_; das Sie_; der Gi_s; das _latt; das _lakat; er spricht _lattdeutsch; das Lau_; die Schall_latte; _rivat; die Raumka_sel; im Se_tem_er; das Lo_; tau_ sein

4. **g oder k?**
er ist _lu_ und weise; der _laube; das _las; _las_lar; der _ru_; der Käfi_; mäßi_; im A_ord arbeiten (!); der _rießbrei; der _ies; der Prolo_; der Gestan_; die Lo_i_; die _rawatte; er bo_ nach lin_s ab; das Geschen_; er lo_

5. **ai oder ei?**
die Am_se; der H_; das M_sfeld; im M_; die M_sen schlagen; eine W_le; die K_mauer; der K_m; der L_m; auf diesem Gebiet bin ich L_e; die Wäschel_ne; das R_sfeld; die W_zenkl_e; der W_se (!); die S_te (!); w_t; ein L_b Brot; auf h_mliche Art und W_se; W_dmannsh_l; r_sen; r_ten

6. **äu oder eu?**
die B_te; der B_tel; h_fig; _ßerlich; die L_kämie; das Ungeh_er; verk_flich; der Fr_nd; die H_ser; die H_er; h_len; etwas ver_ßern; l_ten; ein Wiederk_er; h_te; die H_te; tr_men; die S_le; sch_men; r_spern; sch_ßlich; r_men; d_tlich; die B_me; etwas näher erl_tern

7. **Doppelte Konsonanten (Schärfung)**
er na*n/nn*te ihn beim Na*m/mm*en; sti*l/ll*e Wa*s/ss*er gründen tief; die Ho*f/ff*nung; die Zerstö*r/rr*ung der Landscha*f/ff*t; Geheimni*s/ss*e so*l/ll* ma*n/nn* wahren; die Bi*t/tt*e der Freundi*n/nn*en ka*n/nn* Monika nicht ablehnen; Mu*t/tt* zur Lü*k/ck*e; die Fla*g/gg*e hi*s/ss*en; die Hei*z/zz*ung ist de*f/ff*e*k/ck*t; das Ka*p/pp*ital; die He*k/ck*ti*k/ck* im A*l/ll*tag; das Schi*f/ff* lie*f/ff* auf ein Ri*f/ff;* diese Ta*p/pp*e*t/tt*e gefä*l/ll*t mir; Jugendliche dür*f/ff*en keinen Bra*n/nn*twein trinken; die Ka*p/pp*e*l/ll*e; bei E*b/bb*e kan*n/nn* man die Ro*b/bb*en beobachten

8. Erläutern Sie, weshalb die folgenden Wörter mit doppeltem Konsonant geschrieben werden müssen (statt kk schreibt man ck, statt zz wird tz geschrieben).
Ass – frittieren – Karamell – Mopp – nummerieren – platzieren – Stopp (!) – Stuckateur – Tipp – Tollpatsch

5.11 Fachausdrücke aus der Grammatik

Lateinischer Fachbegriff	Deutscher Begriff	Beispiele
Adjektiv, das	Eigenschaftswort	schön, lieb, groß, lang
Adverb, das	Umstandswort (der Art und Weise, der Zeit, des Orts ...)	Er läuft schnell. jetzt, heute, hier, dort
Adverbiale Bestimmung	Umstandsbestimmung	Sie kommt heute Morgen. Er fährt wie ein Rennfahrer. Du musst in die Schule.
Akkusativ, der	4. Fall (Wen-Fall)	Ich liebe dieses Bild.
Aktiv, das	Tatform	Ich schlage.
Apposition, die	nachgestellte Beifügung im gleichen Fall	Trier, die älteste Stadt Deutschlands, liegt an der Mosel.
Artikel, der	Geschlechtswort (bestimmt, unbest.)	der, die, das, einer, eine, ein
Attribut, das	Beifügung	eine interessante Begegnung
Dativ, der	3. Fall (Wem-Fall)	Ich schreibe meinem Freund.
Deklination, die	Beugung (des Haupt- und Fürwortes)	der Mann, des Mannes, dem Manne ...
Demonstrativpronomen, das	hinweisendes Fürwort	dieser, jener, der
Futur, das	Zukunft	Sie wird verreisen.
Genitiv, der	2. Fall (Wes-Fall)	Wir gedenken der Toten.
Imperativ, der	Befehlsform	Lauf! Lauft! Laufen Sie!
Imperfekt, das	Vergangenheit (= Präteritum)	Er kam.
Indikativ, der	Wirklichkeitsform (Aussageweise)	Er sagte: „Ich komme."
Infinitiv, der	Grundform des Tätigkeitswortes	laufen, singen, kommen, arbeiten
Interrogativpronomen, das	Fragefürwort	was, wer, wo?
Komparativ, der	erste Steigerungsstufe	schneller, höher, weiter
Konjugation, die	Beugung des Tätigkeitswortes nach Person, Zeit, Aussageweise ...	ich pflege, ich habe gepflegt, ich pflegte, ich hatte gepflegt, ich werde pflegen ...
Konjunktion, die	Bindewort	und, oder, aber, als, weil, dass
Konjunktiv, der	Möglichkeitsform	Er sagte, er käme vielleicht.
Konsonant, der	Mitlaut	b, c, d, f, g ...
Nomen, das	Hauptwort (= Substantiv)	Mensch, Schrank, Blume, Hoffnung
Nominativ, der	1. Fall (Wer-Fall)	Die Altenpflegerin erstellt die Dokumentation.
Numerale, das	Zahlwort	zwei, zweitens, viel, wenig
Objekt, das	Satzergänzung	Sie schenkt der Bewohnerin das Buch.
Partizip, das	Mittelwort	laufend, arbeitend, gelaufen, gearbeitet
Passiv, das	Leideform	Ich werde geschlagen.
Perfekt, das	vollendete Gegenwart	Er ist gekommen.

Lateinischer Fachbegriff	Deutscher Begriff	Beispiele
Personalpronomen, das	persönliches Fürwort	ich, du, er, sie, es, wir, ihr, sie
Plural, der	Mehrzahl	die Altenpflegerinnen, die Altenpfleger
Plusquamperfekt, das	vollendete Vergangenheit	Sie hatte gelacht.
Possessivpronomen, das	besitzanzeigendes Fürwort	mein, dein, sein, ihr, euer
Prädikat, das	Satzaussage	Er geht in den Garten.
Präposition, die	Verhältniswort	auf, in, nach, über, seit, wegen,
Präsens, das	Gegenwart	Sie lacht.
Präteritum, das	Vergangenheit (= Imperfekt)	Sie lachte.
Pronomen, das	Fürwort (persönlich, besitzanzeigend, rückbezüglich ...)	ich, mein, mich ...
Reflexivpronomen, das	rückbezügliches Fürwort	Sie hat sich geirrt.
Relativpronomen, das	bezügliches Fürwort	Das Bett, das dort steht, ist frei.
Singular, der	Einzahl	der Mann, die Frau
Subjekt, das	Satzgegenstand	Das Kind (Es) spielt im Zimmer.
Substantiv, das	Hauptwort (= Nomen)	Mond, Ball, Kartoffel, Liebe
Superlativ, der	zweite Steigerungsstufe	am schnellsten, am höchsten, am weitesten
Verb, das	Tätigkeitswort	schlafen, gehen, regnen
Vokal, der	Selbstlaut	a, e, i, o, u

Stichwortverzeichnis

A
aktives Zuhören 57
Alltagsgespräch 71
Anekdote 136
Annonce 111
Ansprache 30
Arbeitstechnik 5
Argumentation 117

B
Baby-Sprache 72
Bedeutungsabsicherung 47
Beratungsgespräch 62
Bewerbung 111
Bewerbungsgespräch 115
Bewerbungsschreiben 112, 113
Biografie 101

C
clustern 33

D
Deckblatt 25
Demenz 76
Dokumentation 100
Dokumentationssystem 100
Doppelkreis 16
dramatischer Text 141
Du-Botschaft 51

E
E-Mail 97
epischer Text 124
Erörterung 117
Erstgespräch 69
Erzählung 127, 132
expositorischer Text 122
Exzerpt 19

F
Fabel 135, 136
Fachlexikon 152
Fax 97
Feedback 54
fiktionaler Text 122
Flipchart 28

G
Gedächtnisbuch 93
Gedicht 137
Gedichtinterpretation 138
geschäftlicher Brief 108
Geschäftsbrief 109
Gesetzestext 116
Gespräch mit Angehörigen 86
Gespräch mit verwirrten älteren Menschen 73
Gesprächsnotiz 96
Getrenntschreibung 160
Glossar 92
Großschreibung 158
Gruppenarbeit 15

H
Hausarbeit 24
Hörbuch 146

I
Ich-Botschaft 52
Informationsgespräch 60
Informationsquelle 18
interkulturelles Team 84
Internet-Recherche 36
Interpretation 123

K
Kleinschreibung 158
Kommasetzung 156
Kommunikationsmodell 41, 43
Kommunikationssituation 39
Konfliktgespräch 64
kultursensible Altenpflege 80
Kurzgeschichte 133
Kurzvortrag 30

L
Lebenslauf 114
Lernkartei 36
Lernmotivation 7
Lerntechnik 5
Lerntyp 6
Lernweg 6
Lesekreis 144
Limerick 157
literarische Gattung 122
literarischer Text 122
Literarisches Café 146
Literatur 122
Literatur in der Altenarbeit 144
Literaturverzeichnis 26
lyrischer Text 137

M
Märchen 134
Mediation 65
Metakommunikation 53
Migration 80
Mindmap 13
Mitschrift 95
Mnemotechnik 12
Moderationsmethode 35

Moderator 34
moderieren 33

N
nonverbale Kommunikation 44, 47
normative Texte 116

P
Parabel 135
paraverbale Kommunikation 44
Pflegebericht 103
Pflegedokumentation 100
Pflegestandard 106
Pinnwand 28
präsentieren 27
Protokoll 98
Punkt-Abfrage 34

R
Rede 32
Referat 24
referieren 27

S
Satzglied 155
Schlüsselqualifikation 14
Silbentrennung 161
s-Laut 157
Stellengesuch 111
Stichwortzettel 19
Stoffsammlung 24
Straßenname 110
strukturierte Informationssammlung 69
Suchmaschine 18
Supervision 91

T
Tageszeit 159
Teamarbeit 15
Teamgespräch 88
Telefongespräch 96

U
Übergabegespräch 90

V
Verb 154
verbale Kommunikation 44
vier Seiten einer Nachricht 49
visualisieren 27
Vorgangsbeschreibung 107
Vorstellungsgespräch 114

W
Wortart 153
Wörterbuch 149, 152

Z
Zeitmanagement 9
Zitat 26
Zusammenschreibung 160

Bildquellenverzeichnis

Fotos

Bibliographisches Institut GmbH, Berlin: S. 149.2, 149.3, 150
Bremer Theaterprojekt DU BIST MEINE MUTTER/Fotograf: Harald Schwörer, Bremen: S. 142.1-2
DAN Produkte GmbH, Siegen: S. 100, 102, 105.1-3
dpa Infografik GmbH, Hamburg: S. 22
dpa Picture-alliance GmbH, Frankfurt: S. 39.2, 81 (JOKER), 83
Foto Stephan, Köln/Bildungsverlag EINS: S. 37, 39.4, 55, 59, 114
Fotolia.com: S. 7.1 (fotodesign-jegg.de), 7.2 (Bernd Jürgens), 7.3 (Kaarsten), 7.4 (Claudia Nagel), 11 (bank 215), 23 (Elenathewise), 32 (kasto), 39.1 (contrastwerkstatt), 49 (Yuri Arcurs), 70 (Ingo Bartussek), 78 (Visionär), 94.2 (Udo Kruse), 96.2 (contrastwerkstatt), 144 (Photographee.eu)
iStock.com: S. 39.3 (Henk Badenhorst), 39.5 (aydinmutlu), 43 (PeopleImages), 45.1 (DRB Images, LLC), 45.2 (jfmdesign), 45.3 (NADOFOTOS), 45.4 (ivanastar), 46.1 (PeopleImages), 46.2 (cynoclub), 48.1 (agentry), 48.2 (uuurska), 48.3 (PapaBear), 48.4 (RapidEye), 48.5 (DimaBerkut), 60 (KatarzynaBialasiewicz), 62 (SolStock), 71 (PeopleImages), 74 (AlexRaths), 85 (asiseeit), 94.3 (Henfaes), 96.1 (Wavebreakmedia), 101 (francesco_de_napoli)
MEV Verlag GmbH, Augsburg: S. 10, 121
Pixelio media GmbH, München: S. 148
Project Photos GmbH & Co. KG, Walchensee: S. 27
Manfred Scherer (Privatfoto): S. 94.1
Süddeutsche Zeitung Photo, München: S. 136

Zeichnungen/Karikaturen

Angelika Brauner/Bildungsverlag EINS: S. 50
Erik Liebermann, Steingaden: S. 15, 116
Reinhold Löffler, Dinkelsbühl: S. 14
Oliver Wetterauer/Bildungsverlag EINS: S. 5, 33, 44.1-7, 45.5-8, 47.1-4, 53.1-4, 65, 66, 86, 92, 107.1-5, 112, 152, 158, 161

Umschlagfotos: iStock.com/KatarzynaBialasiewicz (links), panthermedia.net/Melpomene (Mitte), panthermedia.net/WavebreakmediaMicro (rechts)